智慧健身

提升训练效率的健身科学

[英] 皮特 · 麦考尔（Pete McCall）著　张雨熙 译

人民邮电出版社
北京

图书在版编目（CIP）数据

智慧健身 ：提升训练效率的健身科学 / （英）皮特·麦考尔（Pete McCall）著 ；张雨熙译. -- 北京 ：人民邮电出版社，2020.10
ISBN 978-7-115-54179-6

Ⅰ. ①智… Ⅱ. ①皮… ②张… Ⅲ. ①健身运动—运动训练 Ⅳ. ①G883.2

中国版本图书馆CIP数据核字(2020)第094270号

内 容 提 要

要想快速获得并长期保持训练效果，以科学的方法进行智慧健身比努力健身更重要。本书作者基于多年的研究和实践经验，为训练者提供了使用自身体重或借助一种器械进行高效健身的方法。在书中，作者首先从科学层面上阐述了运动如何影响人体，帮助训练者掌握必要的运动解剖学、力学和生理学知识；然后系统介绍了灵活性训练、核心力量训练和代谢调节训练的益处、原理和训练方法，针对每一种训练都提供了使用自身体重、哑铃、壶铃、药球、瑞士球、沙袋和双臂阻力带的练习，训练者可根据需求自由选择；最后详细讲解了科学训练计划的设计方法。本书将有效帮助任何有健身需求的个体提升训练效率、高效达成目标并远离损伤。

◆ 著　[英] 皮特·麦考尔（Pete McCall）
译　张雨熙
责任编辑　王若璇
责任印制　周昇亮

◆ 人民邮电出版社出版发行　北京市丰台区成寿寺路 11 号
邮编　100164　电子邮件　315@ptpress.com.cn
网址　https://www.ptpress.com.cn
天津图文方嘉印刷有限公司印刷

◆ 开本：700×1000　1/16
印张：19.75　2020 年 10 月第 1 版
字数：362 千字　2020 年 10 月天津第 1 次印刷

著作权合同登记号　图字：01-2019-3983 号

定价：128.00 元

读者服务热线：(010) 81055296　印装质量热线：(010) 81055316
反盗版热线：(010) 81055315
广告经营许可证：京东市监广登字 20170147 号

感谢我的妻子，莫妮卡（Monica），如果没有你，很可能就没有这本书。感谢你指导我教授团体健身课程，一直给予我理解、支持与鼓励，使我成为一名健身行业的教育者。感谢我的两个女儿，帕克（Parker）和瑞安（Ryan），感谢你们给予我学习更多关于人类动作知识的机会。我爱你们。

目 录

推荐序

通往成功之路总是充满坎坷。

——莉莉 • 汤姆林（Lily Tomlin）

健身行业有自己的独特性。大多数从事健身行业的人之所以选择这个行业，源于与他人分享人体运动的真切意愿。提到健身，有些人只关注短期效果，并未充分了解如何达到目标。并非每个人都能成为资深的健身专家。经常有人问我：“如何才能成为像你一样的健身专家？”在这个领域，很多人都把关注点集中在寻找成功的捷径上，这种心态甚至渗透到了许多有抱负的教练心中。社交媒体平台的兴起掀起了快速健身成功的热潮。受人喜爱的“正确”图片，加上一点在数字时代的运气，几乎可以在瞬间引起轰动。诚然，社交媒体可以提高健身的普及度，但如果没有科学理论知识的支撑，这种普及可能只是昙花一现，不会得到长足发展。

在我小的时候，父亲每天下班后的慢跑让我印象深刻。他深知坚持运动对身体健康的重要性。每天晚上下班回家后，父亲都会换上运动服去跑步。我常常在街道的尽头等他，然后我们一起跑回家吃晚饭。回忆过往，父亲的行动对我产生了深刻影响。因为他告诉我，有规律地运动是生活的重要组成部分，而且人生来就具有移动身体的本能。

在健身职业生涯中，我提出了斯托克德教学法（the Stoked Method），该方法得到了运动员的认同。我也曾与许多名人合作，接受顶尖媒体的采访，登上杂志的封面，受邀参加各种电视节目，在全美范围内引领科学训练的热潮，在全国（美国）性的媒体活动中代言品牌，创建自己的健身平台并与全世界的健身爱好者分享我的健身方法。上述资历介绍并非为了炫耀我的成就，而是为了强调健身的重要意义，以及健身成功离不开自身的努力与适应变化的科学方法。

皮特 • 麦考尔（Pete McCall）的这本书让我眼前一亮，书中提到的训练方法与我的职业经验相同。在 20 多年的教练生涯中，我发现达到健身效果的关键在于，教授客户如何提高身体完成动作的技能，因为这样才能帮助他们学会享受健身。关于训练中应如何关注整体动作而非孤立的肌肉活动，皮特和我进行了多次交谈，我们一致认为，训练应注重整体的动作模式。这一观点也得到了顶级健身专家的认可。

我与皮特曾供职于同一家健身俱乐部，他不仅担任私人教练与团体健身教练，还是教练培训团队的一员。多年来，皮特一直对健身专业人员培训事业怀有极大的热情，现已成为业界公认的最具影响力的引领者之一。他坚信一个理念，即学习正确地完成动作的方法是享受训练的前提。要想长期保持训练效果，科学训练比努力训练更重要。

通往目标的道路并不好走。成功没有捷径，健身也是如此。即便是幸运地找到了高效的训练方法，也仍要努力坚持，才能一直成功。在这本书中，你将找到构建自己成功之路的重要基石，也将明白你需要持续学习科学的训练方法——它本身也总是在发展中。

——基拉・斯托克斯（Kira Stokes）

致 谢

在职业生涯中，许多人都曾对我产生深远影响。正是你们的激励与支持，使我得以成为一名私人教练、健身指导员及教育工作者，并给了我写这本书的灵感。感谢每一位在我成长路上给予过帮助的朋友与同事。在此，我要特别感谢锡德里克·布赖恩特（Cedric Bryant）、法比奥·科马纳（Fabio Comana）、托德·加拉蒂（Todd Galati）、杰西卡·马修斯（Jessica Matthews）及克里斯蒂娜·埃克罗斯（Christine Ekeroth），能与你们共事是我莫大的荣幸。正是在美国运动协会（ACE）工作的经历，使我决定成为一名健身领域的作家。感谢父母赠予我的第一套力量训练器材，引导我走向健身行业，从而使我有机会环游世界，传递我对健身的热情。感谢华盛顿哥伦比亚特区的教练与指导员曾给予我的帮助，我十分珍惜我们一起在健身房训练的时光。感谢所有曾一起工作的专业人士，你们对健身行业的热忱与激情，激励我不断进步。感谢所有我教授过的学员与团队，正是你们每个人的鼓励，使我在运动如何改变人体的研究中不断深入，很荣幸能为你们提供指导，也感谢你们给予我的信任及将身体与时间投入于此的行为。感谢从事健身教育的专业教练及创业者，你们对知识的追求及对职业无私奉献的精神，激励我更加努力地工作，感谢你们多年来的支持与鼓励。最后，感谢米歇尔（Michelle）和人体运动出版社（Human Kinetics）团队，感谢你们给予我分享自身经验并将想法撰写成书的机会。

前言

在希腊神话中，西绪福斯国王因背信弃义而使众神不悦，并因此受到惩罚：众神命其将巨石推到山顶，再让巨石滚下山坡，反反复复，终生不得停歇。这也是大多数人健身的写照：为健身投入了巨大的精力，但效果往往并不理想，就像是把巨石推上山顶，又任其滚下山坡，反反复复地做无用功。

为使读者更好地理解本书的写作目的，下面与大家分享我的亲身经历。几年前，我和妻子在华盛顿市中心买了一套公寓，这是我们的第一个家。交了首付款后，我们就没能力雇佣装修公司来装修了，只能自己做一些粉刷等简单的装修工作。如今，作为一名健身发烧友，走进任何一家健身房我都会心情愉悦。但提起大型的自助式五金店，我会产生强烈的抵触情绪，想马上逃离那里，那时我理解了许多人走进健身房的感觉。无论是大型商业健身俱乐部，还是非营利性休闲中心、高端健身中心或力量训练机构，对许多人而言，跨过其门槛都需要极大的勇气。门内的健身器材及其种类多到令人眼花缭乱，甚至有些经验丰富的健身人士也并不了解每种器材的作用。不论你是否已经加入某个健身团队，或按照某本运动教材、网上的健身视频、健身杂志上的方法在运动，抑或是否有私人教练的指导，你都需要明白，要达到健身目的，并不需要使用健身房里所有的器材，你只需了解如何正确使用其中一种健身器材来进行高效的训练。本书将介绍如何只用一种器材来进行有效的训练，从而改善灵活性、增强核心力量或提高代谢以消耗热量。

从事健身事业 20 多年来，我一直致力于私教与团体健身工作，也曾在文章和博客中讨论如何将运动科学应用于健身计划的设计。许多人都想通过运动来保持健康或改善体形，但却不知道从何处开始。本书涉及大量的人体与运动科学知识，这些知识将帮助你确定哪种训练方案最适合你。选择在家运动的个体，也将学会如何使用简单易得的健身器材来达到自己的健身目标。

训练没有捷径，但从科学层面上了解运动如何影响人体，可以帮助你制订适合自己的健身计划。训练并不是只有努力才有效，但是，我们需要清楚怎样通过不同类型的训练达到预期效果。

本书的主要目的在于帮助你学习如何借助一种器材进行高效、便捷的训练。这些训练不仅省时，而且不受空间限制，不论是在健身房还是在家中都可以完成。对这些基于科学健身理念的训练方法的学习，可以使训练变得省时省力。本书选择的健身器材有哑铃、壶铃、药球、瑞士球、沙袋及双臂阻力带或绳索训练器。这些器材简单易得、经济实惠，是家庭健身的理想选择。

哑铃一直是一种基础的健身器材，常被用于某个特定肌群或身体部位的训练。如果将其用于多个肌群的训练，不仅可以燃烧更多的热量，还能提高参与工作的肌肉的力量。药球与壶铃首次出现于 19 世纪末的首家商业健身中心并沿用至今。药球与壶铃易于使用，但是你必须了解正确的使用方法以使其帮助你达到最佳训练效果。只要有一点创造力，瑞士球就能够帮助你在较小的空间内达到提高核心力量的目标，并带来其他健身益处。绳索训练器是健身房的主要健身器材，适用于多种不同的训练，但由于其体积较大，通常只适用于大型健身房；双臂阻力带作为绳索训练器的替代品，更适用于家庭环境。沙袋或沙铃训练则要求身体在沙子移动时保持稳定，这具有一定的挑战性。

为帮助你收获训练效果，本书介绍了 3 种类型的训练：灵活性训练、核心力量训练和代谢调节训练。其中，灵活性指肌肉在关节活动度（Range of motion，ROM）内产生和控制动作的能力。人们经常忽视灵活性训练，但灵活性训练有利于肌肉的生长及有氧代谢过程，是训练的重要组成部分。在提高协调性、运动技能及整体生活质量方面，灵活性训练功不可没。与力量一样，身体的灵活性也可以通过适当的训练计划得到发展。本书介绍的每种健身器材都可用于提高身体的灵活性，从而改善整体的平衡性、敏捷度及协调能力，这些能力通常会随年龄的增长而逐渐降低。

人们经常会提到有氧运动，其实这种表述并不准确。理论上，人体的呼吸就是一种有氧运动。呼吸时，心脏向肌肉输送含氧的动脉血，同时将缺氧的静脉血泵入肺部，在这里，静脉血通过气体交换变成含氧的动脉血。而运动时，身体会通过不同的代谢途径产生能量，用于促进肌肉收缩。因此，对于相关练习，更准确的表述应该是代谢调节训练。本书介绍的健身器材均可用于代谢调节训练，这种训练可促进排汗并燃烧更多热量，同时还能提高身体将食物转化为能量的能力。

核心力量训练常指使用腹部及身体中部其他肌肉进行的运动，是另一个被误用的术语。本书将依据人体运动学，介绍如何进行有效整合髋关节与肩关节的训练。书中介绍的每种器材都有助于提高控制身体核心肌肉的能力，从而改善体形并增强身体完成动作的能力，让你充分享受自己喜爱的活动带来的乐趣。

本书前 2 章简述与灵活性、核心力量及代谢调节相关的运动生理学内容。第 1 章介绍运动如何改变身体。第 2 章讨论如何制订训练计划以达到预期目标。第 3 ～ 5 章分别介绍改善灵活性、核心力量及代谢调节的训练，每次训练只需要使用一种你喜欢的健身器材。但如果长期只用某种器材或只进行某项训练，身体很可能会适应这些训练。设计一份成功的训练计划，需要科学运用训练方面的知识，这样才能不断给身体施加新的负荷。鉴于此，第 6 章和第 7 章介绍制订与调整训练计划的方法，如此，才能在为期 1 年甚至终身的训练中，使身体不断迎接新的挑战。

从事健身事业 20 多年，我经常看到人们花费大量精力却达不到预期结果。科学训练比努力训练更重要。本书将帮助你了解身体如何对训练做出反应，以及如何使用一种器材进行省时、有效的训练，从而改善灵活性、增加能量消耗或提高肌肉力量。掌握了这些高效的方法，你就有更多的时间及精力享受生活中的乐趣。

简　介

人们都知道定期运动对健康至关重要。的确，你应该多参与体育运动。但对于运动，你具体了解多少？你可能会有许多问题：什么是运动？为什么运动对健康如此重要？运动会对身体产生哪些影响？我们需要进行哪些类型的运动？如何选择运动的类型？怎样才能找到最合适的运动方法？应该多久运动一次？运动应达到怎样的强度？在哪里可以进行这些运动？有必要加入会费昂贵的健身俱乐部或购买价格不菲却不知如何使用的运动器材吗？

作为美国运动协会的发言人，在 20 多年的健身私教及 15 年的健身教练培训工作中，经常会有人问我上述问题，其中不乏健身教练、学员及健身杂志的记者、编辑。在信息爆炸的时代，想从复杂的健身内容中筛选出准确、可靠、可循证的训练方法实属不易。营销人员不断推销新的运动方式或噱头，却不解释这些运动会如何改变身体。如果愿意花时间了解为什么运动如此重要，不同类型的运动对身体施加不同刺激的科学依据，以及哪些类型的运动可以改善健康状况并达到预期的特定效果，你就能够让运动成为自己生活中不可或缺的一部分。

令人惊讶的是，每个人都会对运动产生不同的反应。没有哪一位职业私人教练、力量教练或团体健身指导员，可以百分之百地保证某个训练计划会达到怎样的效果。如果有人保证按照他们的训练计划，可以达到某一特定的效果，不要相信，因为保证达到某一特定的效果几乎是不可能的。任何训练计划的效果都因人而异，并与运动的类型及生活习惯有关，比如营养、睡眠和整体压力水平。

关于运动和人体，唯一确定的是定期的运动可以提高健康水平，降低患慢性疾病的风险。缺乏规律运动及久坐不动的生活方式会缩短寿命。衰老是不可避免的，正常的生物衰老过程会影响人体的所有系统。有证据表明，与坚持规律运动的个体相比，久坐个体的身体机能退化加速，过早死亡的风险较高（Candow et al.，2011；Taylor & Johnson，2008）。如果想保持健康，延长寿命，或是提高生活质量，拥有“随心所欲”的自由，就要养成规律运动的习惯。

运动与健康

人们每天忙于工作、家庭和生活琐事。过度信息化与自动化的弊端在于限制了身体的活动。有证据表明，缺乏定期的体力活动不利于身体健康，会增加患病风险，而这其中的许多疾病本来是能够通过运动来预防的（Skinner et al.，2015）。《2008 年美国国民体力活动指南》指出，“每个人都应该经常参加体力活动，以改善整体健康，并降低患病风险……每周参加体力活动，并坚持数月或数年，可以对健康产生长期的影响。要想获得这些好处，你需要每周定期参加体力活动”（US Department of Health and Human Services，2008）。这份指南强调，作为健康生活的重要部分，规律的运动能延缓衰老，并能预防代价巨大的、潜在的致命疾病。该指南建议，每周至少进行 150 分钟中等强度运动或 75 分钟高强度运动，这将非常有益于健康。

许多人都了解运动的益处，并曾尝试养成规律运动的习惯，但由于各种原因而中途放弃，常见的原因之一是这些人根本不喜欢运动，因为运动会使人感到不适或筋疲力尽。要想找到合适的运动方式，既能达到效果，又能使人乐在其中，实属不易。值得庆幸的是，运动不必局限于某一类型，也不必很难，只要保证长期坚持运动，就可以达到一定效果。本书将介绍一些简单的方法，这些方法有助于学习如何享受运动过程，并使其成为日常生活的一部分。

运动基本的健康目的是提高肺部运输氧气（O_2）到血液的效率并增强心脏将含氧的动脉血泵送全身的能力。此外，运动还能提高整体活动性，增加能量消耗，从而达到控制体重的目的。如果时间有限，请记住不必一次完成所有的运动。每天运动 20 ～ 30 分钟（可分次进行，每次 10 分钟），就能够对健康产生积极影响。如果你还没有经常运动的习惯，尝试早中晚分别步行 10 分钟，迈出改善健康水平与养成运动习惯的第一步。比如，早上乘车之前在附近散散步，工作休息时到楼下逛逛，回家后在周围走一走。对于提高你的整体健康而言，请记住这句简单的话：运动总比不运动好。

近几年，健身专业人员致力于帮助人们根据自己的需要选择正确的运动，这其中包括私人教练、团体健身指导员及小组训练教练。如果有幸得到优秀健身专业人员的指导，你就会了解他们能带来的益处，包括根据不同需求制订不同的计划。这些专业人员做的第一件事是通过进行一系列的询问，确定你的运动目的及具体目标。具体问题如下。

- 为什么要开始运动？
- 目前在做哪种类型的运动？
- 想通过运动计划达到哪些具体效果？
- 通常在哪里运动？
- 什么时候能抽出时间运动？
- 为达到并保持健康状态，如何让运动成为日常生活的一部分？

开始运动前，重要的一点就是要明确目标，并投入与之匹配的时间和精力。设定一个具有挑战性的目标，如减肥或保持身材，以激励自己保持对运动的积极性。如果不能保证足够的运动时间，就要根据实际情况设定目标，合适的目标有助于学会享受运动的过程，而不是为了达到不切合实际的目标强迫自己运动。

没有人愿意忍受身体的不舒适或疼痛。但很多人错误地认为，运动就应达到使身体感到不适的程度。诚然，运动有时需要有一定的挑战性，但不应引起身体的极度不适或疼痛。运动中的疼痛感不仅意味着身体已经存在某些问题，而且会使人们对运动产生负面情绪，从而更愿意享受其他能够带来愉悦感的事情。最佳的运动计划是选择能让你充分享受的运动，这样你才更有可能将运动作为生活的一部分。本书将为你筛选出简单有效的运动类型，并教会你享受运动的乐趣，让你发现运动原来如此简单。这也正是运动的目的所在，即学会快乐运动，并使其成为你主动期望去做的事情。

练习目录

续表

续表

续表

第 1 部分

健身的科学及其重要性

第 1 章

运动如何改变你的身体

开始制订训练计划之前，很多人通常会先加入健身俱乐部或去健身房，但是若需确定符合自身需求的最佳训练类型，就可能稍微有些麻烦了。许多常见的训练计划都源于健美，这很容易误导运动人士。健美的重点常是肌肉孤立训练，即一次只运动一个关节或肌肉群。它将身体各个部分的运动看成是独立的、互不相关的。比如坐式膝伸，需要在保持坐姿的状态下，伸直双腿来推动重物。诚然，这个动作可以增强大腿的大肌肉，但是这部分肌肉连同髋部和膝部，本应在双脚站立的时候发挥作用，而不是在坐着的时候。

肌肉孤立训练法能够最大限度地促进单个肌群生长（术语为肌肉肥大），这对健美运动而言是必要的。但如果只是想改善健康水平或保持健康体重，这种训练未必是最有效的方法。健美运动员除了进行一两个身体部位的肌肉孤立训练，每周还要花很多时间进行营养补给，否则很难获得理想的肌肉和线条。普通人按照这种健美运动的方法进行训练通常效率不高，其训练的积极性也会受到打击。

肌肉孤立训练法的缺点

肌肉孤立训练可以使身材变得健美，但不利于提高身体协调性或有效地消耗热量。

运动平面

通常来说，健身训练用到的力量训练器材或自重训练都侧重于单个平面内的运动，如前面提到的坐式膝伸。而在日常活动如步行中，身体需要同时用到多块肌肉，这些肌肉的运动同时发生在多个运动平面中。

均衡性

身体的肌肉就像自行车车轮上的辐条。如果一两根辐条太紧或太松，车轮就会失准甚至损坏。孤立训练给肌肉的特定部分施加负荷，就像将自行车车轮上的一两根辐条上得过紧。如果某些肌肉比其他肌肉使用得多，就可能造成力量失衡。就像车轮失准可能会损坏自行车，这些肌肉由于使用过度，会改变原有的平衡状态，从而导致损伤。为避免这类情况的发生，一旦感觉到身体有任何异样，就要马上停止训练。

热量的消耗

每消耗 1 升氧气，身体将消耗大约 5 千卡（1 千卡约为 4.19 千焦，余同）的能量。训练中用到的肌肉组织越多，身体消耗的氧气就越多，燃烧的热量也就越多。在孤立训练中，一次只能训练到一小部分肌肉，因此需要的氧气也是有限的。想要在短时间内消耗大量热量，这并不是明智之举。所以，想要消耗多余的热量来控制体重，孤立训练往往收效甚微。

动作模式

身体天生就是用来运动的。小时候，我们在说话前就学会了翻身、爬行和走路。在我们培养有效沟通的技能之前，我们的身体自然而然地学会了进行复杂的运动，这就是我们神经系统的连接方式。看似简单的行走，本身就具有一套复杂的动作模式。行走需要肌肉和关节相互协调，有效地在 3 个平面上完成动作。可见，孤立训练法并不符合身体的活动机制。

肌肉的均衡

人体结构包括肌肉、筋膜及其周围的结缔组织和骨骼。当我们站在地面上运动时，人体结构的机械效率是最高的。身体的运动离不开多个系统的共同作用。可见，那些仅涉及单关节或单个肌群的孤立训练并不符合人体生理学。因此，要想提高身体进行日常基本运动的能力，就不能只练习某块肌肉。

运动的现实预期

如果选择不同的训练内容或训练量，并定期地进行运动，就可以产生各种不同的效果。训练的强度是可以连续变化的，可从低强度的运动，如步行（可以改善身体健康状况），向高强度的训练（用来提高运动技能）过渡。正确的运动方式不是唯一的，重要的是要养成坚持运动的习惯。要想达到预期的运动效果，需要结合自身情况确定运动项目，以及能够用于运动项目的时间（对自己要诚实）。

那些能够提高运动技能，或是增强肌肉力量和线条的运动，都是专门设计的。许多传统的训练一次只能练习身体某一部位或肌肉。而在大部分的日常活动中，身体的运动需要用到多个肌群。研究表明，只有在针对某一肌肉或身体部位的训练中，才会只用到某一肌群。例如使用坐姿推胸机时，直线运动路径和单轴旋转的设计，能够将所有的力施加到胸部、肩部和上臂的肌肉中。相比而言，俯卧撑还需要用到某些核心肌群，这些肌群负责稳定脊柱和髋关节。可见，俯卧撑能够同时动用大量肌群，而坐姿推胸机只能训练特定的肌肉。所以和坐姿推胸机相比，俯卧撑可以消耗更多的能量。许多健身器材一次只能运动一块肌肉或肌群。然而，身体的运动离不开许多系统的共同作用，比如肌肉、骨骼、神经和代谢系统。如果训练的时间有限，又想要让这些系统同时参与，不妨选择一种动态的动作模式，比如同时动用大量肌肉群的训练及多向性变速的训练等短时间的训练，这有助于在消耗更多能量的同时，提高运动能力，而且对减重、保持身材、改善健康状态等预期效果而言，至关重要。

运动与身体变化

人体具有一系列的系统。各系统之间相互作用，人们才能正常运动或控制运动。训练就是给予身体刺激。在制订任何训练计划之前，要先考虑清楚，这些训练计划会给身体施加怎样的刺激，施加这些刺激的频率是多少，以及当训练停止时，身体将有何反应。动作是一种技能，可以通过实践来改善和提升，而运动是这些动作的功能性体现。进行那些能够提高运动能力的训练，会让身体的运动变得更加高效和协调，使人心情愉悦。一旦人们在训练中发现乐趣，就会不由自主地提高训练的频率，进而将训练长期坚持下去。

运动是一种生理刺激，可以改变身体的许多方面，比如增加肌肉围度、增加肌肉线条清晰度、减轻体重、提高有氧能力及增强身体协调性。如果身体没有受到生理刺激，就不会发生任何改变。如果只是想通过训练给身体带来一些改变，那么在训练中，程度达到感觉到轻微的不适即可，不要让自己感觉疼痛。如果感到不舒服，则意味着身体与平时相比，正在承受着更大的压力，需要再努力一点才能克服。疼痛则说明身体正经受着严重负荷，甚至有可能受伤。始终保持高强度的训练不是必要的，但为了达到效果，在进行一些强度相对较低，或感觉比较舒适的训练的同时，也要做一些高强度训练。了解在什么时间，如何给身体施加恰当的压力，是至关重要的，这将在接下来的部分中讨论。

要达到预期的训练效果，需要确定合适的训练内容。在介绍这些训练之前，我们先来了解，运动是如何影响身体的不同结构和系统的。这里面包括肌肉、筋膜和弹性结缔组织、骨骼（骨骼系统）、中枢神经系统（Central nervous system，CNS）、心肺系统和能量代谢系统，以及内分泌系统。其中，内分泌系统负责产生化学物质，来影响体内细胞使其发生变化。

肌肉

构成人体的组织可以分为两大类：一类是非脂肪组织，包括肌肉、结缔组织、骨骼结构、内脏器官、皮肤和血液等；另一类是脂肪组织，负责储存多余的能量。对 25 岁以上的成年人来说，如果没有定期运动，可能每 10 年会流失 10% 的肌肉（Taylor & Johnson，2008）。运动会改变肌肉的功能和形状，进而改变身材以及提高其执行任务的能力。

肌肉由两类组织组成（图 1.1）：收缩成分和非收缩弹性成分。收缩成分负责产生力，非收缩弹性成分用来传递不同肌节间的机械力（Verkoshansky & Siff，2009）。

信息在骨骼肌收缩成分间的传递，是通过机械力实现的。当需要对外部阻力施加张力时，肌肉缩短而受到压力；反之，肌肉在外力作用下被拉长时，肌肉受到拉力（Myers，2014）。提高力量的训练可以借助身体的重量，如俯卧撑；也可以利用外部阻力，如哑铃、药球或壶铃。力量训练对骨骼肌组织施加外力，使其变得更强壮、更有力。力量训练不仅可以增加瘦体重（去脂体重），还可以提高特定肌肉产生力量的能力。这有助于改善体形，燃烧热量，提高心脏泵血能力。

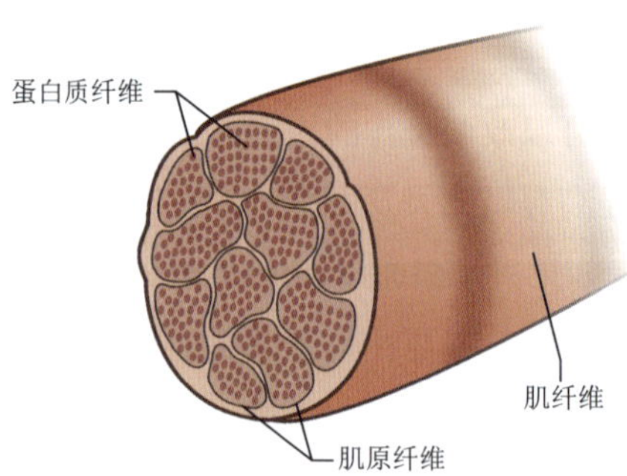

图1.1 肌肉包括两类组织：产生力的收缩成分和能够储存并释放机械能的弹性成分

有一个关于锻炼的常见误解：如果停止力量训练，肌肉会变成脂肪。这完全是无稽之谈，因为肌肉和脂肪是两种截然不同的组织。肌肉是一种“用进废退”的组织：如果定期运动，尤其是进行力量训练，可以增大肌肉体积；但是如果缺少抗阻训练，肌肉就会萎缩，这意味着单根肌纤维会变小，这块肌肉的整体尺寸会缩小。有氧运动，如散步、跑步或游泳，有利于提高心脏泵血能力，将血液输送到工作肌。但要想刺激肌肉生长，或改变肌肉的外观，就需要给肌肉施加足够的负荷，因此仅有有氧练习可能是不够的，还需要进行力量训练。在力量训练中，通过借助外部阻力或自身体重，可以增肌或是提高身体运动能力，这才是改善肌肉的最有效方式。

了解力量训练是如何影响肌肉的基本知识后，就可以根据自己的需要选择最有效的训练内容。我们从理论研究中可以了解到力量训练可能给身体带来哪些变化，但实际上，即便是完全相同的训练计划，每个人的训练结果也会略有不同，所以在寻找最适合自己的训练内容和训练器材的过程中不要害怕尝试和犯错，而本书将会帮助你解决这个问题。

刺激肌肉生长

大家可能从流行的健身杂志或其他健身爱好者那里，了解过力量训练损伤肌肉组织的概念。简单来说，力量训练会损伤肌肉，受伤的肌肉会进行自我修复，而修复后的肌肉会变得更强壮，并且在某些情况下会变得更大。这种对于肌肉生长机制的描述，相对准确但不够完整。毫无疑问，力量训练可以增肌，但有效增肌的原理可能有些复杂。力量训练产生两种刺激——机械力和代谢力，每种力都可以为肌肉生长提供必要的刺激（Bubbico & Kravitz，2011）。高强度负荷可以对肌肉施加机械力；而大量重复那些达到瞬间疲劳点的训练，会产生显著的代谢力（Schoenfeld，2016）。

机械力是施加在肌纤维结构上的物理力。力量训练会给肌肉施加机械力，导致肌纤维轻微损伤。肌纤维发出生化反应信号，产生肌卫星细胞，来修复肌肉组织的机械结构（Schoenfeld，2010，2013）。而收缩成分受到的机械力，会引起肌肉内的信号变化，进而产生肌肉肥大（Spangenburg，2009）。所以当施加机械力时，肌肉的组织结构及其行为方式都会发生变化。

可以肯定的是，渐进性提高负荷的力量训练会促进肌肉生长，使肌肉变得更强壮。然而，这些变化究竟是机械力还是代谢力超负荷造成的，还不能完全确定。负荷的大小和达到瞬间疲劳点的练习都会产生力，引发适应性变化。布拉德·舍恩菲尔德（Brad Schoenfeld）博士是一名研究员，专门研究肌肉是如何适应力量训练的。他发现，可以肯定的是，机械力是肌肉生长的主要驱动力。有证据表明，代谢力也可能产生肥大性适应……但问题是，机械力和代谢力是同时发生的，这就很难确定是哪一种力的影响（Schoenfeld，2013）。

肌纤维类型

人体内的肌纤维也有不同的类型，按功能可以分为两类：Ⅰ型肌纤维（慢肌纤维）和Ⅱ型肌纤维（快肌纤维）。了解肌纤维之间的差异及每种肌纤维的功能，有助于理解为什么不同类型的运动可以产生不同的结果。

慢肌纤维也称有氧肌纤维，它们可以通过有氧代谢产生能量，使力量能够保持很长时间。慢肌纤维是稳定肌的主要组成部分，稳定肌负责做出并维持身体姿势。附着在这种肌纤维上的神经末梢，称作Ⅰ型运动单位，负责激活Ⅰ型肌纤维。当肌肉产生力时，中枢神经系统招募Ⅰ型运动单位和Ⅰ型肌纤维。必要时，其他运动单位和肌纤维也会参与进来，以产生足够的力（Zatsiorsky & Kraemer，2006）。

Ⅱ型肌纤维（快肌纤维）又分为Ⅱb型和Ⅱa型。Ⅱb型可以通过无氧代谢产生能量。根据刺激类型和能量需求的不同，Ⅱa型分别具有Ⅰ型或Ⅱb型纤维的特征。Ⅱ型肌纤维统称为相位肌，负责产生运动所需的大量能量。

所有肌纤维都需要运动神经元来激活。运动神经元负责将中枢神经系统，与单个肌纤维连接起来。运动单位由两部分组成，分别是肌纤维和运动神经元。其中，运动神经元附着在肌纤维上。运动单位就像肌肉的开关，和电灯电路一样，打开开关，电路闭合形成回路，灯就会亮起来。中枢神经系统向运动神经元发出适当的指令，运动神经元激活它附着的肌纤维，使肌纤维发生收缩。当身体需要来自特定肌肉或肌群的力量时，中枢神经系统就会向特定的运动神经元发送信号，使这些肌纤维收缩，来完成指定的运动。

肌纤维可分为慢肌纤维和快肌纤维，相应地，运动单位根据所附着的纤维类型分为慢肌纤维运动单位和快肌纤维运动单位。慢肌纤维运动单位的特点是激活阈值低，传导速度慢，收缩力量小，但持续时间长。快肌纤维运动单位与Ⅱ型肌纤维连接，特点为收缩力量大，激活阈值高，神经传导快，更适合力量强度大的运动。只要达到运动神经元的激活阈值，它就会激活所附着的肌纤维，使其收缩（Zatsiorsky & Kraemer，2006）。

和慢肌纤维相比，快肌纤维的直径较大，负责增加肌肉围度和肌肉线条清晰度。

力量训练不仅可以提高快肌纤维的爆发力，还能够影响快肌纤维的适应性。比如，力量训练可以提高和增加肌蛋白、厌氧酶的质量和数量，从而直接影响肌肉的结构；或是提高肌肉中储存的能量底物，如磷酸酶和糖原的量，增加肌球蛋白和肌动蛋白等收缩蛋白，加厚肌球蛋白重链，从而提高肌肉的爆发力（Haff & Triplett，2016）。

如果健身的目的是提高肌肉力量，或是改善肌肉线条清晰度，那么最好的方法就是激活Ⅱ型运动单位和肌纤维。激活Ⅱ型运动单位的方式有两种：一是增大外部负荷，即募集更多的运动单位以产生更大的力量；二是进行能够让肌肉达到瞬间疲劳点的训练，即使肌肉达到产生力的极限。无论选择哪种方法，要想达到训练效果，训练强度就需要达到更高的Ⅱ型运动单位和肌纤维的阈值，即某个肌肉达到瞬间疲劳点。

有些人会定期参加体力活动，如徒步、跑步、游泳或瑜伽，这些活动都有益于身体健康，但这些活动主要用于锻炼心肺功能和代谢系统功能。要想达到并维持最佳健康水平，力量训练是长期训练计划中必不可少的，因为力量训练可以保持肌肉量和产生力量的能力，从而降低在运动中受伤的风险。

如果不坚持进行力量训练，有可能导致快肌纤维的萎缩，甚至产生肌无力。在力量训练中，一旦强度达到Ⅱ型运动单位和肌纤维激活的阈值，就能帮助你在此后的很长一段时间内保持一定的力量和瘦体重。如果只想改善肌肉线条，不想增大肌肉围度，可以尝试采用轻重量训练。但需注意的是，如果在同样的训练中总是用相同重量的重物做相同的练习，可能不会达到预期的锻炼效果。要想实现训练目标，让身体发生变化，就需要从各方面改变训练，即改变负荷大小、变换训练内容等。因为只有达到瞬间疲劳点的训练，才能起到增加力量、维持肌肉量和改善肌肉线条的作用。

筋膜

运动会影响身体中的所有组织，并不会只影响肌肉，只是肌肉的变化是肉眼可见的、最明显的变化。人体是一个复杂的“网络系统”，由肌肉、筋膜和弹性结缔组织形成一个单一的、一体化的系统，负责维持力的平衡。筋膜是肌肉组织的非收缩性弹性成分，广义上来说，它是一种软纤维结缔组织，交织在人体内的所有细胞和器官之间，我们可以将其看成一个身体器官。研究表明，相比于肌肉的收缩成分，非收缩性结缔组织是感觉器最多的器官，包含很多神经末梢和感受器（Schleip et al.，2012）。筋膜对保持体态、维持身体的正常功能都很重要，所以有必要将筋膜训练纳入运动计划。

机械力传导（Mechanotransduction）用于描述机械力如何引发细胞的化学变化。

细胞可以构成人体的各种组织，比如骨骼、肌肉、筋膜和弹性结缔组织等。学术上用张拉整体（Tensegrity）来描述张拉和整体性。它是指通过拉力（拉长）和压力（缩短）的组合来实现的自支撑结构。肌肉通过缩短（压力）和拉长（拉力），使整个肌筋膜系统保持动态平衡（Scarr，2014；Myers，2014；Ingber，2003）。在这个拉长缩短过程中，筋膜和弹性结缔组织的细胞也在不断地新生和重塑，来维持平衡状态。

可以将整个肌筋膜网络看成一个综合的系统，用来保持力的平衡。在这种平衡中，组织的各个部分相互沟通，将力从一个部位传递到另一个部位（Myers，2014；Schultz & Feitis，1996）。关于信息在肌筋膜网络中传递的速度，科学家们做了一项研究。结果显示，相比于中枢神经系统发出的信号，机械振动的速度大约要快上 3 倍。从宏观上来看，力分布在肌肉、筋膜和弹性结缔组织的不同部分；而在微观层面，机械信号转导能够引发化学反应，改变单个细胞的结构和性质（Scarr，2014；Langevin，2006；Vogel & Sheetz，2006；Ingber，2003，2004）。所以要想改善筋膜系统，就需要向筋膜和弹性结缔组织施加负荷，比如参加那些多向性运动。

筋膜包裹着所有肌纤维，并将大量肌纤维组织包成束，这就是通常所说的肌肉（图 1.2）。肌外膜是一层筋膜，将各种肌束包成一束，在肌肉末端形成肌腱，与收缩成分和骨骼连接起来。力在相邻肌肉间的传递，由肌肉周围的筋膜和结缔组织来完成。在微观尺度上，肌内膜通过形成网状结构，将人体的各个细胞连接起来，从而把负荷分配给各个肌纤维。各个肌纤维组合起来，就构成了肉眼可见的肌肉（Schleip et al.，2012）。结缔组织的作用是将机械力分配到身体的各个部分（Myers，2014；Vogel & Sheetz，2006；Ingber，2004）。

人体在进行多向性变速运动时，肌筋膜网能够最有效地发挥作用。而不良的生活习惯，比如久坐，对水合作用有不利的影响，进而影响筋膜和结缔组织的弹性。缺乏多平面的动作，或是缺少适当的水合作用，都可能导致筋膜层相互粘连，从而影响身体在多个方向上的运动能力。在细胞水平上，力的变化可以改变细胞的物理性质和生化功能，进而影响最小到最大单位的肌肉组织结构（Schleip et al.，2012；Vogel & Sheetz，2006；Ingber，2004）。

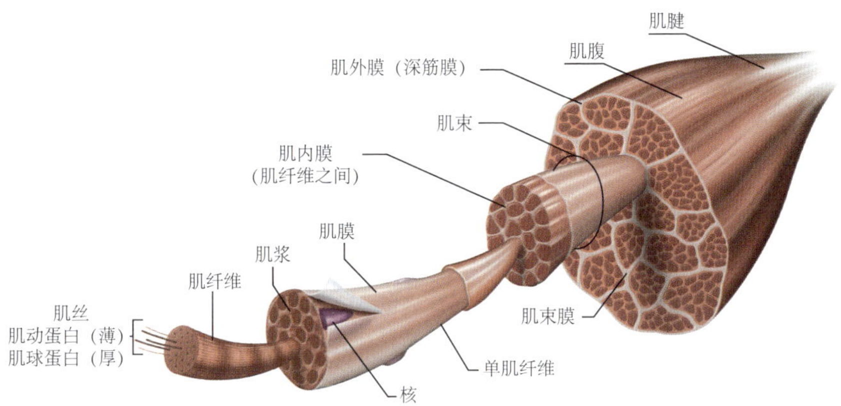

图1.2 产生运动力的骨骼肌是多层结构，每根肌纤维由筋膜和弹性结缔组织包裹

运动时施加的力可以给身体带来变化。这种变化是整体性的，可以产生“1+1>2”的效果（Ingber，2003）。但如果运动改变了身体原有的平衡，细胞的结构会更容易受外界影响，比如压力、张力、扭力、剪切力等，进而影响身体的整体功能。重复性训练、动作技术不得当或缺乏多向性训练，都会导致慢性应激，从而影响身体的各个方面，甚至改变训练结果。在宏观和微观层面上了解各种不同力的作用，了解这些力会使细胞产生哪些变化，这些变化又是怎样影响身体结构的，将有助于你确定合适的训练类型，这样会有益于满足自身的需求。

通常，人们认为运动总比不运动好。在单一运动平面内的练习，比如许多常见的肌肉孤立训练，主要锻炼肌纤维的收缩成分；而负重多向性运动，则主要锻炼筋膜和弹性结缔组织。可见，在健身中这两类训练都是不可或缺的。线性运动主要锻炼收缩成分，力量训练和多向性运动可以加强每根肌纤维间的筋膜和弹性结缔组织。较大负荷的抗阻训练以及瞬间达到疲劳的训练都可以加强肌肉的收缩成分，而那些负荷较轻的训练或者自重训练，比如多向性训练，可以拉伸肌肉和弹性结缔组织，提高组织的抗拉强度，有助于降低受伤的风险。“如果能够恰当地锻炼筋膜，使其具有最佳的弹性和韧性，那么身体的运动会更有效，而且可以大大降低受伤的风险”（Schleip et al.，2012）。

骨骼系统

运动可以直接影响人体的骨骼，这在传统的训练中却经常被忽视。骨骼系统是人体的支撑系统，它形成一个结构框架来保护其内部的器官。在这个框架中，肌肉、筋膜和弹性结缔组织共同作用，来帮助身体完成各个方向的运动。如果两块骨头相互靠近但不接触，那么它们的相交部位就称为关节。如果关节腔充满滑液，那么这类关节称为滑膜关节。所有关节都具备以下功能：在关节结构的活动度内帮助身体完成各种运动，保持灵活性，或限制某些运动来保持稳定性。可移动关节可以产生运动，而不可移动关节可以支撑结构，它们相互整合协调，以使身体进行有效的运动。

除了骨骼之外，骨骼系统还包括骨骼末端的关节软骨、形成关节囊的结缔组织、纤维膜（如膝部的半月板）和密封在关节囊内的滑液。在关节运动时，这些结构可以避免两块骨头相互摩擦。某些关节是可动的，如髋关节（球窝关节），而有的关节是不动的，如颅骨缝线。骨骼也可以看作一种结缔组织，能够为筋膜和肌腱提供附着点。和身体中的其他组织一样，当遭受外力时，骨骼也会生长或重塑（Neumann，2010）。所以，力量训练可以提高骨密度、使骨骼更强壮，同时也有助于避免关节损伤，如骨折或骨裂。

骨骼的结构和位置有助于消除内力和外力。根据沃尔夫（Wolff）定律，负载产生结构变化。也就是说，不论是久坐不动还是坚持运动，骨骼系统都会适应这些外力。机械信号转导也适用于骨骼结构。不正确的姿势会改变某些关节结构，比如脊柱椎间关节、大腿和骨盆间的髋关节。如果持续给身体施加外力，可以改变骨骼的位置，同样也会改变关节的结构，最终影响关节的活动和功能（Neumann，2010）。

关节周围的肌肉、筋膜和弹性结缔组织，可以在关节运动时控制关节的位置，以保持必要的稳定性，或是使关节在关节活动度内运动。关节最佳的灵活性允许关节在全幅度活动度内无障碍地运动，并且控制不断变化的旋转轴。定期运动和体力活动可以保持滑液的充足以及结缔组织的弹性，为今后长期的生活和运动提供功能保障。与肌肉、筋膜和弹性结缔组织一样，骨骼系统和运动效率的关系为“用进废退”。比如缺乏多向性运动，长期姿势不良或久坐不动，都会改变骨骼的位置，甚至可能导致关节退化，增加损伤的危险。

韧带将骨骼连接起来为关节提供结构支撑，使运动过程变得柔和。但与肌肉和肌腱不同，韧带不具有弹性，也就是说韧带不适合用来拉伸。不正确的姿势或不合理的运动技术，会导致肌肉张力和压力的不平衡，这会改变关节的位置和结构，甚至影响关节的灵活性或稳定性。肌力失衡和错误的关节运动的关系就像是鸡和蛋之间的关系，二者都可能导致受伤。长期进行重复性运动或缺乏运动，会改变肌肉、筋膜和弹性结缔组织的长度与张力关系，从而限制关节的正常活动。同样，久坐不动或姿势不良，也会改变关节结构，从而改变关节周围肌肉的长度和张力的关系。至于是姿势不良导致肌肉缩短，还是肌肉缩短造成姿势不良，目前还没有定论。但无论是姿势不良，还是肌肉缩短，都会增加在运动中受伤的风险。因为一旦关节的结构和活动度发生改变，那些关节周围的肌肉、筋膜和弹性结缔组织的功能也会受到影响。

灵活性最高的 3 个身体部分：足和踝复合体（实际上包含许多关节，但为了讨论方便，将它们看作一个整体）、髋部、胸椎椎间段（同样包含许多独立的关节，作为一个整体发挥作用）。组成这 3 个部分的关节，使身体在 3 个运动平面中运动，这对于人体步态周期至关重要，并能够使其达到最佳的运动效率。如果其中任何一个关节灵活性不足，哪怕只是在某个动作平面上灵活性不足，都可能影响整个身体的结构和功能。如果一个关节丧失灵活性，那么与它相邻的关节也会受到影响，它们的功能也会发生很大的改变。

机械力能够影响身体的所有组织，尤其是肌肉、筋膜、弹性结缔组织以及骨骼，甚至改变它们的结构和功能。定期改变训练内容，或使用不同类型的运动器材，可以增加施加在身体上的机械力的多样性。这对于保持最佳健康状态至关重要。

中枢神经系统

理解了运动如何影响人体的各种结构，现在来看看身体的各个系统在工作中是如何协调起来的。中枢神经系统的感受器发出信号，肌肉接收信号，进行缩短、拉长或控制力量来对外力进行响应。关节周围的肌肉共同作用，形成人体的运动。当关节一侧的肌肉缩短，另一侧的肌肉拉长时，肢体就可以在该关节的活动度内运动了。想想在日常活动中，比如用钥匙锁门，或者从一个房间走到另一个房间，完成这些动作需要动用多少肌群、多少关节？当进行这个动作时，你是告诉你的大脑需要激活哪些肌肉，还是直接告诉大脑需要进行的动作的活动度或动作模式？

运动时，中枢神经系统无法直接判断该练习涉及哪些肌肉。它只能识别特定的动作模式，然后激活这一模式所需要动用的肌群，并使它们协调起来，完成指定的动作。日常生活中，许多动作都是由这些下意识的反射行为来完成的。基于这些动作模式训练的好处之一，是可以发展和完善运动中枢神经系统与肌肉系统的关联性。一旦这些动作成为下意识的反射行为，就可以在做这些动作的同时，专注于其他事情。

中枢神经系统可以感知周围环境的变化，然后选择合适的肌群产生适当的力量来完成运动，这叫作本体感觉（Proprioception）。中枢神经系统、肌肉系统和骨骼系统彼此独立，但又相互依存，从此产生有效的运动。韧带、关节囊、肌肉和结缔组织中的感受器，通常是神经末梢，它们能够提供关节的位置，及其在关节活动度中的动作速度。此外，那些在肌肉和筋膜内的感觉神经，可以检测运动中是否需要拉力或压力。最佳的运动效率是，中枢神经系统接收传入信号后，激活主动肌收缩，拮抗肌拉长，避免在关节活动度内限制关节运动。

感觉信息通过脊髓传递到大脑，大脑会选择最有效的输出信号来产生运动并在整个关节活动度内控制关节运动（图1.3）。例如，行走在坚硬的沥青马路上，和行走在疏松的沙子上，感觉是不同的。这是因为中枢神经系统可以检测到沙子是不稳定的，需要激活更多的肌肉来帮助身体保持稳定。所以走在沙子上要累得多。总而言之，没有中枢神经系统发出合适的信号，肌肉就不能正常工作。所以，要想实现预期的训练目标，加载正确的信息类型到中枢神经系统是至关重要的。

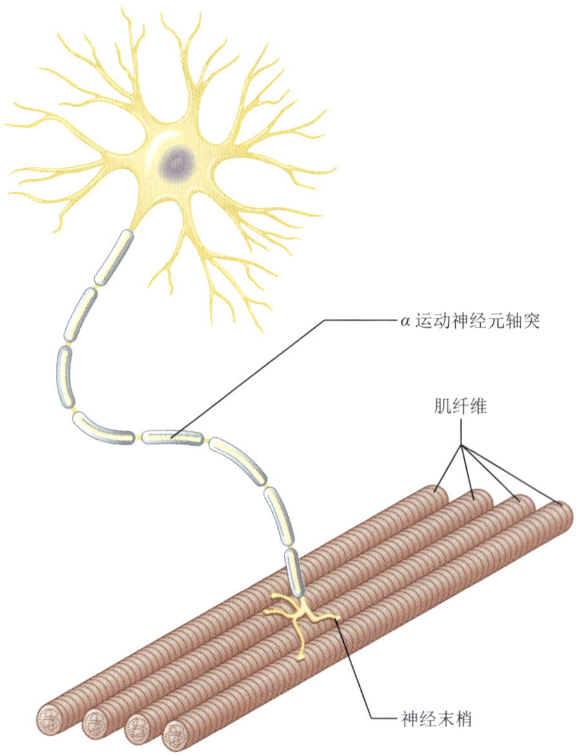

图1.3 信号在中枢神经系统中的传递是以电脉冲的形式完成的。这些电脉冲能够引起肌肉的收缩。图示为肌肉运动单位、运动神经元及其所连接的单个纤维，该纤维负责肌肉的收缩

中枢神经系统在控制和改善运动中的作用

想想每天的活动，什么时候需要保持平衡？什么时候需要快速移动来改变方向？如果你需要捡起地上的东西，或者为了取架子顶层的物品而需要单腿平衡，平衡应该是训练计划中的重要内容。如果需要面对一群精力充沛、做出的动作经常出人意料的孩子，或者生活在繁华都市，每日穿梭于拥挤的地铁站和人行道，进行那些能够增强身体的运动能力、动态平衡和灵活性的训练，有助于提高身体在快速变向时保持稳定的能力。

许多人常常忽视身体协调、动态平衡的训练。提高这些技能并不容易，所以许多人都不进行这些训练。然而，如果制订恰当的训练计划，几乎可以立即提高这些技能。

协调性包括动态平衡和灵活性。动态平衡指在运动过程中，保持身体重心的能力，是核心区的重要作用，在持续运动过程中为你的腿和脚提供支撑；灵活性是在稳定身体重心的同时，能够进行快速制动、变向或再加速的能力。提高协调性，如动态平衡和灵活性，有助于将正确的感觉信息传递到中枢神经系统。这些复杂的运动信息和机械力共同作用，能够促进肌肉生长，并改善肌肉的适应性。这就是那些基于多向性移动的训练如此重要的原因。

要达到训练的目标，离不开所有系统的协同工作。中枢神经系统感知周围环境的变化并为肌肉选择合适的运动反应，这些肌肉会带动骨骼运动，完成相应的动作。无论是在运动中还是日常生活中，灵活性、动态平衡和力量等，这些身体能力都不是相互独立的，而是通过彼此依赖、协同合作来保证身体在运动中能高效运转并且最大限度地发挥运动技能。

中枢神经系统与力量增加

力量又称肌力输出，与运动时产生力所用到的肌纤维数量有关。肌肉内协调是指中枢神经系统募集或激活特定肌纤维的效率，取决于以下 3 个独立的因素。

1. 肌纤维募集：在拉长阶段，刺激纺锤体以激活特定肌肉的运动单位。
2. 同步：同时激活更多运动单位以增加力量。
3. 频率编码：中枢神经系统激活运动单位的速度。运动单位募集得越快，肌肉力量越大，肌肉产生力量的速度越快。

科学家说：身体就像一台精密的计算机

身体就像是一台计算机，各个系统相互协调来完成运动。计算机包含许多硬件，比如塑料、金属、玻璃和线路。将它们焊接起来形成一个整体系统来实现不同的功能。如果计算机的各个部分是相互独立的，人们就不会用它来编写文档，或是进行网上搜索。

同样地，人体也有许多“硬件”，比如肌肉、筋膜、弹性结缔组织和骨骼结构。和计算机的各个部件一样，人体的各种结构也需要一个中央控制器来下达指令。中枢神经系统扮演着中央控制器的角色，将收集到的信息发送给“硬件”来完成动作。不同的是，计算机需要软件的指令来执行任务，而中枢神经系统是一个自主学习系统，可以不断接收各种输入的信息，这些输入的信息决定了输出的内容，从而执行特定的动作。

感受器是中枢神经系统的组成部分，负责从体内和体外接收信息，以此决定肌肉系统的运动反应。感受器与肌纤维相邻。韧带、肌腱、关节囊、关节和关节中的感受器可以确定在承受拉力时，肌肉长度的变化率，也可以确定运动过程中关节位置的变化率。这些位置的变化，决定了为完成运动，特定部分的肌肉需要产生多大的力。

从开始学习扭动、伸展脊柱、翻身和爬行的那一刻起，中枢神经系统的感受器就开始从重力及地面反作用力中收集数据，形成运动数据库，指导肌肉产生适当的力，使得人们能够直立行走。人类天生就适合运动，只要输入适当的信息，中枢神经系统就会通过不断地升级，来提高身体的运动能力。制订成功的训练计划的秘诀是，提高“软件”指挥“硬件”的能力。换句话说，提高运动神经系统选择所需肌肉的能力，会使运动变得更流畅和从容。

肌肉内协调是指在运动中为提高肌力输出而同时激活大量肌肉的能力。中枢神经系统负责改善肌内和肌间的协调，从而在运动中提高力的产生速率或总的力输出率。共同收缩是指同时激活关节两侧的肌肉，通常为原动肌和拮抗肌。提高肌肉的神经效率，可以使拮抗肌在原动肌收缩时，能够更快地放松，从而提高力的产生速率和运动速率（Verkoshansky & Siff，2009）。

如果肌肉处于恒定收缩状态，就不能有效地收缩产生力量，此外也不能继续拉长进行运动。当肌肉、筋膜和弹性结缔组织持续受力，组织层间的胶原纤维就可能发生结合，从而产生刚性，阻碍关节的活动。中枢神经系统对身体的运动发挥着重要作用。感觉神经能够感受到外力以及身体各部分位置的变化。神经系统具有位于肌肉收缩成分、筋膜和关节囊的机械感受器中的感受器，可以监测骨骼的运动。肌肉中的每根感觉神经，对应着筋膜和弹性结缔组织中多达 10 根的感觉神经（Schleip et al., 2012）。为产生有效的运动，需要神经系统发出信号。而筋膜中的高级感觉神经末梢，可以很大程度地影响这些信号。因此，训练计划需遵循运动的复杂性和渐进性，以使中枢神经系统能够在恰当的时机控制肌肉和筋膜的压力及张力。

心肺系统

心肺系统由心脏、肺和血管组成。其中，血管又包含动脉、静脉和毛细血管。氧气通过肺部进入体内，心脏将缺氧的静脉血泵入肺部，肺将氧气扩散到静脉血，之后这部分血液进入心脏和身体其他部位。当运动强度增加时，呼吸频率会增加，肺部需要更快地将更多的氧气扩散到体内，并排出更多的二氧化碳（CO_2）。相应地，心脏也会跳得更快，使血液在体内快速流动。我们从转速表中可以了解汽车发动机每分钟的转数，汽车速度越快，转速越高，发动机的负荷越大。同样地，训练强度越大，肌肉所需的氧气就越多，肺部排出二氧化碳的速度就越快。而二氧化碳排出得越快，心脏跳得也越快。因此，心率可以用来反映运动强度。

心肺运动，常被称为有氧运动，指那些能够长时间提高心率的活动。然而，这样描述可能有些不妥。比如在阅读时，人们会保持呼吸，氧气进入体内产生能量，使得人们在阅读时保持清醒，这就是在进行有氧运动。身体的新陈代谢不仅可以产生能量以满足运动的需要，还能够维持各种系统的功能，比如心肺、消化、循环、内分泌和肌肉系统。进行体育运动时，需要用到两种能量供能：化学能和机械能。三磷酸腺苷（Adenosine triphosphate，ATP）是一种可提供化学能的物质，由营养底物产生，比如脂肪、碳水化合物，并且在某些极端情况下蛋白质也可以用来提供肌肉收缩所需的能量。筋膜和弹性结缔组织快速伸长时，可以储存机械能，在肌肉缩短时，可以释放机械能。对那些能够提高心率，或是提高产能效率的运动，用代谢调节来描述，会更加准确。

稳态训练和间歇性训练都会增加身体对化学能的需要。其中，稳态训练指长时间保持相同的训练强度的训练，间歇性训练指交替进行高、低强度的训练。训练会提高人体对 ATP 的需求。获得三磷酸腺苷的方式有 3 种：（1）脂解，即在长时间的中低强度的运动中，脂肪酸在有氧条件下分解，为身体提供能量；（2）糖酵解，即在有氧或无氧条件下，将糖原代谢成三磷酸腺苷；（3）直接使用储存在肌肉细胞中的三磷酸腺苷。具体通过哪种方式产生三磷酸腺苷，由训练强度、训练时间及所需的氧气量决定。

代谢调节训练是常用来描述高强度训练的术语。然而，身体能够将营养底物代谢成三磷酸腺苷，为肌肉活动提供所需的能量，可见所有的运动都是代谢调节的一种形式。高强度的运动需要更多的氧气和三磷酸腺苷。因此，代谢调节最好的训练方法是进行高能耗的运动。那些高能耗的运动可以动用更多的肌肉，需要更多的氧气，从而消耗更多的能量，进而能够提高代谢调节。

人们在休息或进行低强度的运动时，Ⅰ型肌纤维通过脂肪酸的有氧代谢产生 ATP。当训练强度增加时，Ⅱ型肌纤维会消耗储存的 ATP 或是将糖原转化为 ATP。糖原是肌肉细胞中储存的碳水化合物。有氧糖酵解和无氧糖酵解分别指糖原在有氧和无氧条件下生成 ATP。

可见，在休息或低强度运动时，三磷酸腺苷是通过有氧代谢提供的。在高强度运动时，磷酸原系统和糖酵解系统能够迅速产生 ATP，经肌肉组织和循环系统快速传递至肌肉组织，以满足运动中对能量的需求（图 1.4）。不管是抗阻训练还是心血管调节，高强度训练的结果之一就是增加代谢压力，从而改变供能系统。

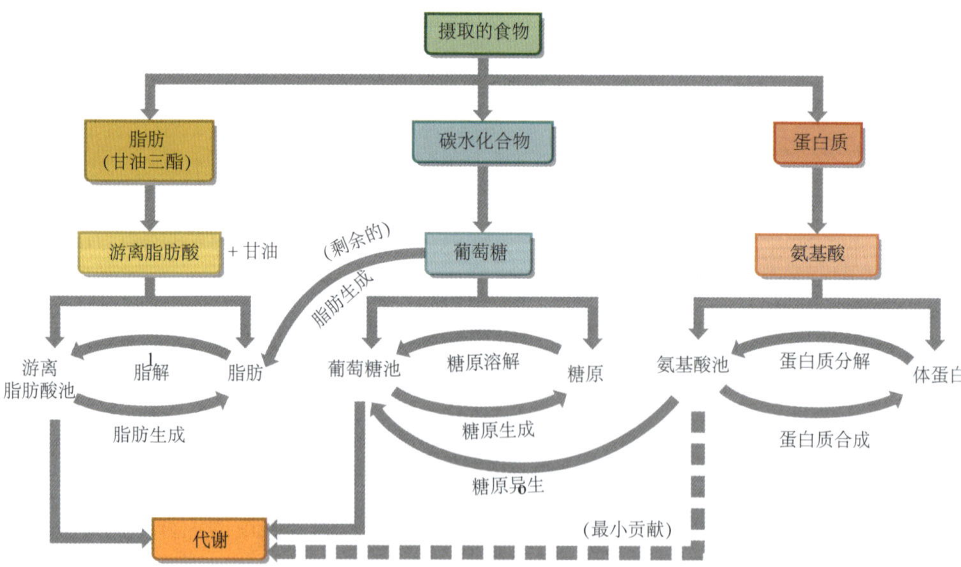

图1.4 细胞代谢

要使脂肪酸转化为 ATP，需要消耗氧气，并且所需时间较长。因此对高强度的运动来说，利用脂肪酸供能并不高效。碳水化合物可在肝脏中转化为糖原，当肌肉急需能量时，Ⅱ型肌纤维里面的糖原能够在有氧或无氧的条件下转化为三磷酸腺苷来提供能量。运动的强度和时间，决定了哪些营养底物参与转化成 ATP，以及是否需要氧气参与。在长时间持续进行高强度训练，又缺乏足够的糖原时，身体会在糖原异生过程中，将氨基酸转化为三磷酸腺苷。其中，氨基酸是蛋白质的组成部分。

许多人倾向于高强度的训练，因为高强度训练能够达到可观的效果。高强度训练使身体的负荷较大，而且需要大量的能量，会对肌细胞产生 ATP 的机制和肌纤维结构造成影响。这些代谢和负荷压力可以促进肌肉生长，但长时间或频繁地进行高强度训练，可能导致细胞结构受损，这会让你得不偿失（Kenney et al.，2015）。

在中低强度训练中，因为身体不需要大量的氧气，呼吸的频率也不会很快，并不会影响人们进行正常交流。随着训练强度的增加，身体需要更多的氧气，呼吸的频率也会加快，从而会让正常的交流变得越来越困难。在低强度训练中，身体不需要大量的能量或者不需要较快的能量供应。所以，你的呼吸频率保持相对稳定，可以正常进行交流。在训练中，如果你能很舒适地与他人交流，那么说明这时候的训练强度低于第一通气阈值（The first ventilatory threshold，VT_1）。在 VT_1 强度下，身体以脂肪代谢为主的供能方式将转化为以分解细胞中糖原生成 ATP 为主的供能方式。

当训练强度高于 VT_1，身体主要通过以糖原形式储存在肌肉中的碳水化合物代谢产生能量。碳水化合物代谢的副产物是二氧化碳，为排出这些二氧化碳，人们就需要加快呼吸频率，这就是在高强度训练中呼吸频率会增加的原因之一。呼吸频率增加的另一个原因是频率加快可以获得更多的氧气，以帮助身体产生能量。所以，某种程度上可通过是否能够正常交谈来判断训练中使用的是有氧方式还是无氧方式供能。有些训练的特点是以低于 VT_1 的强度进行稳态训练，而另一些训练则采用间歇性训练模式，即训练强度在练习期间高于 VT_1，在休息间歇时低于 VT_1。随着健康状况的改善，可以试着延长有氧稳态训练时间。当进行间歇性训练时，可以加大运动强度使呼吸频率加快，或者延长强度高于 VT_1 的训练的时间，减少间歇的时间，这时候呼吸会比较困难。

进行一段时间高强度训练后，人体储备的 ATP 已经用尽了，这时，需要适当休息或进行低强度训练，以便清除堆积的氢离子，并生成 ATP。间歇性训练背后的科学原理是，在休息或低强度训练期间，身体通过有氧代谢生成 ATP。身体在运动中和运动后消耗的氧气越多，燃烧的热量就越多。

高强度训练结束后，呼吸频率仍然很快，因为身体恢复时需要额外的氧气。在运动后的恢复过程中，氧气有助于实现一些生理功能，包括产生新的 ATP，在训练中将乳酸（能量代谢的副产物）转化为糖原，恢复静脉血、骨骼肌血和肌红蛋白中的氧含量，修复肌肉蛋白质和其他在训练中受损的组织，将体温恢复到静息水平等。这一过程通常称为运动后过量氧耗（Excess postexercise oxygen consumption，EPOC），又称氧债（Oxygen debt）。EPOC 效应的大小由训练强度决定，与训练持续的时间无关。

内分泌系统

中枢神经系统之所以能够控制肌肉的活动，是通过电脉冲来实现的。激素是一种化学物质，这种化学物质能够控制细胞的许多功能，比如影响肌肉、筋膜和弹性结缔组织的结构。运动能够使身体产生变化，内分泌系统能够根据这些变化促进激素的产生，从而调节身体，使之适应这些变化。激素与细胞中特定的受体部位协同工作，通过不同的方式来影响细胞功能。激素还控制着身体的许多生化反应，比如能量代谢、组织生长、水合程度、肌蛋白的合成和分解、生殖过程和情绪变化。激素既能负责促进新肌肉生长，又能帮助脂肪代谢产生能量。在运动时，人们常常忽视内分泌系统的作用，其实在每次运动中，内分泌系统都会对身体产生特定的影响。因此，有必要了解在运动中身体会释放哪些激素，以及这些激素会对生理功能产生怎样的影响。

激素的生成与训练内容、强度以及运动后恢复的程度有关。激素既可以产生合成代谢反应来构建新的组织（如肌肉和筋膜），又可以产生分解代谢反应来将脂肪、碳水化合物（有时候也包括蛋白质）分解生成能量。合成代谢激素负责合成蛋白质，用于肌肉的生长；分解代谢激素有助于消耗能量，从而有助于减重。

激素有三大类：类固醇、肽类和胺类。胺类其实是一种经过修饰的氨基酸类激素。每一类激素都有其独特的化学结构，这些结构决定了激素如何与特异受体相互作用：类固醇激素与细胞核中的受体结合并相互作用；肽类激素由氨基酸组成，与细胞膜上的特异受体结合并相互作用；胺类含有氮元素，能影响交感神经系统。在运动过程中，交感神经系统的功能之一是启动产生能量的过程。

多肽激素由氨基酸脱水缩合而成，能够与血液中或细胞膜上的受体结合，比如胰岛素和人生长激素（Human growth hormone，HGH）。所有的类固醇激素都是脂溶性的，可以通过被动扩散穿过肌纤维的肌膜。类固醇激素由肾上腺皮质和性腺产生，其前体物质是胆固醇。类固醇激素包括男性性激素睾酮（Testosterone，T）及女性性激素雌激素。

高强度训练会对肌肉组织造成机械损伤并产生代谢压力，如酸中毒。这会促进合成代谢激素的释放。合成代谢激素用来修复和生成新的肌蛋白，或产生胶原蛋白，用于筋膜和弹性结缔组织。人生长激素、胰岛素样生长因子（Insulin-like growth factor，IGF-1）和睾酮，有助于修复受损的肌蛋白，从而增加肌肉的大小和力量。所以如果想要增肌，高强度训练再合适不过。人生长激素有助于脂肪的代谢，也有助于新肌肉组织的生长，这就意味着体重可能不会减掉太多。但是身体成分会发生变化，即肌肉比重增加，脂肪比重减小。因此，不能只通过体重来衡量运动效果。

和人生长激素一样，睾酮也是刺激肌蛋白合成的重要激素，它通过刺激肌蛋白的合成增加肌肉量。力量训练，尤其是超负荷的力量训练，会促使睾酮含量升高。这是一种应激性反应，说明新陈代谢和身体的压力过大。瘦体重增加能够提高基础代谢率，也就是在静息时，提高热量的消耗量。每千克肌肉每天需消耗 11 ～ 15 千卡能量来维持其正常功能。所以每增加 1 千克肌肉每天就可以多消耗 11 ～ 15 千卡能量。人们行走 1 千米大约消耗 60 千卡能量，所以增加 1 千克肌肉，在一周内多消耗的能量，相当于步行近 4 千米。

其他激素，比如肾上腺素及去甲肾上腺素的儿茶酚胺，能够促进脂肪和碳水化合物的分解代谢，产生 ATP，并将其用于肌肉收缩。肾上腺产生的肾上腺素通过激活运动单位影响神经系统的兴奋性。人生长激素、IGF-1 用于修复损伤的组织，如果它们的释放量增加，会导致乳酸的堆积。运动引起 IGF-1 的增加，也与脑源性神经营养因子（Brain-derived neurotrophic factor，BDNF）的升高有关。脑源性神经营养因子是一种神经递质，能够在大脑中建立新神经元，或改善认知功能。

激素能够影响人体各种各样的生理功能。本节中列出的激素都直接受到体力活动的影响，特别是受到运动的影响。因此，它们对身体适应运动的需求发挥着重要作用。现在，许多专业的健身人士意识到，训练的结果很大程度上取决于神经和肌肉系统。实际上，激素能够影响身体的许多活动。所以，如果被问到什么因素会影响身体对训练的反应，恰当的回答是“所有激素”（Haff & Triplett，2016；Kenney et al.，2015）。

胰岛素

胰岛素是一种由胰腺产生的肽类激素，能够调节碳水化合物和脂肪代谢。当血糖升高时，胰岛素被释放出来，促进糖原和葡萄糖的储存和吸收。胰岛素通过促进吸收血液、骨骼肌或脂肪组织中的糖原降低血糖。在体力活动中，我们需要知道胰岛素可以将脂肪储存在脂肪组织中，而不是用于给肌肉活动提供能量。运动开始时，交感神经系统（Sympathetic nervous system，SNS）能抑制胰岛素的释放。因此在运动前，要避免摄取高糖食物，包括运动饮料，因为这些食物可以提高胰岛素水平，促进储存糖原，而不是分解糖原给身体提供能量。可以等到身体开始出汗后，再喝一些运动饮料或能量凝胶。

胰高血糖素

人体在血糖水平较低时，会释放胰高血糖素。胰高血糖素由胰腺产生，用于刺激脂肪组织释放游离脂肪酸（Free fatty acid，FFA），同时升高血糖，这两者对在运动过程中提供能量都是重要的。当糖原被耗尽时，胰高血糖素能够释放储存在肝脏中的糖原。

皮质醇

皮质醇是一种分解代谢类固醇激素，由肾上腺产生应对负荷、低血糖和运动的皮质醇可以促进甘油三酯和蛋白质的分解，以此产生葡萄糖，从而满足长时间运动所需的能量。当身体负荷过大，或没有从之前的运动中完全恢复时，皮质醇就会被释放出来。虽然皮质醇有助于促进脂肪代谢，但如果运动时间过长，会导致皮质醇分解肌蛋白来产生能量，而这部分肌蛋白就不能用于修复受损的组织了。

肾上腺素和去甲肾上腺素

在运动时，这些胺类激素能够帮助交感神经系统产生能量，或调节心肺功能。肾上腺素和去甲肾上腺素在化学结构上都属于儿茶酚胺，它们是独立但相关的激素。肾上腺素由肾上腺产生，所以称为肾上腺素。肾上腺素能提高心输出量，升高血糖，促进糖原分解产生能量，并帮助脂肪代谢。去甲肾上腺素与肾上腺素的功能相似，除此之外，当某些身体部位没有参与运动时，去甲肾上腺素还能收缩这些部位的血管。

睾酮

睾酮是一种类固醇激素，主要由雄性睾丸间质细胞和雌性卵巢产生，少量由肾上腺产生。睾酮负责肌蛋白的再合成，修复运动中受损的肌蛋白，并能促进骨骼肌的生长。当肌蛋白在运动中受损时，睾酮会与特异受体结合来修复损伤。

人生长激素

人生长激素（HGH）是一种合成代谢类肽激素，由垂体前叶分泌，能够刺激细胞。和其他激素一样，HGH 与特异性受体结合，并可促进人体许多反应的发生，比如促进肌蛋白的合成，增加骨矿化，增强免疫系统功能，促进脂肪分解（脂肪代谢）。人体在睡眠的快速眼动（Rapid eye movement，REM）睡眠周期中产生 HGH。在高强度的运动中，如大负荷力量训练、爆发力训练或心肺运动，当血乳酸达到阈值（Onset of blood lactate occumulation，OBLA，第二通气阈值）时，能够促进 HGH 的产生。

胰岛素样生长因子

胰岛素样生长因子（IGF-1），通常称为机械生长因子，是由肝脏产生的一种重要的肽类激素，与 HGH 的产生机制相似。IGF-1 的分子结构与胰岛素相似，能够帮助 HGH 修复受损蛋白质，从而促进肌肉的生长。

脑源性神经营养因子

人们常常认为抗阻训练是相对简单的练习，并且认为举重运动员经常面对的是死板的练习。但抗阻训练会启动一系列化学、神经和结构反应来促进肌肉生长，增强其认知功能。脑源性神经营养因子（BDNF）是一种神经递质，有助于刺激大脑新细胞的产生。BDNF 的产生与人类 HGH 和 IGF-1 的分泌密切相关。运动可以产生代谢或机械超负荷，从而提高 HGH 和 IGF-1 的水平，这会促进 BDNF 的释放。高强度的运动可以刺激合成代谢激素的产生，从而促进肌肉生长，同时也能提高 BDNF 的水平。

运动会造成激素短期或长期的变化。了解运动如何影响激素分泌，激素又是如何影响生理功能的，有助于制订有效的训练计划来实现目标。在运动后立即出现的急性期，身体会产生 T、HGH 和 IGF-1 来修复损伤的组织。长期来看，如果受体位点和结合蛋白增加，会使得细胞对 T、HGH 和 IGF-1 的利用更加有效，从而更好地促进组织修复和肌肉生长。训练到瞬间疲劳点会对机体产生较高的机械和代谢超负荷，从而损伤肌肉蛋白，引起 T、HGH 和 IGF-1 分泌以修复损伤，促进肌肉生长。分解代谢激素与合成代谢激素的浓度可用于评估过度训练和疲劳程度（Kraemer & Ratamess，2005）。在间歇期和恢复期，皮质醇（分解代谢激素）会堆积，有可能对恢复过程造成不良影响。这些激素的浓度与每个训练阶段的强度及训练持续时间有关。研究表明，如果进行短时间的高强度训练，同时缩短间歇时间，可以增加合成代谢激素的分泌，促进肌肉生长（Schoenfeld，2016；Kraemer & Ratamess，2005）。

小 结

适当的运动不仅可以排汗，还可以改变身体的功能和结构。灵活性训练可以提高运动效率，提高筋膜和弹性结缔组织的韧性，降低受伤风险。

科学家说：控制功能的软件

要将人体比作精密的计算机，就要探讨各种“软件”是怎样控制人体的功能的。在计算机中，软件决定了计算机执行各种功能的效率。计算机的软件提供了必要的信息，指导机器组件协同工作，来实现特定的功能。例如，记账软件可以通过记录收入和支出来管理财务。

GIGO 是一个旧的软件编程术语，代表“垃圾输入，垃圾输出”。这意味着如果软件写得不好，计算机就不能高效地执行分配的任务，甚至会出现错误。

相似地，传统的肌肉孤立训练可以看作一种错误的软件。这种软件上传垃圾指令，一次只命令一两块肌肉工作，而让关节保持在相对稳定的位置。这种训练方法违背了人体操作系统（中枢神经系统）的固有学习方式。在固有学习方式中，人体的中枢神经系统向许多肌肉发出指令，这些肌肉共同移动各种关节，人们得以学习和完成特定的动作。

内分泌系统就像一个软件，帮助控制身体硬件各部分的功能。内分泌系统通过产生化学物质（即激素）来启动和控制肌肉、筋和骨骼中的单个细胞的功能。力量训练会对肌纤维的结构产生机械超负荷，内分泌系统发出信号，促进睾酮和其他合成代谢激素的产生，这有助于蛋白质的合成，由此修复受损的纤维。

要开发一款成功的运动，就要提高操作系统控制硬件的能力。也就是说，通过进行各种不同的动作模式，向中枢神经系统上传新的信息，使得中枢神经系统将肌肉、筋膜和弹性结缔组织作为一个完整的系统，并控制它们更有效地工作。髋关节铰链、蹲、弓步、推、拉和旋转的特定动作模式，可以看作是复杂的程序，能够指挥身体的硬件（如肌肉、筋膜和骨骼等）共同工作并产生协调的运动。这些动作模式常被认为是人类运动的基本模式，也应当作为正常训练计划的基本内容，以提高运动能力、核心力量和新陈代谢调节能力。

力量训练和代谢调节训练除了可以塑形外，还可以提高身体将食物转化为能量的能力，改变激素水平，增加肌肉力量输出。这些可以显著影响人们参加娱乐活动或完成日常活动的能力。许多因素，如性别、年龄、抗阻训练经验、遗传、睡眠、营养、水合状态以及情绪和身体应激等，都会影响生理系统对各种训练的反应，从而影响运动的结果。比如，工作压力过大或睡眠不足可能会削弱肌肉的生长能力。

运动就是动作的整合，而动作模式是一项技能，需要通过实践练习来掌握和提升。虽然尝试变化训练，可以使运动变得更有趣，但如果能将同一训练持续进行 6 ～ 8 周，不仅可以提高身体的协调性、运动能力，还能促进肌肉的生长。有效的动作需要身体各个系统的协调，那些能够同时动用许多肌群的动作模式，能够加大代谢的负荷，帮助燃烧更多的热量，从而有助于保持健康的体重。

为了更好地完成动态的、多向性的动作模式，需要中枢神经系统控制身体的各个部分，使其协调合作形成一个整体。相比于传统的孤立训练，使用同一器械使人体在不同的方向上运动就会让运动变得更有创意、更吸引人、更有效并且更有趣。多关节训练，如深蹲哑铃推肩、药球提拉举或壶铃甩摆，都需要用到大量的肌肉组织。这些运动能提高心脏泵血能力，从而有助于保持肌肉活力，或提高健康水平。

第 2 章

实践中的训练动作与强度

养成坚持运动的习惯很重要。然而，长期进行同样的训练可能会适得其反。因为如果同样的训练持续时间太久，会导致身体进入“高原期”，从而很难产生生理变化。诚然，坚持体育运动有许多好处，至少比不运动要好，但如果能定期改变训练内容，将有助于你达成预期的效果。为了得到最好的训练效果，训练计划最好具有一定的挑战性，但也不要太难，因为如果训练强度过大或难度增加过快，就可能导致受伤。

一般适应综合征由内分泌学家汉斯·塞利（Hans Selye）首先提出，用于描述生理机能如何适应运动造成的物理刺激。训练计划开始时，会先经过 1 ～ 3 周的初始预警阶段，在此期间，身体会意识到正在受到新的刺激。接下来是 4 ～ 16 周的适应阶段，此时身体适应刺激，并能够更加有效地应对刺激。最后，在经过长达 12 ～ 16 周的延长期后，身体达到所谓的衰竭阶段，此时，刺激对身体的影响较小（Haff & Triplett，2016）。

许多不同的训练方法都声称能够达到预期效果。人们都想找到一个有效的、最适合自己的训练计划，避免将时间和精力浪费在没有意义的训练上。那么怎样才能在纷杂的训练方法中，筛选出最合适的训练方法呢？

在制订训练计划时，最难的一步可能就是根据自身需求找到最有效的训练。一般而言，训练的通用模式有 3 种。

1. 灵活性训练：降低肌肉紧张度、增加组织伸展性、改善关节活动度。
2. 核心力量训练：提高控制身体重心的肌肉力量和协调能力，从而完成更多的体力活动。

3. 代谢调节训练：利用心肺系统将含氧的动脉血和能量基质输送到特定的肌肉。

灵活性训练可以减缓肌肉紧张度，改善关节活动度，这些是提高整体运动效率的关键因素。灵活性训练可以改善身体的协调度和动态平衡，有助于降低因重复性训练或缺乏运动而导致损伤的概率。

核心力量训练能够提高核心肌肉的力量，这既可以消耗能量（燃烧热量），又能塑形。核心力量训练有助于提高肌力输出，从而提高基础代谢率（安静状态下身体燃烧热量的能力），提高身体在不同运动中的功能性表现，并能降低多种慢性病、慢性健康状况发生的风险。

代谢调节训练能够增强身体将氧气、营养物质输送到工作肌的能力，并有助于清除代谢废物，使肌肉持续进行运动。代谢调节训练的好处是能够增加能量消耗量，从而有助于减肥，还能提高心脏将血液泵送到特定肌肉的效率。

运动是动作的整合，需要大量肌肉协调工作，而非单独的、孤立的或离散的肌肉动作。人体为运动而生，坚持运动的一个重要的好处就是可以提高运动能力，而且在此期间，人不会感觉到身体有任何不适，甚至会主动提高训练频率。这就为人们养成长期坚持运动的习惯、实现和保持最佳健康水平打下了坚实的基础。

一个良好的训练计划应当涵盖上述的 3 种练习。但如果想提高肌肉线条的清晰度，应当侧重于力量训练；如果想提高身体灵活性来避免一些重复性压力损伤，同时又想提高运动技能，重点应该放在灵活性训练上；如果是为了提高耐力，比如需要参加比赛或减肥，可以通过增强代谢调节来提高心肺效率。在进行较低强度的稳态训练时，身体主要进行有氧代谢，利用脂肪代谢产生能量。那些较高强度的训练，无论是间歇训练还是稳态训练，都会进行无氧代谢，应尽可能在疲劳之前提供能量来延长训练时间。

灵活性训练

在进行更大强度的核心力量训练或代谢调节训练之前，应先进行提高身体灵活性的训练，为成功打下良好的基础。如果你因为没有时间，或者不知道提高灵活性或柔韧性的方法，而没有定期进行灵活性或柔韧性的训练，会对身体产生不利影响。

拉伸的方法有许多种。人们最熟悉的可能是静态拉伸——保持拉伸动作 30 秒左右。静态拉伸有助于肌肉的放松和伸展，可以减少肌纤维中神经系统的活动，从而缓解肌肉紧张。许多人会选择在运动前进行静态拉伸，但这并没有必要，最好把静态拉伸放到训练结束后进行，因为拉伸可以减缓酸痛，改善关节活动度等。但如果只进行静态拉伸，难免会有些枯燥，很难长期坚持下去。

合适的灵活性训练，通过整合上下半身各部位动作模式的练习，能够发展中枢神经系统，进而提高运动单位的收缩能力，并能够拉伸肌肉的收缩成分以及弹性结缔组织。灵活性训练还有许多其他好处，如增强 CNS 激活肌肉的能力，加快工作肌的血液循环，减少紧绷肌肉的张力，改善关节的活动度。灵活性训练的强度可以从低到中变化，这样不仅可以提高运动技能，还有助于消除身体在高强度训练后的酸痛感，促进恢复。

久坐或局限于那些刻板的重复性训练可能会严重损伤筋膜、弹性结缔组织的弹性，从而极大地影响关节的功能或降低关节活动度。而且，那些单一平面内的重复性循环训练，可能导致胶原粘连，限制肌肉的伸展性，进而限制关节活动并降低关节的活动度。其中，伸展性指肌肉、筋膜和弹性结缔组织拉长或缩短的能力。筋膜浅层是不致密的，纤维通过分层和多向排列来对多方向的刺激做出反应。连接骨性结构的是致密、粗大的韧带和肌腱，它们以单向方式排列。许多常见的关节活动受限的情况，可能与筋膜和弹性结缔组织超负荷活动有关，而这些本来是可以避免的（Schleip & Bayer，2017；Schleip et al.，2012）。

例如，久坐可能导致主要肌肉层发生粘连，比如负责屈髋的大肌群（能使人们在站立时将膝盖抬至腰部高度）。而一旦这些肌肉层发生粘连，就会导致髋屈肌紧张，从而阻碍神经系统激活臀大肌（负责髋关节伸展的主要肌肉）的运动单位，进而改变肌肉的功能和关节活动度，限制股骨向髋关节后方伸展的能力。那些多向性的变速运动和练习能够增强筋膜的弹性和韧性，从而改善关节活动度，使其在承受更高负荷时也能正常活动。增强筋膜和弹性结缔组织伸展的能力有助于关节在整个关节活动度内进行活动，从而达到最佳的关节活动度。如果关节能够不受限制地活动，就可以减少整个系统的应力，并降低受伤的风险。“如果筋膜能够达到最佳的弹性和韧性，那么就可以显著降低身体在运动时受伤的风险”（Schleip et al.，2012）。

就像辐条维持整个车轮的平衡，在整个骨骼结构中，肌肉、筋膜和弹性结缔组织建立起平衡的力传递体系（图 2.1）。筋膜交织在肌纤维或纤维束之间，负责承受三维力、减轻应力并形成力的平衡，从而在人体骨骼中建立起有效的结构。在受到外力时，筋膜能够根据受到的力来调整结构，甚至能在细胞水平上重建自身结构。筋膜的结构分为单向性结构和多向性结构，具体是哪种结构，由活动施加的力的种类决定。反复施加力还可以增加筋膜的密度，从而促使应力衰减。由于筋膜和弹性结缔组织会根据施加的力（甚至是微观水平）重塑其结构，因此，筋膜和弹性结缔组织在适应运动的需求、增强身体运动能力方面发挥着重要作用（Ingber，2003，2004；Vogel & Sheetz，2006；Schleip & Bayer，2017）。

要在极其寒冷的天气里开车，人们通常先将车预热，以便发动机能正常工作。身体也是这样，为了使身体更好地为运动做准备，在运动前要进行一系列的热身活动，使身体在进行最大强度练习时达到最佳状态。全身动作模式练习是一种动态拉伸运动，肌肉可以带动关节在整个关节活动度内活动。在运动前进行灵活性训练，有助于提高体温，增加血流量，并激活所需肌肉和肌腱的运动神经元。如果在高强度训练或代谢调节训练后进行灵活性训练，将有助于减轻酸痛感，并加快身体恢复。

灵活性训练的特点就是自重练习，将上半身和下半身整合形成一个整体，协调进行有效的动作练习。并且这种练习是你想要进行低强度训练或想要快速让身体在剧烈运动后恢复的最佳选择。因为用于增加关节活动度、组织伸展性、动态平衡和协调的灵活性训练，不会造成身体疲劳或不适，所以灵活性训练可以看成是中低强度训练。

这里有一条重要的结论：训练不一定非得是艰苦的，也不一定非得压垮身体才能见效。诚然，如果想改变身体状况，需要做些高强度训练，这些训练会导致过

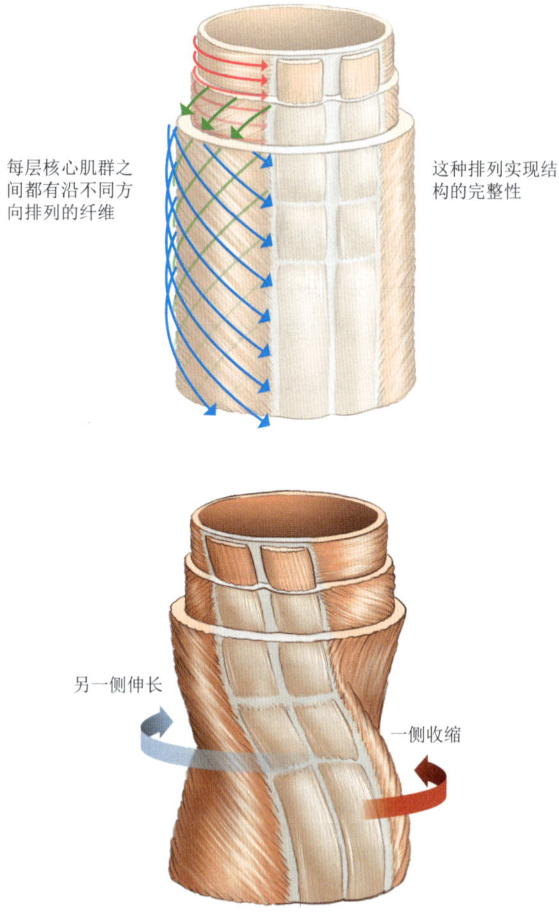

图2.1 筋膜包围每个肌肉纤维，负责在肌肉的不同部分之间传递力

大的机械应力或代谢，使人们感到筋疲力尽。然而，只专注于低强度训练也是完全可以的，这些训练的强度虽然低于瞬时疲劳的阈值对应的强度，但也可以运动肌肉。在压力大或工作繁忙的时候进行灵活性训练，既可以帮助身体恢复活力，又不会导致过度疲劳。

核心力量训练

核心力量训练是目前最受欢迎的健身项目之一，却也最容易使人们产生误解。许多人认为，核心力量训练意味着筋疲力尽，比如做仰卧起坐做到抽筋，或者在各种复杂的健身器材上做高难度的动作，就像是马戏团里的杂技表演。每一位健身教练或运动达人都有不同的核心力量训练方法，这些方法有的来自学术研究，有的则是按照他们自己的感觉来制订的。

要想制订最有效的核心力量训练计划，似乎并不容易。如果想提高肌肉线条的清晰度，拥有值得炫耀的腹肌，请记住这样一句话“腹肌是在厨房里打造出来的”。每个人都有 6 块腹肌，只是多被脂肪覆盖。多余的能量以脂肪的形式储存在脂肪组织中，脂肪组织还起到为肌肉和器官隔热的作用。对许多人来说，腹腔的脂肪组织中储存了多余的脂肪，要想练出腹肌，就要摄入合适的食物，并通过运动消耗能量。

在开始制订训练计划前，可以先想想什么情况下用到的核心力量更多，是躺在地上的时候，还是站着向某个方向运动的时候？有效的核心力量训练，可以在增加热量消耗量的同时增强力量，并减少受伤的风险。所以，可以将站立练习作为训练内容。正确的训练方法可以增强核心力量并带来诸多好处，小到可以改变体态，大到减轻腰背酸痛等。通过简单学习怎样在站立姿势下练就核心肌群，你就能明白怎样激活核心肌群以及怎样通过稳定髋、脊柱和骨盆来稳定身体。所以，要想制订最佳的训练计划，做到既能增加力量，又能提高动态平衡和运动技能，就先来了解在站立动作中，核心肌群是怎样发挥作用的。

许多人会对“核心训练”这个词产生疑惑，这是因为“核心”指的不是一块特定的肌肉或者一个特定的核心区域。核心肌群包括任何连接腿部和骨盆的肌肉或连接骨盆、脊柱和胸腔的肌肉，控制脊柱上方肩部运动的肌群，或简单地附着在脊柱上并与脊柱平行、能影响身体重心的肌群。对大部分成年人而言，身体重心位于肚脐下方，而这些肌群都被认为是核心肌群。如果选择仰卧或俯卧来进行核心力量训练，在训练初期，一些训练内容的确可以增加力量，但臀部、腹肌和腰背部的肌肉不能完全协调起来，这就达不到运动的目的。例如，仰卧起坐是一种传统的核心力量训练，但可能引起脊柱过度弯曲，严重的还会导致肌肉失衡，这常常会使人受伤（Contreras & Schoenfeld，2011）。所以，要想加强核心肌肉的力量，以双脚平放在地面上的直立姿势进行训练是最有效的方法。

为了充分理解核心肌群是如何发挥作用的，先来了解人类的步态周期。身体的结构在站立时是最有效的。此时，身体受到向下的重力，以及在行走或跑步时地面产生的反作用力等。大家对重力很熟悉，它对身体施加一个向下的拉力，肌肉需要克服这个力。但是大家可能没听过地面反作用力，只要你的脚踩在地面上，就会存在地面反作用力。当脚踩在坚实的地面上时，地面不会吸收身体的重力，而是会在脚上施加相反方向的力。在正常行走时，每条腿着地时大约需要承受 1.5 倍体重的地面反作用力，奔跑时，这个力会更大；以最快速度冲刺时，这个力高达体重的 6 倍（Haff & Tripplet，2016）。

以步态训练为主的运动（如行走或跑步）能够使身体更有效地运动，运动中，肌肉对齐，充分利用重力和地面反作用力产生机械能。大多数力量训练都是在双脚着地的站立姿势下进行的，因此可将其看作核心力量训练。在一篇关于核心肌群训练研究的综述中，孔特雷拉斯和舍恩菲尔德（Contreras & Schoenfeld，2011）指出，“大多数训练可被认为是‘核心力量训练’，关于训练内容的选择，基础的核心力量和耐力训练大部分都可以在无器材条件下进行，如下蹲、硬拉、引体向上和俯卧撑”。

斯图尔特·麦吉尔（Stuart McGill）博士，是加拿大滑铁卢大学运动学荣誉教授，从事脊柱生物力学研究 32 年。他进行了大量的研究，在提高核心力量的循证训练方面，撰写了大量文献。麦吉尔博士将“核心”定义为“由腰椎、腹壁肌肉、背伸肌和腰方肌组成，还包括多关节肌肉，如背阔肌和腰肌，它们通过核心肌群，连接骨盆、腿、肩部和手臂”（McGill，2010）。

要想进行有效的核心力量训练，就要以力量训练为基础，也就是在各种站立运动中，使用不同的负荷来训练核心肌群的力量，使身体更好地保持平衡，或提高肌肉最大力输出，而不是像被困在壳里的乌龟一样在地上滚动。例如，髋关节应该能够在三维空间移动并产生力，来完成一些日常活动或娱乐活动，如高尔夫球或网球。如果髋关节周围的肌肉不能在 3 个运动平面上发力，就会增加腰椎或膝盖的负荷，并大大增加关节受伤的风险。

麦吉尔发现“在日常生活或运动中，人们很少把胸腔压到骨盆来缩短腹直肌。相反，在髋关节或肩关节用力时腹壁会变硬”（McGill，2010）。要想提高运动技能、改善动态平衡性和提高肌肉力量，核心力量训练应该包括所有在行走或跑步时用到的肌肉。

代谢调节训练

新陈代谢指在摄取食物后，身体将大量营养物质，如碳水化合物、脂肪和蛋白质转化为三磷酸腺苷，来为肌肉收缩提供能量。身体可以在有氧或无氧的条件下，通过代谢产生三磷酸腺苷。肌肉细胞消耗氧气产生能量，用于肌肉收缩。正如前文提到的，每消耗 1 升氧气，身体将消耗大约 5 千卡的能量。因此，在运动中和运动后消耗的氧气越多，燃烧的热量也就越多。

什么是热量

热量以千卡为单位。将 1 升水升高 1 摄氏度所需的能量，称为 1 千卡（Haff & Tripplet，2016）。就好比一定量的汽油可以为汽车行驶一定的行程提供足够的能量；食物含有多少热量，代表它可以向身体提供多少能量。根据热力学第一定律，能量既不能凭空产生，也不能凭空消失，只能在物体间进行转移。每克蛋白质、碳水化合物和脂肪分别提供 4 千卡、4 千卡和 9 千卡的能量。如果一块食物含有 10 克蛋白质、20 克碳水化合物和 5 克脂肪，那就能提供大约 165 千卡的能量。当身体将大量营养物质转化成能量时，其中的一部分能量会被立即用于组织修复、提供能量和完成其他生命功能。暂时不使用的能量，会以脂肪的形式储存起来供以后使用。

人体的各种功能都需要能量，如修复和更新受损组织、消化食物、进行体力活动等。身体会通过两种类型的活动燃烧热量，一种是日常活动（Activities of daily living，ADL），如刷牙、打扫房间或步行到车站；另一种是体力活动，用来提高身体完成特定动作的能力，或是消耗多余的能量。

体力活动会消耗多余的能量，这对管理体重至关重要。体重管理和信用管理有许多相似之处。下文将从信用管理讲起，进而介绍为实现健康的体重管理需要哪些关键因素。

如果花的钱比赚的多，就会导致负债。如果合理安排收入，只进行必要的开支，将冲动消费控制在可承受范围内，并每月还清信用卡，将剩余的钱存入储蓄账户，最终将产生积蓄。

同样地，如果每天摄入的热量比通过进行各种体力活动消耗的热量多，那么就会有多余的热量被储存起来。把多余的钱存入储蓄账户是有益的，但多余的能量会以脂肪的形式储存，因此人们通常希望避免体内积累多余的能量。增加身体的活动，比如进行日常活动或运动，有助于消耗热量。在经济活动中人们希望避免赤字，因为赤字会导致负债；但运动可以消耗多余能量，而且当消耗的能量大于摄入的能量，就能达到减轻体重的目的。只有在这种情况下，才可以“入不敷出”。

在正常的生物衰老过程中，成年人如果久坐或长期不参加体力活动，会积累过量的能量，这些能量会以脂肪的形式储存起来，可能造成平衡能力、灵活性降低，或肌肉量减少。肌肉量的下降，会降低身体的基础代谢率，并可能导致力量减小，削弱身体进行日常活动的能力。与年龄相关的肌肉力量丧失，往往预示着身体功能的退化、平衡能力受损或身体虚弱，进而增加跌倒或功能性损伤的风险。久坐会导致身体功能丧失，严重影响生活质量。而长期进行力量训练可以减少与年龄相关的肌肉量损失，维持或增加肌力输出，并提高身体进行大部分日常活动的能力，有助于人们在晚年仍能独立完成日常活动。此外，如果开始进行训练计划的时间较晚，也要继续坚持下去，这有助于提高灵活性、力量和代谢效率，使人在年迈时仍能保持较好的体能和健康的体态。

了解热量

近年来，人们一直关注热量的摄入和身体在运动中能量的消耗。那么热量的摄入和消耗有什么重要意义？

当摄入的热量多于消耗的热量时，体重就会增加。如果每天摄入几千卡的能量，但只进行极少量的体力活动，就会导致摄入多余的能量，这些能量将以脂肪的形式储存在脂肪组织中。多余的脂肪意味着身体携带着多余的能量，这就好比汽车载着多余的油箱行驶。这不是必要的，如果油加得过多，就会有潜在的危险，比如汽油加得过多会增加汽车发生火灾的风险。同样，过多的脂肪也会对身体健康带来许多负面影响。每千克脂肪可提供大约 9000 千卡的能量。每消耗 1 升的氧气，人体消耗 5 千卡的能量，在运动中，肌肉会消耗氧气。所以那些同时动用多个肌群的移动性训练，有助于消耗多余的脂肪中储存的能量，从而为运动供能。

心脏的作用

心肌是肌肉类型中的一种，心脏负责为血液循环提供动力，将血液运送至全身，将营养物质和氧气输送到肌肉，来产生体力活动所需的三磷酸腺苷，并清除代谢副产物，即肌肉收缩的“排泄物”。代谢副产物可用于形成新的 ATP，也可以被排出体外（图 2.2）。任何能提高心率的运动，都有助于提高心脏的泵血能力。运动强度越大，心脏就跳得越快，以为工作的肌肉输送所需的物质，并清除代谢的副产物。心率（Heart rate，HR）代表每分钟的心跳次数（Beats per minute，BPM）。心肺运动强度的最有效测量方法是测心率。当运动强度过大时，身体不能有效地清除肌肉中的代谢副产物，即氢离子和乳酸。这些物质会开始堆积，导致血液酸性增强，即酸中毒。当运动强度非常大时，还会产生肌肉烧灼感。

人们普遍认为，为了达到减肥的目的，必须进行大量的心肺运动来消耗更多的氧气，简称为有氧运动。这种观点虽

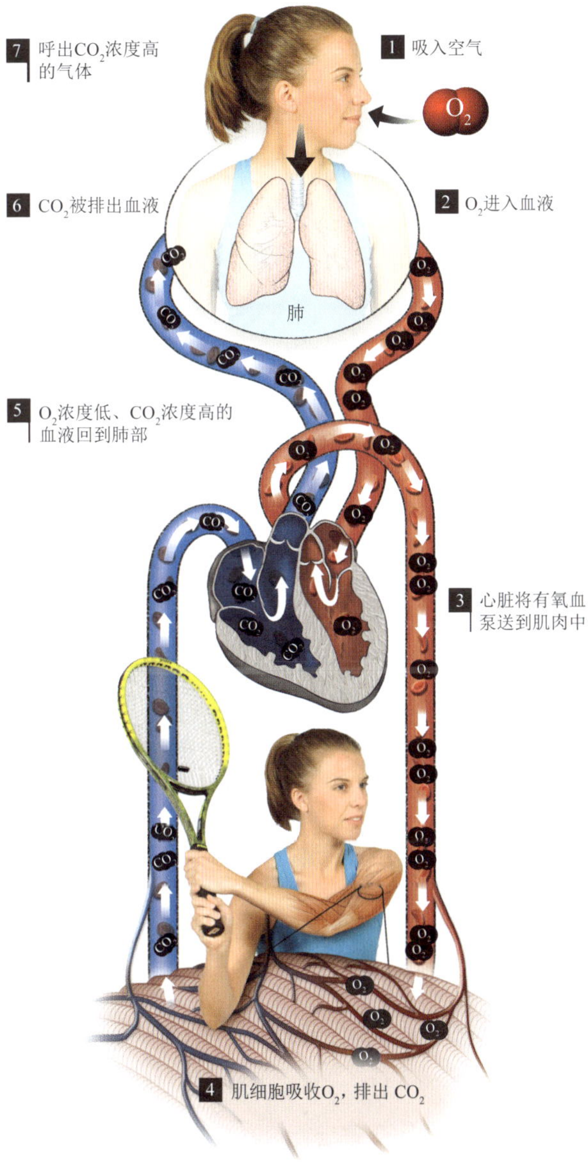

图2.2 心脏是一种负责向全身泵血的肌肉。心率指每分钟心跳次数，是一个很好的运动强度指标。当肌肉负荷加大时，心脏需要跳得更快，以供应氧气并排除代谢副产物

然没错，但这并不能完全解释为什么运动会造成心率加快。正如前文提到的，呼吸会把氧气带入身体，肺部将氧气运输到血液，然后这些血液会被泵送到工作肌，身体需要为工作肌提供能量，而能量的产生途径有多种，因此，将这种类型的运动称为代谢调节更为恰当。

为了理解代谢调节的重要性，先以一些练习来进行说明。不同能量的产生和传递途径，可以满足不同运动的需要。例如，耐力跑步者将训练重点放在有氧代谢，来为腿部的长时间运动提供能量；足球、橄榄球或篮球运动员侧重于无氧代谢的训练，以便在这些项目中为具有爆发力的动作更有效地提供能量。如果想保持健康或减轻体重，应该将注意力集中在能量消耗较大的运动上，也就是那些能够在较短时间内消耗大量热量的运动。

有氧代谢发生在低强度的运动中。这一途径的代谢需要氧气参与，将脂肪或碳水化合物代谢产生能量，这个过程比较缓慢。当身体急需能量时，会通过无氧代谢快速地将碳水化合物转化为 ATP 提供能量。在无氧糖酵解过程中，1 分子的糖原（碳水化合物在肌肉中储存或在血液中转运的多糖）可以提供 2 ～ 3 分子的 ATP。通过有氧糖酵解，1 分子的糖原可产生多达 39 分子的 ATP。当好氧脂肪分解产生能量时，1 个游离脂肪酸分子可产生约 129 分子的 ATP。在短时间的极高强度运动刚开始时，或在从低强度向高强度运动的过渡期，储存在肌细胞中的 ATP 负责提供能量，这种提供能量的方式大约可持续 20 秒。

汽车的引擎在熄火后，仍会保持较高的温度。同样地，运动结束后，身体的新陈代谢仍会维持在较高水平，此时，身体要比完全静息时消耗更多的热量。这种现象称为运动后过量氧耗。运动后过量氧耗，是指将身体恢复到正常的静息代谢水平（体内调节）所需的氧气量，用于描述身体在运动后的一段时间内继续燃烧的热量。那些更需要无氧代谢的运动，可以增加运动后身体消耗的氧气量，增强运动后过量耗氧的能力。

当对无氧代谢的需求增加时，有氧代谢水平也会提高，用于补充在间歇期或运动后恢复期所需的 ATP。力量训练中用到的复合多关节动作模式是一种循环运动形式，即上身和下身动作交替进行，并尽量缩短运动间隔，这会加大肌肉对 ATP 的需求，从而提高无氧代谢水平，并可增加运动后过量氧耗。如果达到瞬时疲劳阈值，恢复时间又较短，可以增加无氧代谢水平，从而产生更大的运动后过量氧耗。虽然 EPOC 确实存在，但有些专业健身人士会过分强调运动后过量耗氧的作用。诚然，与静息代谢相比，高强度运动后身体会燃烧更多的热量，但热量的消耗量并不会比平时高出太多。因此，如果想管理体重，控制饮食也很重要。

体育运动涉及的物理学

饮食和运动，共同决定了能量的摄入、储存和消耗的方式。为了理解为什么定期运动对保持健康的体重如此重要，先从运动中涉及的牛顿运动定律（Newton’s laws of motion）入手。运动其实就是这些基本物理定律的实际应用。

惯性和动量

惯性指静止的物体如果不受外力会始终保持静止状态。动量指运动中的物体如果不受外力会保持原有的运动状态。将这些概念应用到运动中，就可以解释为什么一个有质量的物体（如身体或其他重物）如果没有受到外力（如肌肉收缩产生的力）会始终保持静止状态。

力 = 质量 × 加速度

力是质量和加速度的乘积。当一块肌肉收缩时，会产生力使物体加速。在运动中，可以通过两种方式来调整力量：使用较重的物体来增加肌肉负荷，以产生更大的力量输出；或者使用质量较轻的物体，使其获得更大的加速度。

功是力与物体在力的方向上移动距离的乘积（$w = f \times d$），单位是焦耳。在运动中，我们可以将距离看作某个身体部位每次移动的距离。功率是做功的速率，表示单位时间内所做的功（$p = w/t$），单位是瓦特或焦耳/秒。功率的另一种表达方式是力和速度的乘积。

如果你的运动时间有限（如只有 30 分钟），那么就像进行代谢调节训练一样提升运动速度，这样可以提升整体的效率和净热量消耗。

每个动作的作用力与反作用力

将这一定律应用到运动中，也符合制订训练计划的 SAID（Specific adaptation to imposed demand）原则。即身体会对强加给它的刺激产生反应或适应。举例来说，当使用某种力量训练器材来运动特定的肌肉时，这些肌肉会变得更加有力。

超负荷原则指出，要想达到训练效果，施加给生理系统的负荷需要超过其原本所能承受的负荷能力（Haff & Triplett，2016）。因此，增强肌肉力量的一个有效方法就是对肌肉施加一个比原本的强度更大的刺激。用药球、哑铃、壶铃或沙袋之类的重物进行训练，会刺激特定的神经和结构，可以提高骨骼肌的围度和力量输出。如果方法得当，超负荷训练可以提高信息在中枢神经系统与肌肉之间的传递效率，并能增加所涉及肌纤维结缔组织的围度和结构。例如，可以激活更多的运动神经元及其所附着的肌纤维。

另一种超负荷训练是通过变向移动训练来提高协调性。如果想加强核心力量训练，就需要选择臀部、躯干和肩膀结合的练习，有效地分散在多个方向运动时产生的力量。施加在身体上的力，无论是外力（如来自抗阻训练器材的力）还是内力（如肌肉收缩的力）都可以改变组织的形状和功能，如筋膜、肌肉、骨骼等。如果想要达到最佳的运动效率，就需要将肌肉、筋膜和中枢神经系统结合成一个整体，即中枢神经系统通过输入的信号来协调各部分组织，使他们进行合适的活动，这样可以提高协调性和运动能力。

训练变量的选择

在进行运动时，身体会选择一种恰当的方式使消耗的能量最少。如果频繁进行重量相同或距离相同的运动，身体就能更轻松地进行这些运动，这有可能会降低训练效果。那些基于学习和执行动作模式的训练，可以为训练提供更多的选择，产生更显著的效果。无论是为了提高肌肉力量、增强新陈代谢效率，还是为了提高灵活性，其训练的基本要素是相同的，这些基本要素称为训练计划设计的变量，包括训练内容的选择、强度、重复次数、节奏、间歇时间、组数和训练频率。这些变量的选择和运用将决定训练计划的结果。

制订训练计划就像烹饪

如果只是简单地把一堆食材扔到锅里，却希望做出一顿开胃的、可口的饭菜，往往事与愿违。同样，为了跟随不断变化的健身潮流，频繁地更换健身器材，或者只锻炼某块肌肉，都不是有效的训练方法。烹饪的第一步是要确定做什么，同样地，制订训练计划的第一步是明确训练目的。在烹饪中，你想做的菜决定了原料、需要用到的工具，而健身的目的决定了需要的器材、训练内容和训练频率。

如果想准备一顿成功的大餐，就需要知道如何选择原料、每种原料用多少、原料的添加顺序，以及烹饪的最佳温度和时间。如果某种原料加得过多或过少，或者温度、时间掌握得不合适，都会大大影响这道菜的口味。训练也是一样，选择与训练目的无关的内容、使用太多或太少的负荷、重复的次数过多或过少，都可能显著改变训练的效果。所以，要根据训练目标来选择训练计划的变量（表 2.1），是想增大肌肉围度、减去多余的体重、提高运动表现，还是改善健康。合适的变量可以提供恰当的机械或代谢超负荷，给身体施加安全有效的刺激来达到运动目的。

表 2.1 **训练计划设计的变量**

变量	介绍	示例
训练内容选择	指在锻炼中训练内容的选择。如果一个训练计划偏重某些练习内容或是某些特定的肌肉练习，可能导致肌肉不平衡，成为潜在的损伤来源。如果进行整体性协调运动，中枢神经系统会更有效地协调单个肌肉的放电模式，以完成运动。为了达到最佳效果，应该基于动作进行训练，这些动作需要许多肌群协同工作以产生关节运动所需的力。本书的训练内容基于5种基本的人体动作 • 深蹲或髋关节铰链：双脚接触地面进行屈髋和伸髋 • 弓步或单腿模式：一条腿离开地面，并用步态周期中相似的方式接触地面 • 推：手离开身体，移到体前或头顶位置 • 拉：双手从体前或头顶位置向身体移动 • 旋转：胸椎或骨盆旋转以产生运动 有效的训练计划需要选择合适的训练内容，并逐渐增加训练强度，确保为达成训练目的施加必要的超负荷	壶铃高脚杯蹲 哑铃反向弓步 俯卧撑 单臂哑铃划船 药球卷腹
训练强度	指用于力量训练的特定重量或外部阻力。通常，训练强度是指所使用的传统器材的重量，如杠铃、哑铃等的重量。一般来说，增加核心力量需要更重的重量及更少的重复次数，对肌肉施加机械超负荷。如果使用轻的重量或只利用体重训练，就需要增加重复次数来实现代谢超负荷	重约4.5千克的药球 重约10千克的哑铃 重约24千克的壶铃
重复次数	单关节或多关节的动作，肌肉会经历3个阶段：肌肉拉长、短暂停顿和肌肉缩短。重复次数和强度成反比关系，即随着强度的增加，重复的次数需要减少。如果重物较重，只需要较少的重复次数就能产生机械超负荷；而用较轻的重物或利用自身体重运动时，需要增加重复次数，以产生代谢超负荷；也可以在规定的时间内重复动作，在这种情况下，就要在固定的时间内，尽可能地增加重复次数	8～10次核心力量训练 30秒代谢调节训练 10～12次灵活性训练
训练组数	指在每次间歇前，进行特定运动的重复次数或训练时间。在每次训练中的确切组数是基于可用的训练时间和训练重点（核心力量、新陈代谢调节或灵活性）	3～4组核心力量训练 2～4组代谢调节训练 1～3组灵活性训练

续表

变量	介绍	示例
训练速度	指在训练中动作的速度。训练速度也可以用张力下的时间（Time under tension，TUT）来描述，即肌纤维在抗阻训练中处于机械张力下的时间。为了实现机械或代谢超负荷，需要施加一定的刺激，运动强度和TUT都是产生理想刺激的要素。较长的TUT会产生较高的机械超负荷，较快的运动速度会产生更大的代谢反应	中等速度的核心力量训练 快速的代谢调节训练 慢速的灵活性训练
间歇	指训练组之间的间歇时间。在间歇期，参与运动的肌群可以补充储存ATP，并有助于缓解中枢神经系统疲劳。适当的间歇对增加肌肉力量，以及达到最佳的代谢调节是必要的	相同运动间歇30秒 完成一组不同的运动后间歇90秒
训练频率	指在特定时间内（如1周或1个月），训练的次数或训练课次。如果在每次训练之间得不到适当的恢复，过多的高强度训练可能会导致受伤	2 次高强度训练 2～3次中等强度训练 每周进行2～3次低强度训练
恢复	指在训练后身体需要时间来修复受损的组织，并补充消耗的能量。在恢复期，身体可以储存运动中未消耗的糖原，并促进蛋白质的合成，以修复受损的肌肉。运动会给身体施加物理刺激，这会引起身体的生理变化	高强度代谢调节训练后，进行 2 次中到低强度的训练，有助于身体在下次高强度训练前完全恢复

找到运动的动力

大多数人常常以没有时间为借口来逃避运动。而他们忽视运动的另一个原因，是难以从大量的信息中筛选出适合自己的运动类型，难以达成预期的效果。这两个原因在某种程度上证实了为什么人们很容易找到除运动以外其他可做的事情。许多人更倾向于用有限的自由时间去做喜欢的事情，而不是去做那些感觉不适或不舒服的事情，比如运动。最重要的是，你可能正试图了解如何找到合适的运动方法，使自己既能减少时间和花费，又能更快地达到各种有益的效果。

大多数人会选择在业余时间进行运动，所以至少身体不会产生太大的负担。要想享受运动，先回想一下那些能够使心情愉悦的运动。如果了解一点与肌纤维相关的生理学知识，有助于确定适合自己的运动类型。如果喜欢耐力运动，如跑步、骑自行车或长距离游泳，那么你的 I 型肌纤维百分比会更多，这类肌纤维主要进行有氧代谢；如果喜欢场地运动（如足球或橄榄球），或球类运动（如网球或篮球），这些运动需要快速跑动或快速变化方向、冲刺等，你的 II 型肌纤维的百分比可能更高，因为它们负责产生运动所需的爆发力。

如果你认为长期坚持运动很辛苦，也许是因为关注的重点不对。与其把重点放在运动的结果上，不如把重点放在运动的过程中。最好选择那些喜欢的、容易进行的运动；而不是那些认为自己应该去做，但又不愿意或不方便进行的运动。

训练计划设计原则

了解身体不同部位的功能，有助于确定最佳的训练方法，以协调身体各部位的动作，从而使训练计划达到预期的目的。定期参加运动可以帮助你达到并保持良好的健康状态，并帮助你避免随着年龄增长而可能支付的昂贵的医疗费用。运动能带来许多益处，如增加骨密度、改善血脂、提高线粒体密度、提高有氧能力、降低血压和改善葡萄糖耐受性。这些益处有助于降低慢性疾病的患病风险，还有益于提高认知方面的能力，如改善记忆力。可见，运动对大脑和肌肉的影响一样重要。那些注重增强灵活性、强化核心力量和提高代谢效率的运动，能够改善第 1 章中提到的所有生理系统。如果想选择最佳的训练计划，以满足自身的特定需求，则首先需要大体了解运动是如何改变你的身体的。

SAID 原则表明，对身体施加的运动刺激类型决定了预期的生理结果。如果不给身体施加刺激，人体的结构和系统就不会发生变化；如果定期施加物理刺激，身体会进行相应的反应或适应，如进行渐进式超负荷训练，每个生理系统或结构组织，如神经系统、内分泌系统、代谢系统，筋膜、肌肉和骨骼，都会对这些负荷做出相应的反应或适应。

根据 SAID 原则，肌肉孤立训练只能强化运动中所用到的肌肉，而可能无法改善肌间协调或提高身体的运动技能，如协调性和动态平衡性。

利用变量来制订训练计划

大多数顶级健身专家认为，有效的训练计划不需要过于复杂。没有必要每节训练课都进行复杂的练习或每次都改变训练内容。只有 5 种基本的动作模式决定你在训练中需要进行的训练内容。简单地改变 1 ～ 2 个因素，比如训练强度的大小，重复的次数或者间歇时间的长短，都可以显著地改变施加给身体的刺激。在训练之前，你需要了解健身会如何影响身体。尽管研究可以提供一些见解，但除了训练计划之外，还有很多因素（如营养、睡眠模式和整体压力水平）决定你的具体反应。

健身房中的训练可以产生代谢和机械应力，这有助于促进肌肉生长，但这只是实现训练目标的一部分。睾酮和人生长激素产生于睡眠的 REM 周期，也就是说，经过艰苦的训练后，整夜的休息是必不可少的，因为这有助于促进肌肉生长，使身体达到最佳的恢复状态。肌蛋白能够修复运动中受损的组织，而休息不足不利于肌蛋白的合成，也不利于补充用于产生 ATP 的糖原，这可能导致某些促进能量产生的激素的积累，如肾上腺素和皮质醇。这些激素的积累不利于新肌肉组织的生成。过度训练会造成身体的不适，如失眠、食欲不振、病情反复等，这会显著影响训练效果。

运动后的恢复期是训练计划中最容易被忽视的时期。无论是机械力还是代谢力为肌肉生长提供刺激，重要的是让 T、GH 和 IGF-1 在运动结束后促进肌肉蛋白质合成。运动是对肌肉施加刺激，而这只是肌肉生长的一部分。充分的休息可为肌肉提供足够的时间来更新肌糖原、修复和重建新组织（Bishop et al.，2008；Hausswirth & Mujika，2013）。训练的频率取决于许多因素，如训练目标、训练经历、代谢调节水平和可用的训练时间。在两次高强度的核心力量训练或代谢调节训练间，合适的恢复时间约为 48 ～ 72 小时。在此期间，可以进行一些强度较低的运动，以便消耗多余的能量来控制体重或促进身体恢复。

合理安排训练

如果用同一负荷重复相同的训练内容来增强核心力量或改善代谢调节，可能会削弱施加的机械力或代谢力对身体的负荷，从而影响训练效果。可见，定期、持续地改变训练方式是很重要的，否则身体可能会进入平台期。但如果改变得太频繁，身体就没有足够的时间适应这些负荷，也不利于达到预期目标（何时以及如何调整运动计划将在第 6 章中介绍）。为对肌肉、筋膜和弹性结缔组织施加有效的机械或代谢应力，以实现预期的结果，选择变量就需要结构化和系统化。

增加训练强度的方法有很多种，如超过疲劳阈值的力量训练，或通过提高运动速度来增加代谢负荷，以消耗更多的能量。弗拉基米尔・扎齐奥尔斯基（Vladimir M. Zatsiorsky）和威廉・克雷默（William J. Kraemer）研究了 3 种特定类型的力量训练，其中两种训练只需要一种运动器材就可以增强代谢调节或提高核心力量。这 3 种方法是最大力量法、重复用力法和动态用力法。最大力量法，顾名思义就是使用极限负荷来提高肌力输出，这种方法需要许多特殊的器材，不方便在家里进行。其他两种方法，即重复用力法和动态用力法，仅用到一种健身器材，不受运动空间的限制（Zatsiorsky & Kraemer，2006）。

重复用力法

重复用力法（Repeated effort，RE）用于力量训练中不需要使用最大负荷，只需通过反复运动就能达到瞬间肌肉疲劳（身体无法马上再重复这种运动的训练），以确保给运动单位施加适当的刺激，耗尽肌肉储备的能量。最好把重复用力法安排到最后几组训练中，因为此时身体处于疲劳状态，这样可以更有效地刺激肌纤维。重复用力法是增加瘦体重的有效手段之一。使用这种方法在开始练习时会用到较慢的运动单位，当这些运动单位开始疲劳时，则会募集阈值较高的Ⅱ型运动单位，以维持必要的肌力输出。

重复用力法的一个局限是Ⅱ型运动单位被激活后会很快产生疲劳，从而不得不提早结束该组的训练。如果负荷较小或该组训练没有达到力竭的效果，就不会刺激Ⅱ型运动单位，也就不会改善肌肉线条。

重复用力法的好处在于，由于厌氧Ⅱ型肌纤维被募集，它们通过无氧糖酵解产生能量，并产生氢离子和乳酸等代谢废物，这些代谢废物会改变血液酸度。研究表明，乳酸积累产生的血液酸度变化会增加人生长激素和胰岛素样生长因子，这两种激素在恢复期可以促进组织修复（Schoenfeld，2010）。

当使用一种器械进行重复用力训练时，该训练方法有两个重要优势：一是对肌肉的代谢功能产生更大影响，从而促进肌肉生长；二是能够募集更多的运动单位，从而使力量增加。

动态用力法

动态用力法（Dynamic effort，DE）用于力量训练，不需要使用最大负荷，只需达到最大运动速度就能刺激肌肉运动单位。扎齐奥尔斯基和克雷默（Zatsiorsky & Kraemer，2006）认为，这种方法可以有效地提高力生成率和爆发力。如果使用亚极量负荷来进行爆发力训练，还可以提高代谢调节水平。

动态用力法能够激活肌肉的收缩成分以产生等长收缩，给筋膜和弹性结缔组织施加力。当收缩成分缩短时，可将自身动能转化成筋膜的弹性势能；如果收缩成分迅速缩短，就会使肌肉迅速缩短从而产生运动。

如果使用一种器械的动态用力法进行代谢调节训练，就需要通过爆发力或快速运动直到感觉呼吸急促或感觉肌肉被烧灼，这两种感觉都视为代谢超负荷的重要标志。

提高灵活性、核心力量和代谢调节的训练器材

很多健身专业人士认为，能够使身体产生变化的并非是多么先进的健身器材，而是使用这些器材进行的训练。不同类型的器械会对身体施加不同的压力，使身体产生不同的适应。在某种意义上说，重量只是一种数量，如一个 4 千克的药球相当于两个 2 千克的哑铃。然而，训练中你所选择的训练动作，以及在制订训练计划时你所选择的其他因素，如组数和间歇时间，才是对身体变化起到决定性作用的因素。即使一个药球和两个哑铃的重量相等，在运动中，若它们的使用方式不同，也会产生完全不同的结果。药球需要双手来拿，而哑铃可以用一只手来拿，这样每只手臂可以单独运动。这两种不同的运动方式，会对身体的不同部位施加压力。

本书选择的训练器材（表 2.2），适用于灵活性、核心力量或代谢调节训练。这些器材经济实惠，便于在家中或其他空间受限的地方使用，而且大部分健身房都会提供这些器材。如果只用一种器材就能完成有效的运动，就可以在健身房的空间和器材都缺乏的时候，选择在家运动。当健身房里人满为患，也可以不耽误训练，因为只需要一种简单的健身器材及一点空间，你就可以达到所需运动强度，并朝着目标努力。

运动就是锻炼，锻炼就是运动。学会使用下列器材，以及制订运动计划，都有助于达到预期效果。顶尖的健身教练一致认为，训练既是一门科学，也是一门艺术：科学用于理解人体如何适应特定的超负荷，艺术在于找到合适的最佳运动类型。一种器材，比如一个壶铃，根据训练目的的不同，可以用于灵活性、核心力量或代谢调节训练。第 2 部分将介绍一些训练方法，这些方法能够简单、有效地达到预期结果。

表 2.2 **训练器材**

器材	介绍	优点
自重	自重训练，包括上半身、核心和下半身3个部分。中枢神经系统负责组织各种系统（如肌肉、筋膜和弹性结缔组织）来同步协调运动	自重训练对所有的灵活性、核心力量和代谢调节训练都是有效的 自重训练只需要有限的空间，能够在任何地方进行 除了瑜伽垫、计时器以及心率监测器，自重训练不需要任何特殊器材
壶铃 	壶铃类似于带柄的保龄球，它的重量较大，重心不在手柄上	壶铃最初流行于19 世纪，在现代健身市场上经历了一次复兴，对灵活性、核心力量和代谢调节训练大有裨益 手柄和质量的独特设计，使其可以用于具有爆发力的运动。壶铃甩摆能够改善代谢调节，壶铃风车可提高灵活性和核心力量 可以从体育用品商店或网上购买壶铃。壶铃有许多种类，包括从传统的橡胶涂层壶铃到重量可调的壶铃。适用于这些运动的两种壶铃，分别是传统壶铃或竞技型壶铃，可以按自己的需要来选择
哑铃 	哑铃的重心在把手上。可以每只手各握一个哑铃，也可以双手同时握住一个哑铃。哑铃有各种款式、尺寸和重量	哑铃训练可以在所有运动平面上进行，可以增强特定肌肉的力量或提高代谢调节 哑铃的移动路径可控，可以在多个平面或多方向上运动。当关节在一个完整的关节活动度内运动时，这个过程中的作用力会发生变化 每只手臂都可以独立使用哑铃，有助于提高灵活性、核心力量和代谢调节 哑铃具有多种方式用于增加核心或下半身负荷
药球 	药球是由橡胶、皮革或合成材料制成的实心球 可以在多平面动作模式中提起或投掷药球。药球的种类有以下几种 • 弹性药球：通常由硬质橡胶制成。投掷到硬质表面，如墙面或地面时会弹跳 • 非弹性球：由皮革或塑料制成。质软，扔到地上时不可弹跳，但可原位固定或滚动 • 手柄药球：大多数为球形，有一个或两个手柄，以便在多平面、多方向做动作时握持	可以控制运动的路径，向任何方向移动药球。药球可用于提高灵活性，或增强核心力量 反复向地上或墙上抛掷弹性药球，有助于提高上半身的代谢调节水平 药球可以用于提高心率，动用一些核心肌肉，可以同时提高代谢调节和核心力量，这在其他运动器材的训练中很难实现 药球经济实惠，可以从网上或体育用品商店购买

续表

器材	介绍	优点
瑞士球 	瑞士球是一种充气的、超大的橡皮球，可提供各种平衡性挑战。当你坐在瑞士球上，如果你的膝关节和髋关节屈曲90度，这个瑞士球的大小就是合适的	大的瑞士球有不稳定性，但可以提高肌肉、筋膜和弹性结缔组织的强度和弹性 瑞士球可以在某些灵活性训练中帮助支撑身体重量，有助于改善关节活动度 瑞士球所创造的杠杆和位置能够通过大量的练习来发展和增强核心力量
沙袋 	沙袋由厚且耐用的材料制成，如尼龙或氯丁橡胶，里面填充沙子或类似材料。沙袋能够在使用过程中调整位置并改变形状	可调节和改变质量的沙袋能够创造杠杆，有利于灵活性训练，并能为核心力量训练提供变化的力。可以通过爆发式地投掷来进行代谢调节训练 可以从专业零售商处购买不同类型的沙袋。有些沙袋是扁平的圆形，没有手柄，而有些有手柄，类似于小行李袋。也可以自己做一些独特的沙袋
双臂阻力带 	许多在传统的绳索机上进行的训练，都可以借助双臂阻力带在家中完成	可以将双臂阻力带连接到门框或固定柱子上，如栏杆。双臂阻力带的密度、厚度和长度决定了阻力的大小 双臂阻力带提供了许多站立练习的方法，是完善核心肌肉力量、稳定性和有效性的重要器材

第 2 部分

智慧健身方法

第 3 章

灵活性训练

维恩·甘贝塔（Vern Gambetta）是运动表现训练的专家，他认为运动能力是“以最佳速度完成一系列的动作，并能够保证动作的精确性、流畅性以及保持优雅的身体姿态”（Gambetta，1998）。灵活性与动态平衡、协调一样，都需要将第 1 章中提到的各种生理系统协调整合起来。但不同的是，灵活性更侧重于中枢神经系统（CNS）和肌肉系统间的协调。合理的灵活性训练可以改善 CNS 与肌肉系统之间的信息传递，这有助于提高动作的精确性、流畅性以及保持优雅的身体姿态，同时还有利于提高身体的柔韧性和关节活动度，最终使动作完成得更好，自身的感觉也会更好，即实现一种双赢。

维恩·甘贝塔认为，运动技能和协调能力是运动员必须具备的能力，而参加比赛或在团队中表现突出，都不是必要的。现在来想想看，在进行日常活动、娱乐活动或练习运动计划时，身体是怎样运动的。如果身体的运动能够完全符合甘贝塔对运动能力的定义，那么保持这种方式来进行多向性的变速练习，就可以提高灵活性、精确性、流畅性并保持优雅的身体姿态。换言之，这可以持续提高运动能力。

练习可以分为 5 种基本的动作模式，任何练习都可以归为这些动作模式中的一种或某种动作模式中的一部分。

- 髋关节铰链或屈髋模式：髋部主导的双腿练习，包括但不限于硬拉、罗马尼亚硬拉、深蹲或壶铃甩摆。
- 弓步或单腿模式：单腿或两腿交替的动作，包括但不限于向上跨步、弓步、分腿蹲或单腿蹲。
- 推：任何从体前向前方或向头顶方向发力的动作，包括但不限于俯卧撑、颈前推举、卧推或坐姿推举。

- 拉：任何从头顶方向或身体前方向身体发力的练习，包括但不限于屈体后拉、肱二头肌弯举或上勾拳。
- 旋转：胸椎或骨盆的旋转可以是同时向同一方向，也可以是相反方向，包括但不限于行走或跑步时肩部和骨盆反方向旋转，旋转砍削动作模式或推举模式旋转。

人生来就是为了运动，日常生活中，人们每天都会完成前文列出的几类动作模式，无论是进行体育活动，做家务还是散步。即使大多数人可能不会踏入赛场或球场去参加比赛，但基于这些动作模式的训练和运动员一样专业。传统健身房的训练内容，侧重于训练单个肌群或某个身体部位，目的是改变体形，但是如何才能提高前文定义的身体运动能力呢？

这个问题与你需要考虑的以下事实相关，许多传统的健身项目要求你举起重物进行直线式的上下运动，或只是在健身器械上完成推、拉杠杆动作。日常生活中需要完成的许多家务或其他任务，往往需要活动整个身体将一个重物提起或移动到另一个位置，且不仅是对抗重力。动作精确、流畅、优雅并不适用于日常生活中完成的许多活动。如果这样做，肌肉、筋膜和弹性结缔组织形成的网络会产生张力，使你对抗重力而移动重物。以下为日常生活中常见的活动、家务和任务。

- 携带健身包、工作包、大提包、婴儿包、电脑包或行李箱。
- 洗衣服。
- 遛狗时俯身拾起粪便。
- 将物品从商店搬到车上或家里。
- 带着年幼的孩子散步，抱起婴儿或照顾他们。
- 将婴儿抱到安全座椅、婴儿床、椅子上或婴儿车中。
- 在花园里松土，种植新植物或移除旧植物。
- 推、拉和旋转耙子或其他草坪护理设备。
- 在拥挤的人行道上，一只手拿着咖啡，另一只手挎着包，还要用手机打字聊天。
- 提着行李，从机场的这一边跑到另一边。

除了掌握了基本动作模式，还需要学习如何产生以及控制肌肉力量，这样才能移动重物而不只是对抗重力搬起它。经常练习基本动作模式的目的是形成条件反射，这意味着身体可以下意识地、完美地完成这些活动。传统的训练计划中往往忽略了多向性动作练习，但这些动作在日常生活中不可或缺，比如搬运杂物、洗衣服或是抱小孩。如果能够具有合适的关节灵活性以及在关节活动度内运动，并能下意识地完成这些动作，就会使前文列出的日常活动变得更加轻松。

灵活性训练的作用

现代健身始于20世纪70年代，当时流行慢跑和健美操。如今，健康俱乐部、健身工作室、私人教练和团体健身教练都在我们的文化中发挥着不可或缺的作用。会员制的健康俱乐部在20世纪70年代成为一种商业模式。20世纪80年代，许多肌肉健壮的演员，如阿诺德·施瓦辛格（Arnold Schwarzenegger）和西尔维斯特·史泰龙（Sylvester Stallone），让人们感受到健美、强壮的体格能让生活变得更好，从而引起健康俱乐部的会员数量大幅增长。为了模仿这些明星，许多健身消费者都专注于肌肉孤立训练，以尽可能地增肌和使肌肉线条更清晰。为了满足这些健美爱好者的需求，健身房采购大量的孤立训练设备，从而推动了各种健美设备的开发。然而这些设备只能够锻炼身体的某个部位或肌肉，即使人们不知道它的作用。

当时，除了健身俱乐部行业不断发展，私人教练也开始出现。那些有兴趣达到特定健身目标的人们，会雇用这些专业健身人士。第一批私人教练是健美运动员，他们帮助客户获得肌肉健壮的体形。随着健身变得越来越流行，许多关于健身的书籍和杂志也深受其影响。为了健身而运动成为一种流行趋势，那些只锻炼一两个身体部位的孤立训练也成了既定的训练标准。

20世纪90年代，许多健康俱乐部的私人教练开始为电影明星提供增肌服务。同时，私人健身工作室开创了一个新的领域，旨在帮助客户在一个私人的、更独特的环境中进行练习。在90年代末，那些提供给健身俱乐部成员的附加服务，为健身俱乐部和健身工作室创造了丰厚的利润，并为那些私人教练创造了就业机会。

从20世纪70年代初到2000年，训练的方法发生了翻天覆地的变化。首先，健身教练已成为一种职业，不再局限于健美运动员。其中，许多专业教练和指导员都具有相关学位，一些人也在各种培训中获得了专业认证。其次，流行的团体健身项目如CrossFit、SoulCycle、Orangetheory Fitness和CorePower Yoga等为团体健身提供了广泛的选择，促使健身发展为社会生活的重要组成部分。最后，得益于社交媒体平台的爆炸式普及，不论是受过教育的健身专业人士，还是热情的业余爱好者，仅靠一部手机就可以生产高质量的健身视频。

随着健身行业的发展，人们也越来越了解健身对身体的影响。曾经那些为了达到训练目标，去健身房寻找训练动力，或痛苦训练的日子已经一去不复返了。虽然许多人训练的目的仍然是改善体形，然而训练的方式已经发生了显著的变化。训练计划已经从那些孤立训练发展到基于人体运动方式的训练，侧重于提高运动效率，而不是单纯地消耗能量。现在，人们能够清楚地认识到如何通过运动来提高身体的运动能力，尤其是如何选择那些没有痛苦、能够乐在其中的训练。

专业的健身教练明白，肌肉组织有两个独立的、不同的组成部分，即负责产生力量的收缩成分以及筋膜和弹性结缔组织的弹性成分，用于帮助将力分散到全身（Verkoshansky & Siff，2009）。过去的肌肉孤立训练，几乎全部集中在肌肉的收缩部分，以改善肌肉的围度和线条。然而，专业的健身教练都了解，如果一些肌肉变得比其他肌肉更强壮，就可能造成关节周围肌肉的不平衡，进而改变关节的功能。所以，现在许多训练计划都采用多向性动作模式，这些模式能够训练更多的筋膜和弹性结缔组织，从而增强身体的灵活性和协调性。

理解灵活性

提起柔韧性这个词，大多数人会想到静态拉伸，也就是一种为了增加某些肌肉的长度而将这些肌肉保持在拉长状态的训练。柔韧性常用于描述肌肉为满足关节在关节活动度内的运动而被拉长的能力。这种描述并不是完全错误的，因为静态柔韧性还有利于减少训练中或训练后的肌肉张力。延展性用于描述在关节活动时肌肉和弹性结缔组织拉长或缩短的能力。肌肉、筋膜和弹性结缔组织的拉长或缩短，可以控制肢体或身体某一部分在关节活动度内的运动。而灵活性可以认为是柔韧性和延展性结合的能力，即为使关节能够在动作范围中自由活动，控制该关节的相关组织拉长或缩短的能力。

静态拉伸需要保持固定的姿势。想想身体什么时候需要灵活性，是静坐或躺着的时候吗？ 可能不是，因为身体没有移动。灵活性的训练，可以减少身体在训练时受伤的风险。关节的训练只是身体训练的一部分，要想提高身体的灵活性，就需要所有主要关节的稳定性、平衡性、控制性、协调性和本体感觉进行整合。学习或控制训练，都需要关节周围的肌肉来完成。

肌肉和筋膜：一个相互关联的系统

在身体运动时，人们不会去想哪块肌肉该怎样运动，只会去想要完成什么动作，肌肉就会根据这个目的做出反应。了解身体结构有助于人们尽可能高效、省力地完成动作。身体运动就是尽可能地以最高的效率，受到最低的阻力来完成各种动作，如果一个移动关节不能自由活动，那么它附近的稳定关节就要接管它的工作。

科学家说：身体的稳定性和灵活性之间的关系

关节，是一种能够提供稳定性或灵活性的结构，它属于骨骼系统。实际上，许多关节结构既能提供稳定性，又能提供灵活性。了解身体主要关节之间稳定性和灵活性的基本关系，可以帮助你理解为什么灵活性训练是成功的训练计划的基础。增强关节的稳定性，同时提高关节的灵活性，使关节可以无障碍地运动，是训练计划取得成功的关键因素，这也是许多传统的肌肉孤立训练所忽视的。一些练习能够提高足、膝、腰椎和肩胛胸廓关节的稳定性，其他练习则能增强踝、髋、胸椎和盂肱关节的活动能力。训练计划中，应当同时包含这些不同类型的练习。如果不先改善稳定性、灵活性和运动技能，而专注于增肌，就可能造成肌肉失衡，从而导致受伤。

关节	位置	功能
足	足部有许多关节，能够确保人体正常进行运动。在步态周期中，横跗骨关节位于足跟骨（跟骨）和足中段骨骼之间，对足部的活动性和稳定性起着重要作用	在行走或跑步的步态周期中，当脚着地时，足关节从不稳定状态过渡到稳定状态。然后，横跗骨关节产生一个稳定的推力，为步态周期的下一阶段提供作用力
踝	远端胫腓关节（即小腿两骨的远端）和距小腿关节（即胫腓骨远端之间的距骨）	在步态周期的中间站立阶段，当脚着地时，踝关节具有最大的活动度
膝	位于大腿股骨的下端和小腿的胫骨上部之间	是一个相对稳定的关节，负责控制大腿和小腿之间的活动
髋	大腿股骨与骨盆相连处	在行走或跑步的步态周期中，允许在3个运动平面内进行运动。缺少任何一个平面的练习，都可能使与髋关节相邻的关节发生代偿
腰椎	腰椎椎间段	为负责灵活性的髋关节和上脊柱的椎间段提供稳定性

续表

关节	位置	功能
胸椎	胸椎的椎间段	在步态周期中，胸椎提供活动性，以允许手臂前后摆动。颈椎位于颈部，胸椎位于背部的中间部分，为脊柱的大部分旋转提供活动性，而腰椎主要是向前和向后活动
肩胛骨	肩胛骨胸廓关节，位于胸椎的中上部	为肩部和手臂的运动提供稳定性
肩关节	又称盂肱关节，位于肱骨的上端，呈球形，肩胛骨的关节窝处形成窝状或杯状	是身体最灵活的关节之一，允许手臂向多个方向运动

当关节之间的稳定性和灵活性发生改变时，其周围肌肉和结缔组织的伸展性也会改变，从而影响身体完成某个高效动作模式的能力（Cook，2010）。

肌肉在产生和控制灵活性时发挥了重要的作用。比如，肌肉缩短能在筋膜和弹性结缔组织上产生张力，来控制骨骼系统的运动。做太多重复的动作或者缺乏练习，都可能导致肌肉失衡，从而破坏正常的肌肉长度和张力间的关系。因为当某些肌肉被过度使用时，它们就会变得紧绷，如果此时关节另一侧的肌肉缩短，这些紧绷的肌肉就无法正常拉长；而且，其他肌肉可能没有被充分利用，从而限制这些肌肉正常地输出力量。

科学家说：生物张拉整体

筋膜和结缔组织网络作为一个负责建立恒定的力平衡的单独、综合的系统非常重要。人类是由胚胎发育而成的，而胚胎来源于单个细胞，并在妊娠期通过细胞增殖快速生长。所以，在人的一生中，所有细胞和身体组织都保持着某种联系（Myers，2014；Schultz & Feitis，1996）。张拉整体指的是张力和完整性的结合，本来是一个建筑术语，用于描述通过拉力和压力实现的自我支撑式结构。鉴于筋膜系统，能够在压力和张力下保持平衡，人们用生物张拉整体来描述人体平衡力的结构，这种结构是与生俱来的（Myers，2014；Scarr，2014；Ingber，2003）。

传统的解剖学指出，肌肉通过形成肌腱附着在骨骼上。按照生物张拉整体的概念来说，肌肉和结缔组织构成一种三维基质，而骨骼结构悬浮于这种三维基质内（Myers，2011，2014；Scarr，2014）。筋膜组织能够在新细胞的合成以及现有细胞的重塑之间保持平衡。张拉整体主要由拉力和压力调节，它们能够影响细胞对力的生化反应。科学证明，生物张拉整体可以对人体细胞的力学行为进行定性和定量的预测（Ingber，2003，2004）。

理解人体结构平衡的张拉整体模型会完全改变你训练的方式。与孤立训练不同的是，整体的动作模式有助于重塑整个筋膜网络，使其更有效地平衡无时不在的压力和张力。按照生物张拉整体的概念来说，当身体结构的某一处受力时，身体会将这个力传递到该结构的其他部位。比如，当举重时，力不仅施加在直接练习到的肌肉上，也会施加到其他肌肉上，从而由这些肌肉共同分担这个力。

如果没有多向性变速训练，随着年龄的增长，肌肉、筋膜和弹性结缔组织可能失去有效储存或释放机械能的能力。灵活性训练有助于保持肌肉、筋膜和弹性结缔组织的柔韧性和弹性，以使关节在完整的活动度内运动。所以，灵活性是运动能力的重要组成部分。

拉长—缩短周期（Stretch-shorten cycle，SSC），用于描述肌肉组织在拉长阶段如何储存机械能，这部分机械能会在肌肉收缩时被释放。可以将拉长—缩短周期比作橡皮筋，用力拉伸橡皮筋，橡皮筋就会储存机械能，如果一直不放手，橡皮筋就不会快速缩短，也就是储存的机械能没有被释放。灵活性训练可以改善组织的伸展性，这有助于减少肌肉伸长或缩短的时间，从而增加肌力输出（Verkoshansky & Siff，2009）。正确的训练方法可以增强筋膜的弹性和结构完整性，改善肌肉组织进行多平面运动的能力。

加入灵活性训练

作为一种高效的、结构化的综合系统，在研究人体完成动作模式时，可以将其分解成许多单个的部位来解释。基于训练计划的训练具有 3 个重要的益处：（1）由于所有的肌肉都需要用力，因此需要更多的氧气，这样可以更有效地燃烧热量；（2）能提高肌肉的准确性和灵活性，使其能够更精准、更优雅、更高效地完成动作；（3）这些训练只需要一件训练设备，无论是在家里还是在拥挤的健身房，都能进行训练。但用一件设备进行同样的练习，难免会有些乏味，如果能学会用这件设备进行复杂多样的练习，就可以增加训练的趣味性，还能使身体的动作变得更轻松、更协调，给训练带来成就感。

灵活性训练有以下好处。

1. 关节囊和韧带末端有许多感觉感受器，这些感受器负责测量和识别关节的压力、动作和动作速度。在灵活性训练中，关节在整个关节活动度中进行缓慢的、可控的运动，神经系统能够通过这一过程学习如何控制动作，从而提高身体的协调性和运动技能。
2. 肌肉和筋膜中都含有感受器，能够感受张力、长度变化以及长度变化率。灵活性的多向性训练可以提高空间主方位的判断能力或控制身体练习的能力。灵活性训练能够改善收缩成分、弹性结缔组织的感受器与中枢神经系统（CNS）间信息的传递，提高 CNS 判断方位与控制肌肉动作的能力。
3. 当肌肉拉长时，肌梭会感受到肌肉长度的变化，并将这一信息传递到运动神经元，引起肌肉收缩。灵活性训练能够提高 CNS 的兴奋性，从而提高运动中力的产生效率。本质上，灵活性训练可以激活 CNS 和肌肉，提高运动中的力量水平和爆发力水平以及长期适应性。
4. 多向性变速训练可以升高体温，从而提高肌肉和筋膜的伸展性和拉长、缩短的能力。灵活性训练是动态拉伸的一种，动态拉伸有助于减轻酸痛感，放松紧绷的肌肉，从而降低受伤的可能性。
5. 如果想要提高力量或速度，那么你应该学会放松需要放松的肌群、动用需要发力的肌群，这就是交互抑制。交互抑制是一种生理作用，指肌肉缩短时会向其功能拮抗肌即关节另一侧的肌肉发出信号，使其拉长。在多向移动训练中，根据交互抑制原则，受控收缩肌群能够提高该关节另一侧肌群的拉长速度。肌肉拉长的速度又决定了对侧肌肉收缩的快慢，从而决定了练习的速度。所以要想提升力量、爆发力或运动技能，就需要提高肌肉拉长速度，而这可以通过灵活性训练来实现。
6. 打造一个无障碍、幅度更大的关节活动度有助于提高整体力量，同时降低受伤风险。紧绷的肌肉会限制关节的活动度，进而引起相邻关节产生代偿。改善髋关节的灵活性可以增加髋部、大腿、臀部肌群、下背部肌群和斜肌的力量，这些肌肉连接着双腿和骨盆以及骨盆和脊柱，常被称为核心肌群。针对髋关节的灵活性训练可以更大限度地牵拉肌肉，从而激活更多的肌纤维，使得在增加整体力量的同时提高控制练习的能力，以降低受伤风险。

7. 灵活性训练可以提高身体在突然变向时的协调性和反应能力，从而降低意外跌倒的风险。理想的关节活动度（ROM）和运动技能应该是一种下意识的反射性动作。值得庆幸的是提高 ROM 并没有想象的那么困难。

灵活性训练可以加快循环并升高体温，同时激活负责控制练习的神经系统、循环系统和呼吸系统，并为训练提供能量。可见，灵活性训练可以激活身体几乎所有的系统，以控制身体的训练。如果时间有限或不想进行高强度训练时，可以选择灵活性训练。它是一种低强度的独立训练，可以促进身体的恢复，为满足高强度练习的需要做准备。

灵活性训练基于基础的动作模式，训练的难度可以递增，如从缓慢的、可控的、线性的动作模式，到有挑战性的、快节奏的、多向性的动作模式。轻量级的训练有助于提高关节活动度。在绝大多数体育比赛前，运动员都会用类似的灵活性训练来进行热身。

在本章开头，甘贝塔将运动能力定义为保证动作的精确性、流畅性以及保持优雅身体姿态的一种能力，与体育训练无关。即便是不参加体育比赛，也可以借用职业运动员的训练方法。如果通过某种训练运动员能够发挥最好水平，在比赛中获奖，那么这种训练方法也就有助于提高灵活性、本体感觉和保持优雅的体态。

注：侧边具有红色标记框的页面列出了书中所有的灵活性训练内容，以供读者参考。

灵活性训练的具体方法

传统观点认为，只有艰苦的训练才是有效的。诚然，富有挑战性的训练能够给身体施加更大的负荷，从而产生生理上的变化，这样的训练是必不可少的。但并不是每种训练都是艰苦的，重要的是坚持每天进步一点点。理论上，灵活性训练不属于高强度的训练，它旨在帮助降低受伤的风险，如由肌肉失衡导致的肌肉拉伤、韧带扭伤等。在灵活性训练中，通过在关节活动度内拉伸关节周围的肌肉和弹性结缔组织，可以减少肌肉紧绷并提高控制和协调训练的能力。起初，由于身体的灵活性、运动技能或协调性都不是很好，可能会觉得这些训练有些困难，但只要坚持下去，就可以提高运动技能。

在完成高强度的训练后，进行低强度训练有助于身体恢复，并能够振奋精神，为下一次的训练做准备。每周至少进行 1 ～ 3 次的灵活性训练，具体次数可以根据训练目标和计划安排而定。为达到最佳训练效果，每种训练坚持 6 ～ 8 周，给身体充分的时间来学习和适应这些训练，并且每 2 ～ 3 次练习后，可以通过增加一些重复或额外的训练来逐渐增加强度。

起初，可以将每种动作重复 10 ～ 12 次（每侧手臂或腿重复 5 ～ 6 次），间歇 30 ～ 45 秒后再完成 2 组动作。之后可以逐渐增加难度，不间断地完成所有动作，在完成所有练习之后休息 2 分钟，再重复 2 次以上过程。逐渐增加重复次数直至每个动作能够连续重复 20 次（每侧手臂或腿重复 10 次），然后增加额外组的练习，做 4 组，每组重复 20 次。

利用自重进行灵活性训练

如果掌握了正确的方法，身体是一种最好的健身设备。传统的灵活性训练需要保持一段时间的拉伸，通过减少神经活动即减少 CNS 激活的肌纤维来拉长肌肉。这并不等同于关节练习，因为关节的活动需要肌肉缩短和拉长的能力。在自重的灵活性训练中，关节能够充分地移动，从而拉长其周围的各种肌肉，同时也可以增加神经活动，提高肌肉力量。开始时，每个动作进行 2 组，当感觉灵活性提高后，每周增加 2 次重复次数，直至每个动作重复 20 次，之后增加 2 组。

练习	组数	次数	间歇时间 / 秒
仰卧髋部旋转	2	每侧8～12圈	30～45
臀桥	2	初始8～10次；此后12～15次	30～45
偏移跪姿摆动	2	每侧10～12次	30～45
蜘蛛侠式拉伸	2	初始每侧5～6次；此后每侧10～12次	30～45
慢速波比	2	初始5～6次；此后10～12次	30～45
多平面跪姿起身	2	每个方向4～6次	30～45
跪姿肩部旋转	2	每侧8～12次	30～45
跪姿胸椎灵活性	2	每侧4～5次	30～45
逐渐增加难度，不间断地完成所有动作，在完成所有练习之后休息2分钟，直至完成4组动作，每组重复20次（每侧手臂或腿重复10次）			

仰卧髋部旋转

目的

仰卧，脊柱保持中立姿势，地面支撑脊柱。该练习能够提高髋关节的活动度，升高组织温度以及增加关节囊中的滑液。髋关节某一侧练习的同时，另一侧保持稳定，这有助于改善每个关节的灵活性。该练习尤其适用于久坐后进行。

步骤

1. 仰卧，右手放在右膝上，左手放在左膝上。
2. 将双膝向上拉至胸前（图 a），然后同时将右膝向右拉、左膝向左拉，使双膝远离身体中线（图 b）。
3. 每个方向重复 8 ~ 12 次，然后进行反方向练习，将双膝从身体外侧拉向中线，向下方离开身体。
4. 保持右膝不动，左手放在左膝上，左髋按逆时针和顺时针两个方向分别重复旋转 8 ~ 12 次。然后右手放在右膝上，右髋按顺时针、逆时针两个方向分别重复旋转 8 ~ 12 次。刚开始，每个方向重复 8 ~ 12 次，共进行 2 组。随后每周增加 2 次重复，直到每个方向重复 20 次。

a

b

要点

- 髋关节移动时，保持腰部贴地。
- 头部自然地贴在地上并放松。

臀 桥

目的

加强伸展髋部时的臀部肌群力量。久坐不仅会导致臀部肌群过度伸长，肌力输出降低，还会造成髋前侧的髋屈肌缩短，从而限制髋关节的活动度。臀桥有助于伸长髋屈肌，减少其张力，增加髋关节的活动度。

步骤

1. 仰卧，手掌朝向天花板，屈膝，双脚稍稍远离尾骨，脚趾向上尽量指向小腿。
2. 臀部肌群发力收缩，将髋关节向天花板方向抬起，同时保持脚跟用力着地（下图）。
3. 在最高点保持不动，然后缓慢下落。用 1 ～ 2 秒完成向上动作，1 ～ 2 秒保持不动，3 ～ 4 秒完成向下动作。重复 8 ～ 12 次，休息 30 ～ 45 秒，再进行下一组动作。开始时每次完成 2 组，每组重复 8 ～ 12 次，灵活性提升以后，每周增加 2 次重复次数，直到能够完成 20 次。

要点

- 如果感觉大腿后侧收紧，那么移动双脚远离尾骨。
- 尽量将髋关节抬高，髋关节完全伸展，使大腿与肩部呈一条直线。

偏移跪姿摆动

目的

双手和双膝远离身体中线前后摇摆，下背部轻微旋转。这种轻微的旋转有利于缓解肌肉紧张，并能提高髋关节的活动度。手臂的姿势会对肩关节囊产生压力，有助于改善其灵活性。

步骤

1. 四肢支撑姿势开始，双手和双膝着地，双手置于肩下，双膝置于髋部下。
2. 左手和左膝向前移动若干厘米，使左右手以及左右膝关节交错（下图）。
3. 前后缓慢摆动 10 ～ 12 次，同时脊柱伸直，然后换右手和右膝向前移动。休息 30 ～ 45 秒，再做 1 组。灵活性提高后，每周增加 2 次重复次数，直到每个姿势重复 20 次。

要点

- 右手和右膝关节只需移至左手与左膝前若干厘米。
- 髋关节移动时保持脊柱伸直。

蜘蛛侠式拉伸

目的

腰椎的稳定依赖于髋关节的灵活性以及深层核心肌群的力量。这项练习可以加强胸、肩和三头肌的力量。

步骤

1. 直臂平板姿势，两手垂直置于肩下，双脚与髋呈一条直线（图 a）。
2. 右膝向前伸至右肘外侧，同时左足跟向后发力，使左腿伸直，这有助于增加右髋的拉伸（图 b）。保持 3 ～ 4 秒，然后将右脚收回至起始位置。
3. 左膝向前伸至左肘外侧，保持 3 ～ 4 秒，然后将左脚收回至起始位置。
4. 双手用力撑地，核心肌群发力，使脊柱伸直，同时左、右腿缓慢交替前伸。
5. 每条腿重复 5 ～ 6 次，休息 30 ～ 45 秒，完成 2 组。每周增加 2 次重复次数，直到在间歇前每条腿能够重复 20 次。

要点

- 当一条腿的膝关节前伸时，对侧支撑腿的脚跟向后发力，从而加强支撑腿的拉伸。
- 双手撑住地面，保持脊柱伸直，背部与地面平行。

a

b

慢速波比

目的

该练习能够改善髋部的灵活性，提高上肢力量和心率，有助于代谢调节。此外，使用不同的感受器能够创建反馈回路，能提高身体的协调性。

步骤

1. 从站立姿势开始，双脚分开与肩同宽。重心降至髋部，俯身，双手放于地面。
2. 双手缓慢向前移动（图 a），呈直臂平板姿势（图 b），并保持 2 ~ 3 秒。
3. 重心移至髋部，双手向双足移动，呈蹲姿。
4. 在蹲姿低位，双脚用力着地，恢复站立姿势。
5. 重复 5 ~ 6 次，间歇 30 ~ 45 秒，再完成 1 组。力量增强后，每周增加 2 次重复次数，直至可以不间断地重复 20 次。

要点

- 保持足够宽的站位，以便重心下移呈蹲姿低位，并将手放在瑜伽垫上。
- 保持练习速度稳定且可控，避免快速练习。

a

b

多平面跪姿起身

目的

跪姿起身是改善髋关节的灵活性、加强髋屈肌力量、提高腰椎周围核心肌肉稳定性的有效方法。多向性的练习动作有助于增强组织力量，并增加其抗压性。

步骤

1. 从跪姿开始，膝关节处于髋部正下方，脚尖贴于地面并保持放松（图 a）。
2. 在呈跪姿时抬起左腿至身体正左侧（图 b）。左脚用力着地，伸展左髋部，直至呈站立姿势，双脚平行（图 c）。
3. 缓慢放低身体，直至呈跪姿。换右腿，重复以上动作。
4. 接着，从跪姿开始，将左脚尖转向 9 点钟方向，抬起左腿至身体左侧（图 d）。
5. 左脚用力着地，伸展髋部，恢复站立姿势，双脚平行（图 e）。缓慢降低身体重心呈跪姿。
6. 换右腿，重复以上动作。按照先左侧（左腿移至身体左侧并旋转左髋）、后右侧（右腿移至身体右侧并旋转右髋）的顺序进行练习，每侧重复 4 ～ 6 次。双腿完成练习后休息 60 秒，再完成 1 组。感到力量增强且髋关节灵活性提高时，每侧增加 2 次重复次数，直至每条腿在每个方向上可以不间断地重复 10 次，即每条腿共不间断地重复 20 次。

要点

- 将速度放慢，欲速则不达。从跪姿到直立过程中，注意用髋关节发力，同时保持双脚用力着地。
- 从跪姿到直立的过程中，挺胸，并注意使脊柱挺直。

a

b

c

d

e

跪姿肩部旋转

目的

该练习可以提高胸椎灵活性以及肩关节力量。

步骤

1. 跪姿开始，双手置于肩部下方，双膝置于髋部下方。
2. 右手置于头后（图 a），缓慢将右肘移至左腕下，同时保持脊柱平直（图 b）。
3. 左手用力撑地，右手肘向天花板方向旋转，同时向后拉右肩部（可增加胸部肌肉的拉伸）。
4. 右肩部重复 8 ～ 12 次，然后换右手撑地，左手置于头后进行相应练习。休息 30 ～ 45 秒，再进行 1 组。随着胸椎灵活性和核心力量的提高，每周增加 2 次重复次数，直至每侧手臂可以不间断地重复 20 次。

要点

- 练习过程中脊柱始终保持平直与中立姿势。
- 右手置于头后，左手用力撑地，同时向后牵拉右肩部，可加强肩部力量、提高胸椎活动度。

a

b

跪姿胸椎灵活性

目的

该练习可以提高胸椎椎间关节、髋关节的灵活性，降低腰椎张力并增加髋屈肌力量，这对于提高髋关节灵活性至关重要。

步骤

1. 双膝跪地，脊柱完全挺直，双手置于头后（图 a）。
2. 向身体左侧旋转，脊柱挺直的同时，缓慢将左肘降至髋部（图 b）。然后缓慢恢复直立姿势，面朝前。
3. 每个方向重复 4 ～ 5 次，共重复 8 ～ 10 次，间歇 30 ～ 45 秒，再进行 1 组。随着胸椎灵活性的提高，每周增加 2 次重复次数（每侧增加 1 次重复次数），直至每个方向可以重复 20 次。

要点

- 起始姿势保持脊柱挺直，有助于保持脊柱的最佳灵活性。
- 当身体旋转使肘部下移时，挤压两侧臀部收缩使髋部向前发力，以保持身体的稳定。

a

b

利用瑞士球进行灵活性训练

在健身设备上进行灵活性训练有助于提高关节活动度、增加肌纤维的活动次数、改善肌肉的收缩模式。瑞士球能给身体带来两点独特的挑战：（1）球的不稳定性会引起肌肉收缩，这对灵活性训练很重要，当需要肌肉收缩以保持稳定时，就需要关节一侧的肌肉拉长，另一侧肌肉收缩；（2）瑞士球的形状能够与身体构成一个独特的杠杆，有助于使身体移动至能够拉伸肌肉和结缔组织的姿势，同时增大关节活动度。为达到最佳效果，应选择充气饱满的瑞士球。这样瑞士球具有更高的不稳定性，能够增强肌肉活动，同时提供硬质表面，使关节位置发挥最佳的杠杆作用。如果能每侧重复 20 次，可以将每项练习加至 4 组。进行伸展练习时，只要保持练习时间不变，可以随意增加练习组数。

挑选瑞士球时，如果身高在 170 厘米以下，选择直径为 55 厘米的球；身高为 170 ～ 190 厘米，选择直径为 65 厘米的球；身高在 190 厘米以上，选择直径为 75 厘米的球。气压合适的瑞士球能够提供硬质表面，当人坐在上面时，膝关节与髋关节屈曲 90 度。

练习	组数	时间	间歇时间 / 秒
婴儿式	2	保持30～45秒	30～45
跪姿体前交叉伸展	2	保持30～45秒	30～45
跪姿胸部拉伸	2	每侧手臂保持30～45秒	30～45
坐姿髋部伸展	2	每侧腿保持30～45秒	30～45
坐姿内收肌拉伸	2	每侧腿保持30～45秒	30～45
全身伸展	2	保持30～45秒	30～45
仰卧侧滚	2	保持30～45秒	30～45
逐渐增加难度，不间断地完成所有动作，在所有练习之后休息2分钟，直至完成4组动作，每组重复20次（每侧手或腿重复10次）			

婴儿式

目的

该练习能够伸展背阔肌与上背部肌肉，减轻肩部和背部的紧张感。

步骤

1. 跪姿，面朝瑞士球，双手置于球顶，身体后倾，尾骨坐于脚跟上，吸气（下图）。呼气时，使身体向下沉。
2. 缓慢地将球前后滚动，在每个动作的最远端保持 2 ～ 3 秒，以拉长背部肌肉。
3. 为进一步拉伸，当球前后滚动时，将手掌向上翻转，朝向天花板。保持 30 ～ 45 秒，共重复 2 组。

要点

- 尽量靠后坐。
- 为达到最佳效果，双手放于球顶正中，即 12 点钟方向。

跪姿体前交叉伸展

目的

该练习能够拉伸上背部与肩部肌肉，缓解背部的紧张感。

步骤

1. 跪姿，面朝瑞士球，左臂横跨身体，左手背放于球顶，放松。
2. 右手放在地面上，当左臂伸过身体时向右转头（下图）。保持 30 ～ 45 秒，换右臂重复以上动作。每侧拉伸重复 2 次。

要点

- 为进一步拉伸，手掌朝向天花板，并且尽可能将手臂伸远。伸展左臂时，身体向左倾斜，同时尽量将左臂伸向身体的右侧。
- 拉伸手臂同时转头，有助于加强拉伸。

跪姿胸部拉伸

目的

该练习能够缓解胸部和肩部肌肉的紧张感。如果长时间使用计算机或手机，容易使这些肌肉过于紧绷，导致肩部向前、形成圆肩，从而增加上背部的张力。而拉伸胸部和身体前部的肌肉可以减少脊柱和背部的压力。

步骤

1. 跪姿，将瑞士球置于身体左侧，左肘屈曲约 90 度，整个左臂放于球顶。右手撑地，放于右肩正下方。转头向右看，将重心放于左臂（下图）。
2. 增加拉伸的强度，使左臂向下按 3 ～ 5 秒，然后放松，身体进一步向拉伸一侧倾斜。重复 3 ～ 5 次，共 30 ～ 45 秒，然后交换手臂。每侧重复 2 次。

要点

拉伸至感到适度张力即可。拉伸每侧手臂时，可尝试逐渐增加关节活动度。

坐姿髋部伸展

目的

该练习可以拉伸髋屈肌，提高髋部的灵活性，并缓解下背部的紧张感。髋屈肌太紧会牵拉下腰椎，这可能导致受伤。

步骤

1. 右侧臀部坐于瑞士球上，右腿位于身体正前方，左腿向后伸直（下图）。
2. 向上伸展左臂同时深吸气，左腿尽量伸直，身体向后倾斜使脊柱伸直，同时缓慢呼气。为进一步拉伸，左肩部向后旋转（即远离体前）的同时身体向右倾斜。
3. 保持 30 ～ 45 秒，然后换另一侧重复以上动作。每侧重复拉伸 2 次。

要点

- 后腿尽量向后伸直。
- 保持最佳姿势，拉伸过程中保持脊柱向上延伸以增加拉伸长度。

坐姿内收肌拉伸

目的

该练习能够拉长大腿内侧的内收肌，提高髋关节的灵活性。

步骤

1. 坐在瑞士球上，尾骨向前，不要位于球顶正中，位于 11 点钟方向（球顶正中为 12 点钟方向）。
2. 左腿向身体正左侧伸直，左脚完全平放于地面，保持脊柱的舒展（下图），髋部向右移的同时深吸气，转头向右看的同时呼气。保持 30 ～ 45 秒，然后每侧重复 2 组。

要点

- 尝试使尾骨位于球上 11 点钟方向，腿部伸直并尽量向一侧远伸，脚完全平放于地面。
- 向伸直腿的对侧转头时保持脊柱直立。

全身伸展

目的

该练习能够拉伸身体前侧的所有肌肉。全天久坐会造成身体前侧肌肉紧张，如果这些肌肉过于紧张，就会将身体向前拉，从而给背部肌肉带来张力。

步骤

1. 坐在瑞士球上。缓慢伸直双腿，双臂举过头顶，髋部下移至球前。身体向后靠在球上并完全伸展（下图）。
2. 身体在球上完全伸展后，旋转手掌使其朝向天花板。
3. 深呼吸，呼气时，尽量使身体进一步伸展。保持 30 ～ 45 秒，坐直 30 秒，然后重复以上动作，共重复 2 次。

要点

- 身体在球上完全伸展时保持放松。
- 为增加拉伸，双臂举过头顶时呼气。

仰卧侧滚

目的

该练习能够拉伸身体前侧的肌肉，减轻上背部肌肉压力，并提高髋部与腰椎肌肉的力量，从而减少下背部整体张力。

步骤

1. 坐在瑞士球上。让球向后滚动，直至上背部、肩部和后脑勺靠在球上，放松，双手向两侧伸直，掌心朝上（想象一下每只手托着一个盘子）。
2. 将球左右滚动，同时将髋部抬高，使身体完全与地面平行（下图）。动作放慢，共滚动 30 ～ 45 秒，休息 30 ～ 45 秒，共重复 2 组。

要点

- 尽量使髋部向天花板方向抬高，同时双脚用力着地。
- 左右滚动时，向右滚动至左肩完全位于球顶后停下，然后向身体左侧滚动至右肩完全位于球顶并保持放松。

利用药球进行灵活性训练

借助健身设备进行灵活性训练可以产生更多的杠杆作用，以提高肢体关节的活动度，同时可以增加肌纤维的活性，以改善肌肉收缩模式。药球练习产生的杠杆作用可以拉伸肌肉和结缔组织，增强关节的灵活性。利用药球的重量可以使身体在整个关节活动度内运动。为达到最佳效果，药球的大小以一只手能够轻松握住为宜，但要足够重，使得在双臂完全伸直的情况下坚持 30 秒以上有一定难度。太轻或太小的药球达不到适当拉伸组织的重量，也就无法产生完全优化关节姿势的杠杆作用。灵活性药球练习的另一个好处在于，它可以强健肌肉和结缔组织，同时增加关节活动度。当每侧能重复 20 次时，将每项练习组数增至 4 组。进行拉伸练习时，只要保持练习时间不变，可以随意增加练习组数。

练习	组数	时间或次数	间歇时间 / 秒
婴儿式交叉伸展	2	每侧手臂保持30～45秒	30～45
跪姿过顶举	2	每侧腿保持30～45秒	30～45
跪姿躯干旋转	2	每侧腿重复3～5次	30～45
躯干旋转过顶举	2	每侧手臂重复4～6次	30～45
侧弓步旋转和手臂屈伸	2	每侧腿重复6～8次	30～45
弓步转体触地	2	每侧腿重复6～8次	30～45
逐渐增加难度，不间断地完成所有动作，在所有练习之后休息2分钟，直至完成4组动作，每组重复20次（每侧手臂或腿重复10次）			

婴儿式交叉伸展

目的

该练习能够拉长上背部肌肉，并减少上背部肌肉张力。

步骤

1. 跪姿，面朝药球，左手放于球顶，放松（下图）。
2. 向右看，左臂向右横跨过身体，同时右肩向后拉，保持 30 ～ 45 秒。
3. 换右臂，伸向左侧，重复上述动作，每侧重复 2 次。

要点

药球应大小合适，与篮球大小相当或略大，以便更好地为肩关节提供杠杆作用。

跪姿过顶举

目的

该练习能够缓解髋屈肌的张力。如果髋屈肌过于紧张，会导致腰椎（下背部）不适。这项练习还可以提高髋关节灵活性，并缓解上背部以及肩部的紧张感。

步骤

1. 右膝置于右髋正下方，左脚置于身体正前方。保持脊柱挺直，骨盆水平，双臂垂直上举，双手将药球举过头顶（图 a）。
2. 脊柱伸直，右臀部肌群部发力，将右髋向前推，右肩稍向右转，以拉长身体前部肌肉（图 b）。药球的重量应有助于增加髋屈肌的拉伸，并增加髋关节的活动度。
3. 保持 30 ～ 45 秒，换腿。左膝着地时，向身体左侧旋转，双手将药球举过头顶。每侧髋部重复 2 次。

要点

- 髋关节前推时骨盆保持水平。
- 保持脊柱直立，以加强髋部前侧肌肉的拉伸。

a

b

跪姿躯干旋转

目的

该练习能够减轻髋屈肌与髋部内收肌紧张感，并拉长这些肌肉的长度。拉伸这些肌肉可以提高髋关节灵活性并缓解下背部的不适。

步骤

1. 左膝放于左髋正下方，旋转右腿至与身体前侧呈 90 度（如果左髋位于 12 点钟方向，右膝应指向 3 点钟方向）。双手将药球置于胸前（图 a）。
2. 左膝着地，重心放于右腿上，尽量增加两膝间距。在动作最大幅度时保持几秒。
3. 从这一姿势开始，躯干向右旋转，药球始终置于胸部正前方（图 b）。向右转到极限时缓慢向左旋转，回到起始姿势。
4. 向右旋转 3 ～ 5 次，换左腿向左旋转。每个方向完成 2 组，每组重复 3 ～ 5 次。感到力量和灵活性提高后，每周增加 2 次重复次数（每侧各 1 次），直至每条腿重复 10 次，每个方向完成 2 组，共重复 20 次。

要点

- 右腿与左腿约为 90 度，以确保两侧髋部保持适当距离。
- 着地的膝关节向下发力，以加强髋部肌肉的拉伸。
- 旋转时挺胸展肩，脊柱挺直，以保持脊柱的适当长度。

a

b

躯干旋转过顶举

目的

该练习能够拉伸肩部与胸部肌肉，并增加胸椎关节灵活性。

步骤

1. 直立，双脚分开与髋部同宽，右臂伸直于头顶，右手掌心托着药球（图 a）。
2. 脊柱挺直，右手上举同时身体向右转，拉伸右肩与胸前肌肉（图 b）。
3. 身体缓慢向右转至最大幅度，同时右臂完全伸直。在极限姿势保持几秒，然后转回身体，面朝前方。
4. 右侧重复4～6次，换左臂上举，身体向左转。每侧完成2组，每组重复4～6次。感到灵活性提高后，增加2次重复次数（每侧1次），直至每侧连续重复10次（共重复20次）。

要点

- 该练习中脊柱应挺直，并使其适当地旋转。
- 伸直手臂，以增加右侧胸部与肩部肌肉的拉伸。

a

b

侧弓步旋转和手臂屈伸

目的

该练习能够改善胸椎的活动度，提高髋部肌肉的灵活性与力量，增加腹斜肌力量，这有助于控制躯干旋转。

步骤

1. 直立，双脚分开至介于髋与肩之间的位置，双手将药球置于胸前。右脚向身体正右方跨一步，右脚着地时，保持双脚平行站立（图 a）。
2. 右脚着地，左脚向下发力将右髋向后推，身体尽量向右转（图 b）。
3. 转至最大幅度时停住，并将药球从与胸同高的正前方伸出。将药球收回至胸前，转回躯干，面向前方。
4. 面朝正前方后，左脚向下发力，右脚向上推，身体回到起始姿势。
5. 右侧重复 6 ～ 8 次，换左侧重复相同次数。每侧完成 2 组。感到力量和灵活性提高后，每周增加 2 次重复次数，每侧各 1 次，直至每侧腿连续重复 10 次，共重复 20 次。

a

b

要点

- 侧弓步时保持双脚平行。右脚尖朝向正前方，右脚着地时，应与左脚平行。
- 脊柱挺直。脊柱越直，越容易旋转（如果脊柱不挺直，可能会引起背部不适）。
- 着地的脚向下发力。向左迈步时，右脚着地向下发力，有助于提高右髋部的灵活性。

弓步转体触地

目的

该练习能够提高髋关节的活动度，增强大腿内外侧肌肉力量，以提高肌肉弹性，降低拉伤风险，并增强下背部肌肉力量。

步骤

1. 直立，双脚分开至介于髋与肩之间的位置，两手将药球置于身体正前方（图a）。
2. 右脚向后迈一步，并远离左脚（朝向4点钟方向）。向右迈步时左脚向下发力，将重心移至右髋部。
3. 右脚着地时，将右髋向后移动形成铰链姿势，向前俯身，向右脚前方的地面伸直（如果不能完全向地面伸直，尽量贴近地面。向地面伸直时，如果髋关节处于屈曲位，可以弯曲或拱起脊柱）（图b）。
4. 躯干恢复直立姿势，左脚发力，右脚向上推，双脚恢复起始姿势。
5. 右侧重复6～8次，然后换左侧。休息30～45秒，完成2组练习。感到力量与灵活性提高后，每周增加2次重复次数，身体两侧各1次，直至每侧腿可以连续重复10次，共重复20次。

a

要点

- 将重心转移到迈步脚（图示中的右脚）时，另一只脚（图示中的左脚）向下发力并朝向正前方。
- 向地面伸直时，先将髋部向后推，再弯曲脊柱。

b

利用沙袋进行灵活性训练

借助健身设备进行灵活性训练可以产生更多的杠杆作用，提高肢体活动度，同时增加肌纤维的活性，以改善肌肉收缩模式。与药球一样，利用沙袋的重量可以拉长肌肉与结缔组织。但与药球不同的是，沙袋还可以为身体某些姿势提供支撑。为达到更好的效果，沙袋的大小以一只手能够握住为宜，同时重量不宜太轻，保证在双臂完全伸直时坚持 20 ～ 30 秒以上。太轻的沙袋不利于拉长肌肉与结缔组织，而太重的沙袋很难在安全的关节活动度内握持或移动，会损伤关节。使用有一定重量的沙袋进行灵活性训练的额外好处是可以强健肌肉和结缔组织，同时改善关节活动度。当每侧能重复 20 次时，将组数增至 4 组。进行拉伸练习时，只要保持练习时间不变，可以随意增加练习组数。

练习	组数	时间或次数	间歇时间 / 秒
仰卧牵拉	2	重复5～8次	30～45
卧位脊柱旋转	2	每侧保持30～45秒	30～45
臀冲	2	重复10～12次	30～45
跪姿髋屈肌拉伸过顶举	2	每侧保持30～45秒	30～45
前后开立髋关节铰链	2	每侧腿重复5～6次	30～45
侧弓步肩部练习	2	每侧腿重复6～8次	30～45
前弓步触地	2	每侧腿重复6～8次	30～45
逐渐增加难度，不间断地完成所有动作，在所有练习之后休息2分钟，直至完成4组动作，每组重复20次（每侧手臂或腿重复10次）			

仰卧牵拉

目的

该练习能够缓解上胸部肌肉的紧张感，并拉长上背部肌肉。

步骤

1. 仰卧，面朝上，膝关节弯曲，双脚平放于地面上。
2. 双手握住沙袋，两臂向上伸直，掌心相对。将沙袋完全举过头顶至双手触地，保持 3 ～ 5 秒，借助沙袋的重量拉长肌肉（图 a）。
3. 双臂放于地面上并放松，肩胛骨向背部发力，背部向下发力，双臂上举，直至双臂与地面完全垂直（图 b）。
4. 动作放缓，重复 5 ～ 8 次后，间歇 30 ～ 45 秒，完成 2 组。力量提高后，每周增加 2 次重复次数，直至可以不间断地重复 20 次。

要点

- 双脚距尾骨约 46 厘米。如果双脚太靠近尾骨，可能会导致腿部抽筋；而如果太远，则会借助背部力量发力，而不是用臀部发力。
- 手臂向天花板方向上举时保持肘部伸直。

a

b

卧位脊柱旋转

目的

该练习能够提高控制躯干旋转的胸椎与斜肌的灵活性以及活动度，并拉伸肩部与胸部肌肉。

步骤

1. 仰卧，面朝上，左臂向左侧伸直，沙袋位于身体右侧，距右髋部约 30 ～ 46 厘米，右手支撑以增加胸部和肩部右侧的拉伸。
2. 右腿伸直，屈左膝和左髋，使左腿横跨于躯干右侧，左膝置于沙袋顶部，并指向 3 点钟方向。
3. 右手放于左膝，将左膝压在沙袋上，向左臂下方看（下图）。
4. 保持拉伸 30 ～ 45 秒，换右腿，拉伸相同时间。短暂休息，不要超过 30 秒。完成两侧拉伸后，重复 2 组。灵活性提高后，增加组数，直至每侧完成 4 组。

要点

- 屈左膝时右腿伸直。
- 伸直的手臂（图示中左臂）用力着地以增加拉伸。
- 保持正常呼吸。呼气时，右手加大向下压左膝的力，以增加拉伸。
- 为达到最好效果，下压弯曲的膝关节，同时看向伸直手臂的下方。

臀冲

目的

该练习能够激活臀部肌群复合体的髋伸肌，并增强其力量以及活动度。提高髋关节灵活性，以缓解腰椎压力。

步骤

1. 仰卧，双脚平放于地面上，双膝朝向天花板，保持脚跟与髋部前端相距约 46 厘米。双臂放于身体两侧，掌心朝向天花板。
2. 双手将沙袋置于髋部前侧。如果需要，可在练习中用双手握住沙袋。
3. 脚跟向下发力，将脚趾上勾朝向小腿，同时收缩臀部，向上顶髋部（下图）。在最高点保持几秒，缓慢降低髋部。
4. 用 2 秒向上顶髋部，然后用 4 秒降低髋部，重复 10 ～ 12 次，休息 30 ～ 45 秒，完成 2 组。力量与灵活性提高后，每周增加 2 次重复次数，直至可以不间断地重复 20 次。

要点

- 若感到腿后侧的腘绳肌收紧或抽筋，将脚跟远离尾骨。
- 脚趾向胫骨方向拉以加强胫骨前侧肌肉力量，同时拉伸小腿后侧的肌肉，这有助于提高踝关节的柔韧性。
- 缓慢平稳地进行上述动作。缓慢降低髋部会延长肌肉所受张力的时间，有助于增强这些肌肉的力量，同时减少沿髋部前侧肌肉的张力。

跪姿髋屈肌拉伸过顶举

目的

该练习能够缓解髋部前侧肌肉的紧张感，缓解下背部腰椎的紧张感与不适。提高髋关节灵活度以及髋屈肌活动度，拉伸上背部肌肉，以改善肩关节的活动度。

步骤

1. 右膝置于右髋部正下方，左脚置于身体正前方。
2. 脊柱挺直，骨盆水平，双手握住沙袋，双臂向头顶正上方举起。
3. 伸展脊柱，右臀大肌收缩将右髋向前顶，身体稍向后倾斜，以拉长身体前部肌肉（下图）。沙袋的重量有助于沿髋部前侧屈肌拉伸，并能增加髋关节的活动度。
4. 保持 30 ～ 45 秒，换腿，每侧髋关节重复 2 次。

要点

- 骨盆保持水平。动作先由髋关节开始，避免骨盆前倾。
- 脊柱挺直，躯干保持伸展，以增加胸椎（中背部）运动。

前后开立髋关节铰链

目的

该练习能够增强臀部肌群复合体的伸肌力量，提高髋关节的活动度，并增加维持腰椎稳定的深层核心肌群力量。

步骤

1. 直立，双脚分开与髋同宽。右脚向前迈一步，左脚脚尖与右脚脚跟平齐。屈膝，双手将沙袋置于胸前。
2. 脊柱挺直，将髋关节向后移动，俯身形成铰链姿势，同时下移沙袋（下图）。整个动作过程中脊柱应挺直，该练习应先由髋关节开始。
3. 将髋部移动至舒适的最大活动度。如果脊柱开始弯曲，证明髋部移动过远。双脚向下发力，臀部肌群发力带动髋部向前拉。
4. 右脚在前重复 5 ～ 6 次，换左脚在前重复相同次数，休息 30 ～ 45 秒，完成 2 组。力量和灵活性提高后，每周增加 2 次重复次数（每侧各 1 次），直至能够不间断地重复 20 次（每个方向 10 次）。

要点

- 髋关节铰链的常见错误是从脊柱而不是髋部开始运动。在这个过程中，脊柱应保持直立状态。该练习应由骨盆在股骨顶端的旋转开始。如果脊柱弯曲，证明身体过于前倾。
- 前后开立，保持后脚脚尖与前脚脚跟齐平，以增加肌肉力量。当俯身捡起地上的物品时，双脚的姿势大多数时候是不对称的。此练习有助于增强髋部肌肉力量，这些肌肉用于保持日常活动中双脚的不对称姿势（手脚姿势的不对称练习有利于日常活动，只有健身房中的练习采取双脚对称站位）。

侧弓步肩部练习

目的

该练习能够增强臀部肌肉力量，并加强负责稳定腰椎的肌肉力量。同时加强上背部肌肉力量，以增加身体受不对称负荷时的稳定性。

步骤

1. 直立，双脚分开与髋同宽，左手持沙袋于左肩（图 a）。
2. 左脚向身体正左侧迈一步，双脚平行。脊柱直立，左脚着地时，将重心移至左髋（图 b）。
3. 重心移至左髋，右脚向下发力，右侧大腿收缩发力以维持右膝的稳定。
4. 右脚蹬地时左脚离地，右大腿内侧肌肉发力，恢复站立。
5. 右腿重复 6 ～ 8 次，换腿。间歇 1 分钟，完成 2 组。力量增强后，每周增加 2 次重复次数（每侧 1 次），直至每侧腿可以重复 20 次。

要点

- 弓步时，脊柱挺直。拱起背部可能带来不适感或引发损伤。
- 迈右腿时，左脚着地保持不动。侧弓步时注意两脚要保持平行。
- 侧弓步时，髋部应进行铰链动作，重心应移回髋部，避免膝关节向前移动。

a

b

前弓步触地

目的

该练习能够加强后表链肌群力量，尤其是增强腘绳肌、臀部肌群与竖脊肌力量，并提高髋部与下背部的灵活性。同时增加负责稳定脊柱的深层核心肌群力量。

步骤

1. 站立姿势，双脚分开与髋同宽，双手将沙袋置于腰前（图 a）。
2. 右脚着地，左脚向前迈一步。
3. 左脚着地，身体前倾形成髋关节铰链，向左脚前方伸展，尽可能将沙袋接触地面。右脚跟用力下压，以拉长右腿后侧肌肉（图 b）。
4. 脊柱恢复直立姿势，左脚蹬地，右腿发力将左腿向后拉，恢复站立姿势。
5. 换腿。左脚着地，右脚向前迈一步。将沙袋伸向右脚前方地面。每侧重复 6 ～ 8 次。休息 30 ～ 45 秒，完成 2 组。力量增强后，每周增加 2 次重复次数（每侧腿 1 次），直至可以连续重复 20 次（每侧腿 10 次）。

要点

- 保持脚跟平放于地面，以拉长腘绳肌与小腿肌肉，有助于在拉伸时增强这些肌肉的力量。练习时避免后脚脚跟抬起。
- 前脚着地时，先将髋部向后拉，再向前伸展身体，以减轻脊柱压力。

a

b

利用双臂阻力带进行灵活性训练

借助健身设备进行灵活性训练能产生更多的杠杆作用，可以提高肢体活动度，同时增加肌纤维的活性，以改善肌肉收缩模式。双臂阻力带可为某些拉伸练习提供杠杆作用，并为动作模式或静态拉伸提供适当的阻力，以增强肌肉激活。在肌肉处于拉长状态时收缩肌肉，在收缩结束后增加拉伸强度，利用这种方法可以增加肌肉长度。例如，先伸直双腿，再让腿部后侧的腘绳肌收缩 5 ～ 7 秒，此时，肌肉的伸展性会得到提升，关节的活动度也会增加。使用双臂阻力带练习时，应保持放松并正常地呼吸。屏住呼吸或收缩肌肉都会降低练习的效果。当每侧能重复 20 次时，将组数增至 4 组。进行拉伸练习时，只要保持练习时间不变，可以随意增加练习组数。

练习	组数	时间或次数	间歇时间 / 秒
仰卧抬腿腘绳肌拉伸	2	每侧腿保持20～40秒	30～45
仰卧髋部拉伸	2	每侧腿保持30～40秒	30～45
站姿胸部拉伸	2	每侧手臂保持30～50秒	30～45
站姿拉和冲拳	2	每侧重复6～8次	30～45
跪姿提拉	2	每侧腿重复6～8次	30～45
过顶深蹲	2	重复8～10次	30～45
逐渐增加难度，不间断地完成所有动作，在所有练习之后休息2分钟，直至完成4组动作，每组重复20次（每侧手臂或腿重复10次）			

仰卧抬腿腘绳肌拉伸

目的

该练习能够缓解抬起腿（图示中右腿）腘绳肌的紧张感，并拉伸另一侧腿（图示中左腿）的髋屈肌，提高柔韧性与髋关节的灵活性，以缓解下背部不适或轻度疼痛。

步骤

1. 仰卧，两腿并拢。双手握住双臂阻力带两端，将阻力带穿过右脚底。
2. 左腿平放于地面，右腿向空中伸直。
3. 双手通过双臂阻力带将右腿轻轻下拉，直至感到大腿后侧的轻微张力或膝关节弯曲（下图）。
4. 保持右腿伸直，左腿用力下压，以增加双腿的拉伸强度。收缩右侧大腿，右侧大腿放松后，再用双臂阻力带将右腿下拉，每次收缩后保持拉伸 8 ～ 10 秒。
5. 重复 2 ～ 4 次，共拉伸 20 ～ 40 秒，换腿。每侧共重复 2 次。

要点

- 保持腿部伸直。图示中，只要右膝弯曲，就无法拉伸腘绳肌。大腿肌肉的收缩有助于腿部再次伸直，大腿前部肌肉的收缩有助于减少大腿后部肌肉的张力。如果膝关节弯曲，会降低腿的高度，减少肌肉的伸展。
- 抬起右腿时，左腿平放于地面，这有助于拉伸左大腿前侧肌肉以及右大腿后侧肌肉。

仰卧髋部拉伸

目的

该练习能够改善髋关节灵活性，并缓解髋部旋转肌的紧张感，同时增加下背部肌肉的伸展性。

步骤

1. 仰卧，两腿并拢。双手握住双臂阻力带两端，将双臂阻力带绕于左脚底部与侧面。
2. 左膝弯曲，左脚贴近身体中线，双臂阻力带有助于增加左髋关节肌肉的压力。右手握住束带的两端，左手放于左膝外侧，使整个小腿贴近身体。将左脚拉向身体，右腿贴地并保持伸直（下图）。
3. 为加大拉伸强度，右脚尽量远伸，右手用力向下拉阻力带，保持 3 ～ 5 秒。放松右髋，进一步拉伸到更大活动度，并保持 8 ～ 10 秒。
4. 重复收缩、放松动作 2 ～ 4 次，共 30 ～ 40 秒，换腿，每侧完成两组。

要点

- 此练习拉伸控制髋关节灵活性的肌群。为达到最佳效果，应保持膝关节与脚的压力。上述动作中，保持右腿平放于地面，这有助于提高骨盆的稳定性，以进一步拉伸右侧髋部的收缩肌群。
- 控制拉伸力度，感受到肢体的轻微张力即可，避免因过度拉伸导致疼痛。

站姿胸部拉伸

目的

该练习能够拉伸上胸部与肩部肌肉，长时间在手机或键盘上打字会使这些肌肉变得具有紧绷感。拉伸躯干前侧肌肉，以缓解上背部与肩部肌肉的张力与紧张感。

步骤

1. 将双臂阻力带固定于门框，与肩同高，以形成一个稳定和安全的环境。
2. 站立姿势，双脚分开与肩同宽，背对门框。右手握住两个手柄，右臂向身体右侧伸直，右手与右肩平齐。
3. 右手向前拉，使胸部与肩部肌肉收缩，拉长阻力带（下图）。保持3～5秒后放松。向前迈一步，增加对右侧胸部与肩部的拉伸，保持8～10秒。
4. 重复3～5次，共30～50秒，换手，每侧手臂完成2组。

要点

- 双臂阻力带的固定点应与肩同高。
- 保持胸部与肩部肌肉的张力一致，避免对肩部施加过大的力。

站姿拉和冲拳

目的

结合对立动作模式，即推拉与躯干旋转，可以改善胸椎灵活性，并减小中上背部肌肉张力，缓解紧张感。

步骤

1. 将双臂阻力带中心固定于门框顶端。站立姿势，面朝门框，双脚分开略比肩宽，两手各握一个手柄（图 a）。
2. 左臂向后拉过左肩，并将身体转向左侧，同时右手推出并横跨身体，髋部向左旋转，带动右脚向左旋转（图 b）。
3. 右手向后拉，身体向右旋转，左手横跨身体，左脚向右旋转，直至右手将手柄拉至右肩后部。右手伸向右肩的同时左手在身体上伸展，向右旋转。
4. 注意重心向后移，保持阻力带张力，由髋部带动身体旋转。每侧重复 6 ～ 8 次。间歇 30 ～ 45 秒，完成 2 组。

   当力量与灵活性提高后，每周增加 2 次重复次数，每侧各 1 次，直至每侧可以不间断地重复 10 次，共重复 20 次。

a

b

要点

- 练习过程中保持阻力带张力，重心向后移，以增加背部肌肉激活，提高身体前侧的活动度。
- 练习中允许双脚旋转。双脚旋转方向与手臂跨过身体的方向一致。

跪姿提拉

目的

该练习能够拉伸髋关节周围的肌肉并提高髋关节的灵活性，从而缓解下背部紧张感，并减轻疼痛，同时提高负责稳定脊柱的深层核心肌群力量。

步骤

1. 将双臂阻力带中心点固定于门框底部铰链。握紧带子的两端，掌心相对，拇指朝上。跪在垫子上，尽量远离固定点，右脚在前，左膝与左髋成一条直线，身体左侧与阻力带固定点齐平。
2. 脊柱挺直，双手齐平并互相靠近，将阻力带拉至胸前（图 a），然后推到右肩上方。右脚向下发力，由脊柱带动身体旋转，避免上半身移动（图 b）。
3. 阻力带拉至最大幅度后保持几秒，然后缓慢将阻力带恢复原位。
4. 重复 6 ～ 8 次，换侧练习。使右膝着地，左脚在前，身体右侧面与固定点平齐。重复 6 ～ 8 次后休息 30 ～ 45 秒，共完成 2 组。每周增加 2 次重复次数，每侧 1 次，直至每侧重复 10 次，共重复 20 次。

要点

- 脊柱挺直，以便实现最佳的活动度。
- 前脚用力着地，以保持髋部的稳定，这有助于脊柱上部的活动。

a b

过顶深蹲

目的

该练习能够提高肩部与上背部肌肉力量，同时改善髋部的灵活性。阻力带有助于支撑体重，以增加下蹲深度。

步骤

1. 将阻力带中心点固定于门框，高度在肩部以上。
2. 双脚分开与肩同宽，面对阻力带固定点站立。双手套进手柄，手背向外，手掌朝向固定点。将双臂举过头顶，远离固定点，使阻力带有轻微张力（图 a）。
3. 脊柱挺直，双手举过头顶，髋部下移至下蹲姿势（图 b）。重心向后倾斜时，阻力带有助于支撑体重，以增加下蹲深度。
4. 在深蹲的最低点处，双脚向下发力蹬，恢复直立姿势。
5. 用 3 ～ 4 秒时间下蹲，用 1 ～ 2 秒快速恢复直立姿势。重复 8 ～ 10 次，间歇 30 ～ 45 秒，完成 2 组。

要点

- 整个动作中，双臂伸直举过头顶，保持肩部向下沉，有助于肩部稳定。
- 远离阻力带固定点站立，直至下蹲时感受到阻力带向前的拉力，以增加下蹲深度。

a

b

利用哑铃进行灵活性训练

哑铃的重量有助于拉伸肌肉与结缔组织，提高肢体的活动度，同时增加肌纤维的活性，并增强肌肉力量及灵活性。此外，哑铃练习要求身体左右两侧协调，这有助于提高整体动作技能。刚开始练习时，应选用质量较轻的哑铃，过重的哑铃可能导致肌肉拉伸过度甚至受伤。如果能每侧重复 20 次，可以将练习加至 4 组。进行拉伸练习时，只要保持练习时间不变，可以随意增加练习组数。

练习	组数	次数	间歇时间 / 秒
仰卧上举	2	重复8～10次	30～45
侧弓步触地	2	每侧腿重复6～8次	30～45
分腿蹲单臂过顶举	2～3	每侧腿重复6～8次	30～45
旋转肩部推举	2～3	每侧手臂重复6～8次	30～45
拔剑式	2～3	每侧手臂重复8～10次	30～45
横向弓步触地	2～3	每侧腿重复6～8次	30～45
逐渐增加难度，不间断地完成所有动作，在所有练习之后休息2分钟，直至完成4组动作，每组重复20次（每侧手臂或腿重复10次）			

仰卧上举

目的

该练习能够提高身体前侧的胸部和肩部肌肉的伸展性，增加肩关节活动度。

步骤

1. 仰卧，两脚平放在地面上，膝关节朝上。双手各握一个哑铃，两臂向胸前伸直，掌心相对（下图）。
2. 双臂与地面垂直，保持 1 ～ 2 秒，然后缓慢恢复至起始姿势。
3. 将哑铃缓慢降低，然后迅速抬高。重复 8 ～ 10 次，间歇 30 ～ 45 秒，共完成 2 组。每周增加 2 次重复次数，直至能够不间断地重复 20 次。

要点

- 保持屈膝姿势，双脚平放在地面上。这有助于保持骨盆的中立姿势，以缓解腰背部紧张感。
- 整个动作中保持肘关节伸直，以确保上背部的背阔肌得到最大拉伸。屈肘会导致肱三头肌承受的压力过大。

侧弓步触地

目的

该练习能够提高髋部与踝关节复合体的灵活性，拉伸深层核心肌群。

步骤

1. 站立姿势，双脚分开与髋同宽，双手各持一个哑铃（图 a）。
2. 向身体正右侧迈一步，双脚平行，右髋向后移动，双手移向右脚（图 b）。
3. 当手触摸到脚时，髋关节向后移动，俯身触地。
4. 双臂向上拉至腰部，恢复站立姿势，右脚向地面踩实，利用左侧大腿内侧肌肉恢复至起始姿势。
5. 重复 6 ～ 8 次，换侧练习。休息 30 ～ 45 秒，完成 2 组练习。每周增加 2 次重复次数，每侧 1 次，直至每侧都能够不间断地重复 10 次，共重复 20 次。

要点

- 灵活的髋关节可以保护脊柱。向地面伸展时，髋部先移动，这有助于在背部拱起时提供保护，否则腰椎肌肉会承受不必要的压力。
- 为达到最佳的髋关节动作，要保证双脚平行，并用力踩实，且在做弓步时朝向相同方向。

a

b

分腿蹲单臂过顶举

目的

该练习能够缓解髋部前侧肌肉紧张，提高髋部灵活性，并增加核心稳定性。行走或跑步时，每次只有一只脚着地，此练习中的动作仿照人体的步态周期，以增强实际活动中双腿的力量。

步骤

1. 站立姿势，双脚分开与髋同宽，右脚向前迈一步，左脚在后，脚尖着地。
2. 左手持哑铃于左肩前方，肘部紧贴胸部。
3. 脊柱挺直，重心移至右髋部，左臂伸直举过头顶，掌心朝向身体中线。将身体降至合适高度，保持骨盆在相对中立位置。在分腿蹲的最低点，左臂应伸直举过头顶（下图）。
4. 放下左臂，右脚用力着地，恢复站立姿势。左臂重复 6 ～ 8 次，换左腿在前，右腿在后，右手持哑铃。每侧手臂重复相同次数，每组之间间歇 30 ～ 45 秒，完成 2 组练习。力量和灵活性提高后，每周增加 2 次重复次数（每侧 1 次），直至每侧能够不间断地重复 10 次。

要点

- 后腿膝关节几乎位于髋部正下方。后腿（图示中左腿）太靠后会增加拉伸强度，降低身体稳定性。
- 伸直手臂时，脊柱挺直，以加强拉伸。

旋转肩部推举

目的

该练习能够改善髋部及胸椎的灵活性，提高深层核心肌群与肩部肌肉的力量。

步骤

1. 站立姿势，双脚分开与髋同宽，膝关节微屈。双手各持一个哑铃置于肩部正上方（图 a）。
2. 脊柱挺直，身体向右侧旋转。旋转到最大幅度，向上伸直右臂，双脚用力蹬地，产生反作用力，这有助于增强拉伸效果，强健结缔组织（图 b）。
3. 右臂向下拉，身体向左侧旋转，左臂伸直举过头顶。
4. 身体旋转时动作放缓。每个手臂重复 6 ～ 8 次，组间间歇 30 ～ 45 秒，完成 2 组练习。当力量与灵活性提高后，每周增加 2 次重复次数（每侧 1 次），直至每侧能够不间断地重复 10 次。

要点

- 脊柱向上挺直以便达到最佳旋转效果，避免脊柱弯曲或下垂。
- 双脚用力向下踩实可增加稳定性，并有助于改善胸椎动作与提高灵活性。

拔剑式

目的

该练习能够拉伸胸部及肩部前侧肌肉，增加上背部与肩部肌肉力量，改善身体姿势。

步骤

1. 站立姿势，双脚分开与髋同宽。右手持哑铃，右臂伸直，右手掌置于左大腿前（图 a）。
2. 双脚用力踩实以增加稳定性。保持骨盆水平，脊柱挺直，右臂经体前举至身体右侧，将哑铃举至肩部以上高度，右手成拔剑姿势（图 b）。
3. 右臂重复 6 ～ 8 次，换左臂，每组之间休息 30 ～ 45 秒，完成 2 组练习。每侧能轻松重复 8 次时，每周增加 1 次重复次数，直至每侧能够不间断地重复 20 次。

要点

- 哑铃要高于肩部。
- 脊柱向上挺直，以提高肩关节活动度，避免可能的损伤。

横向弓步触地

目的

该练习能够提高髋关节的灵活性，拉伸大腿上部肌肉。

步骤

1. 站立姿势，双脚分开与髋同宽，双手各持一个哑铃（图 a），左脚朝向身体正前方，指向 12 点钟方向，右脚向后迈一步，朝向 4 点钟方向。
2. 右脚着地时，将重心移至右髋，双手向右脚伸直（图 b）。
3. 右脚蹬地，左脚向下推地，左侧大腿内侧肌肉发力，恢复直立状态。
4. 右腿重复 6～8 次，换腿，重复相同次数。组间间歇 30～45 秒，完成 2 组练习。当每侧能轻松完成 8 次时，每周增加 2 次重复次数（每侧 1 次），直至能够不间断地重复 20 次（每条腿 10 次）。

要点

- 前脚不动，前腿向下发力（图示中左腿），有助于向后迈步或触地时髋部旋转。
- 前脚向下发力并收缩大腿肌肉，有助于保护膝关节，并能提高髋关节灵活性。

a

b

利用壶铃进行灵活性训练

壶铃的独特之处在于其手柄与重心不重合，从而能够改善组织长度与关节活动度。不对称的壶铃练习对提高身体一侧的灵活性极为有效。选择壶铃的重量很重要，过重的壶铃可能导致肌肉拉伤；而如果壶铃太轻，可能就无法提供足够的负荷来拉长肌肉。提起壶铃，如果能轻易坚持超过 20 秒，证明这个壶铃太轻，无法提高灵活性。提起壶铃，如果很难坚持 10 ～ 15 秒，那么这个壶铃的重量是合适的。

练习	组数	次数	间歇时间 / 秒
仰卧侧翻单臂推举	2	每侧重复5～8次	45～60
胸前支撑壶铃后弓步	2	每侧腿重复6～8次	45～60
环绕	2	每个方向重复6～10次	45～60
后弓步转体	2	每侧腿重复5～8次	45～60
单臂推举转体	2	每侧手臂重复5～8次	45～60
风车低位持壶铃	2	每侧重复4～6次	45～60
逐渐增加难度，不间断地完成所有动作，在所有练习之后休息2分钟，直至完成4组动作，每组重复20次（每侧手臂或腿重复10次）			

仰卧侧翻单臂推举

目的

壶铃的重量以及位置可以产生额外的杠杆作用，这有助于提高肩部及脊柱的灵活性，特别是提高胸椎椎间段、盂肱关节及肩胛胸廓关节的灵活性。

步骤

1. 仰卧，左腿伸直，右腿弯曲，右脚平放于地面。左臂伸直举过头顶，掌心朝上，右手持壶铃，使右臂垂直于地面（图 a）。
2. 右脚向下发力踩实，身体向左侧滚动，右臂向上推举（图 b）。保持 1 ～ 3 秒，恢复至起始仰卧姿势。
3. 重复 5 ～ 6 次，换左臂。双臂都完成后间歇 45 ～ 60 秒。完成 2 组练习。灵活性提高后，每周增加 2 次重复次数（每侧 1 次），直至每侧能够不间断地重复 10 次。

要点

- 保持持壶铃手的张力（图示中右臂）。肘部弯曲可能会改变受力位置，导致无法控制壶铃。
- 弯曲腿（图示中右腿）先带动身体滚动，以整合髋部与肩部间的动作。

a

b

胸前支撑壶铃后弓步

目的

该练习能够提高髋关节灵活性，并增强稳定脊柱的肌肉力量。不对称的受力姿势（即身体一侧受力）有助于加强核心肌肉力量，同时增强髋关节灵活性。

步骤

1. 站立姿势，两脚分开与髋同宽。右手持壶铃呈支撑状态，将右手指关节靠在锁骨上，右肘贴住胸部，壶铃位于右侧前臂（图 a）。
2. 左脚用力踩地面，右脚后退一步，右脚趾向下踩实，身体略微向前倾，降低身体成弓步，以增加左髋的激活，同时拉伸背部（图 b）。
3. 在最低点保持 1 ～ 2 秒，然后左脚蹬地，恢复至起始姿势。重复 6 ～ 8 次，换腿。每组之间休息 45 ～ 60 秒。共完成 2 组练习。每条腿能完成 8 次时，每周增加 2 次重复次数（每条腿 1 次），直至每条腿能够不间断地重复 10 次。

要点

- 身体降低时，脊柱应挺直，髋部带动身体略微前倾，以增加髋伸肌力量，避免脊柱先运动。
- 动作放缓并保持身体的稳定。此练习的目的在于提高灵活性。缓慢向后撤步以加强髋部肌肉的拉伸（图示中右腿）。
- 前脚（图示中左脚）用力向下踩实，有助于保持髋关节前侧的稳定性。

a

b

环 绕

目的

该练习能够提高肩部、肩胛胸廓关节及胸椎椎间关节的灵活性，并缓解胸部与肩部肌肉的紧张感。身体前部肌肉的紧张可能导致背部疼痛。

步骤

1. 站立姿势，双脚分开与肩同宽，双手握住手柄两端，将壶铃置于胸前。
2. 脊柱挺直，将壶铃从胸前移至左肩（图 a），右臂从体前绕过，带动壶铃从脑后经右肩（图 b）绕回至胸前。
3. 先绕左肩重复 6 ～ 8 次，然后换方向。组间间歇 45 ～ 60 秒，完成 2 组练习。当灵活性提高后，每周增加 2 次重复次数（每侧 1 次），直至能够不间断地重复 20 次（每侧 10 次）。

要点

- 脊柱挺直，以确保最佳的肩关节灵活性。
- 壶铃移动过程中，头部与颈部尽量保持不动，使壶铃绕头部与肩部运动，而非移动头部或颈部来躲避壶铃。

a

b

后弓步转体

目的

该练习能够提高髋部与胸椎关节的灵活性，提高深层核心肌群的稳定力量。

步骤

1. 站立姿势，双脚分开与髋同宽，脊柱挺直。壶铃底部向上，双手持壶铃放于胸前，上臂尽量压在胸前屈曲（图 a）。
2. 左腿后退一步，身体降低，使右髋与右膝屈曲 90 度，左膝几乎贴到地面。脊柱挺直向右转，尽量将左肩转至右大腿上方（图 b）。将身体转回原位，右脚向下蹬，恢复站立姿势。
3. 左腿在后重复 6 ～ 8 次，换腿，重复相同次数。组间间歇 45 ～ 60 秒，完成 2 组练习。力量与灵活性提高后，每周增加 2 次重复次数（每侧 1 次），直至能够不间断地重复 20 次（每侧 10 次）。

要点

- 为达到最佳旋转姿势，脊柱应挺直，避免脊柱弯曲。
- 前脚向下发力以保持前腿（图示中左腿）稳定。

a

b

单臂推举转体

目的

该练习能够拉伸胸部及肩部肌肉，改善胸椎关节灵活性。

步骤

1. 站立姿势，双脚分开与髋同宽。右手持壶铃呈支撑状态，指关节抵住锁骨，上臂与肘部抵住肋骨（图 a）。
2. 脊柱挺直，身体向右侧旋转，转至 90 度（面朝 3 点钟方向）时停下，右臂向上推举（图 b）。将肘部下拉至右肋，右臂降低并旋转躯干，面朝前方。
3. 右臂重复 5～8 次，换左侧重复相同次数，组间间歇 45～60 秒，完成 2 组练习。当力量与灵活性提高后，增加 2 次重复次数（每侧 1 次），直至每侧能够不间断地重复 12 次。

要点

- 脊柱挺直以便达到最佳旋转。
- 向右旋转时，尽量将左肩转向 12 点钟方向。
- 双脚用力向下踩实，臀部肌群收紧，以便为脊柱的旋转提供支撑。

a

b

风车低位持壶铃

目的

该练习能够提高髋关节灵活性，增强脊柱的稳定性，增加髋部与肩部肌肉整体力量。

步骤

1. 站立姿势，双脚分开略比肩宽，右脚指向 12 点钟方向，左脚指向 10 点钟方向。双脚错开，双脚脚尖指向前方。
2. 左手持壶铃于左大腿前侧。右臂伸直举过头顶，左臂沿体侧向下。脊柱尽量伸直，将重心移至右髋，眼睛看向右手（图 a）。左手持壶铃沿左腿（前腿）内侧缓慢下降（图 b）。
3. 左腿向下蹬伸发力，髋部向前，背部挺直，恢复直立。
4. 重复 4 ～ 6 次，换另一侧重复相同次数。两侧练习均完成后休息 45 ～ 60 秒。完成 2 组练习。每侧能重复 6 次时，每周每侧增加 1 次重复次数，直至每侧能够不间断地重复 12 次。

要点

- 此练习的动作先从右髋部开始。脊柱完全伸直，注意髋部向后推，带动身体尽量向下，避免脊柱弯曲。直至脊柱快要开始弯曲或拱起时，眼睛看向举起的手，有助于髋部带动脊柱运动。
- 髋部向前（图示中右髋）带动身体恢复直立状态。

第 4 章

核心力量训练

不论是在健身视频中、还是在健身课程中，几乎所有的健身教练在指导核心练习时，都会用到“收缩”“发力”或“参与”。人们说的 6 块腹肌，其实是指腹直肌，这只不过是身体核心的一小部分。身体的核心由大腿、脊柱和胸部的许多肌肉组成，这些肌肉协调合作，为有效训练提供必要的稳定性和灵活性。核心力量训练不单单局限于发力或收缩。本章将介绍有效的核心力量训练方法，包括一些有趣的、富有挑战性的练习，以发展核心力量。

身体在进行站姿运动时是最有效的，而许多传统的核心练习采用仰卧或俯卧姿势，这并不符合人体生理学。动量是质量与速度的乘积，保持速度或质量不变，质量越大或速度越快，则动量越大。将局部和骨盆与脊柱相连的肌肉能够利用方向相反的重力与地面反作用力产生动量，为身体的许多动作提供机械能。身体的任何部位发生运动，都产生动量，肌肉、筋膜和弹性结缔组织的功能之一就是控制这些动量。

对卧姿核心训练而言，大脑可以通过腹部肌肉控制脊柱弯曲，但在直立时，腹部肌肉的动作并非如此。步态周期是人体的默认动作模式，在步态周期中，肋骨笼和骨盆相对旋转，腹部的多层肌肉在三维空间中被拉长，而这种拉伸动作恰恰是肌肉最自然的状态。可见，收缩并不是加强核心肌肉力量最有效的练习。

人们对核心的控制与生俱来

当脚着地时，身体由于重力而向下加速，同时，地面对小腿施加等量的反向力，称为地面反作用力（Ground reaction force，GRF）。这两个力作用于身体重心，且方向相反。出生后，随着年龄的增长，人们学会了如何控制身体，这为我们了解肌肉如何工作提供了重要的思路。许多四足哺乳动物出生后几分钟就可以站立，它们用四条腿来支撑身体的重量，使脊柱与地面平行；而人类是两足动物，用两条腿来支撑自身体重，因此脊柱与地面垂直。这意味着人类需要10～14个月或更长的时间来学习行走，因为肌肉和骨骼结构必须变得足够强壮，才能抵抗向下的重力（Enoka，2002）。

人类动作技能发展的自然阶段大致是伸展脊柱、翻滚、坐立、贴地爬行、爬行、借力行走（即借助物体站立或行走），最后才是行走。在这个发展的过程中，人类不断学习如何控制核心肌肉的力量、发力顺序与协调性，来协调控制髋部、骨盆、脊柱和肩部的运动。在学习行走的过程中，躺着的婴儿绝不会屈曲脊柱来弯曲身体（Abernathy，2005）。

实际上，仰卧起坐练习与肌肉的功能相悖。传统的孤立练习不会按照日常活动的多平面受力方式来训练组织和骨骼结构，如从床上抱起哭闹的婴儿或拎起从超市采购的商品。

功能解剖学：了解核心肌群

通常，核心指用于控制骨盆、股骨、肋骨和脊柱动作的肌肉，尤其是腰椎和胸椎节段。事实上，任何能够影响大腿、骨盆或脊柱动作的肌肉都可认为是核心区的一部分。这意味着许多在传统意义上并不属于核心肌群的肌肉可以被认为是核心肌肉，因为这些肌肉的确影响这些部位的运动。例如，肱二头肌长头连接着肩胛骨上的关节盂上结节，短头与胸廓上喙突相连。如果肱二头肌长期处于收缩状态，会导致肩胛骨前伸，造成圆肩，甚至改变胸椎的形态，使其屈曲或向身体前方弯曲。如果胸椎处于屈曲形态，会影响负责控制脊柱姿势与运动的肌肉，并最终改变身体重心。

研究人员将核心定义为骨盆带、脊柱、肩部及所有软组织，包括韧带、肌腱、筋膜和肌肉。这些软组织的近端附着于中轴骨骼上，中轴骨骼由颅骨、脊柱和肋骨笼形成（Martuscello et al.，2013）。这种对核心的定义包括许多附着于骨盆、腹部和脊柱的肌肉（图4.1）。

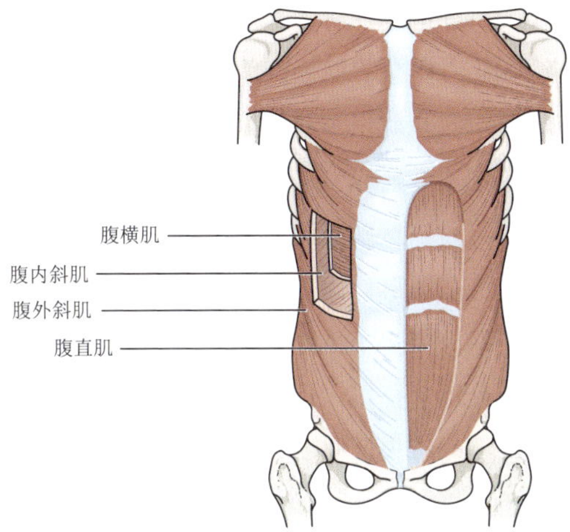

图4.1 负责维持稳定性的核心肌群分层组织

斯图尔特·麦吉尔博士将核心定义为“由腰椎、腹壁肌肉、背伸肌、腰方肌以及多关节肌肉即背阔肌和腰肌组成，这些多关节肌肉连接骨盆、腿部、肩部和手臂”（McGill，2010，33）。还有一种模型按照与皮肤浅表层、深层及骨骼内部结构的关系，将腹部肌肉组织分为表层、中层和深层（Neumann，2010）。

麦吉尔博士认为，站立时的力量训练可以有效地增强核心肌肉的力量。此外，根据研究人员孔特雷拉斯和舍恩菲尔德（Contreras & Schoenfeld，2011）的说法，“大多数训练都可称作‘核心训练’。大多数基本的核心力量和耐力练习都不需要借助设备，如深蹲、举重、引体向上和俯卧撑”。人体原本在行走或跑步时动作效率最高。肌肉、筋膜、弹性结缔组织和骨骼结构在直立时能最有效地发挥功能，而非躺着的时候。因此，核心力量训练应将核心肌群作为一个统一的整体，并提高其功能。

地面产生的反作用力传递至腿部和躯干并最终从上肢释放。因此，不论哪种模型，连接髋部、骨盆、脊柱、肩部和肋骨笼的肌肉都负责力的传递。如果想提高核心力量，就要进行大量不同肌群的练习，包括臀部肌群复合体（臀大肌、臀中肌和臀小肌）、腘绳肌、股四头肌、内收肌、竖脊肌、内斜肌、外斜肌、髋屈肌、背阔肌（由于其附着在腰背部，故可看作核心肌群）以及腹直肌（也称六块肌），这些肌群全部附着于身体的核心。

麦吉尔博士发现，基于地面的站立练习，可以在多个方向上增强肌肉力量，并提高肌肉承担外负荷的能力，因此可以有效地加强核心力量（McGill，2010）。他博士认为，腹壁由腹外斜肌、腹内斜肌、腹直肌以及腹横肌组成，是诺依曼模型中的深层部分。深层肌肉负责提供腰椎周围的稳定性，以允许胸椎、肩部和髋部的运动。腹壁的肌肉像单层胶合板一样分层并互相隔开，当这些肌肉层收缩时，会在腰椎和骨盆周围产生刚性，以维持核心的稳定性。由于这些肌群作为整体运动，只有躺着或在特定活动度内进行孤立训练才能使其独立运动。站立姿势既是一切动作的起点，也是终点，深层核心肌群力量的增强有助于使身体姿势变得更挺拔，也有助于更好地完成动作。此外，深层核心肌群力量的增强，有助于将腹腔内所含之物固定在肌肉壁后，使腹部平坦。

核心肌群在运动中的作用

运动是动作的功能性表现，由许多肌肉共同产生，而非一系列离散的动作。这一点对核心肌群来说最为明显。许多核心力量的练习效率低下，而且并不适用于日常的站立动作。核心力量训练应基于人体与生俱来的动作，特别是站立时肌肉产生的动作（表 4.1、表 4.2、图 4.2）。一个常见的误解是，仰卧起坐是塑造腹肌最好的方法。然而，只有躺着的时候才会用到腹直肌来屈曲脊柱，可见，这种方法并不是最有效的训练。

表 4.1 **深层核心肌群的附着点及作用**

肌肉	肌肉起点 *	肌肉止点 *	整体作用
腹外斜肌	第4～12肋外侧	髂嵴、白线与腹直肌筋膜鞘	通过产生矢状面屈曲、额状面侧屈和横断面旋转来控制躯干动作
腹内斜肌 * +	髂嵴、腹股沟韧带与胸腰椎筋膜	第9～12肋，白线与腹直肌筋膜鞘	通过产生矢状面屈曲、额状面侧屈和横断面旋转来控制躯干动作
腹直肌	胸骨剑突	骨盆耻骨联合	减缓骨盆前倾，控制躯干旋转，与其他层共同收缩以稳定脊柱
腹横肌	髂嵴、胸腰筋膜、第6～12肋软骨内表面、腹股沟韧带	白线与腹直肌筋膜鞘	收缩腹腔，通过增加胸腰部筋膜张力来创建稳定性，为其他腹肌提供附着部位

* 腹外斜肌（External oblique，EO）与腹内斜肌（Internal oblique，IO）共同作用产生旋转，如右侧EO与左侧IO共同作用产生向左侧的旋转。

* * 起点和止点为解剖学术语，“起点”指“靠近头部的附着点”，“止点”指“远离头部的附着点”。

+ 同侧EO和IO共同作用产生侧屈，如右侧EO与右侧IO共同作用产生脊柱的右侧屈。

表 4.2 **浅层与中层核心肌群的附着点及作用**

肌肉	肌肉起点	肌肉止点	作用
腘绳肌： 股二头肌（Biceps femoris，BF）、 半腱肌（Semitendinosus，ST）、 半膜肌（Semimembranosus，SM）	BF：坐骨结节（骨盆底部） ST：坐骨结节 SM：坐骨结节	BF：腓骨顶部和胫骨外侧髁（小腿） ST：胫骨内侧髁下方（小腿顶部） SM：胫骨内侧髁（小腿顶部）	伸展髋关节，当脚着地时伸展膝关节，控制内旋和外旋
内收肌： 短收肌、长收肌、大收肌	短收肌：耻骨 长收肌：耻骨 大收肌：耻骨和坐骨结节	短收肌：股骨背中1/3 长收肌：股骨背中1/3 大收肌：粗线和内收结节（股骨后方）	腿在身前时伸髋，腿在身后时屈髋
股四头肌： 股直肌（Rectus femoris，RF）、 股内侧肌（Vastus medialis，VM）、 股中间肌（Vastus intermedius，VI）、 股外侧肌（Vastus lateralis，VL）	RF：骨盆底部前方 VM：股骨前侧 VI：股骨上2/3（股骨） VL：大腿骨顶部（大转子～股骨），大腿骨前面（股骨）	RF：髌骨（膝关节骨）和胫骨粗隆 VM：胫骨内侧髁、髌骨内侧和RF肌腱内侧 VI：髌骨下方，VL和VM肌腱 VL：髌骨下方，胫骨外侧髁前方（小腿顶部）	屈曲髋关节，伸展或伸直小腿，控制膝关节的稳定性
臀部肌群复合体： 臀大肌、臀中肌和臀小肌	骶骨和尾骨（下背部）、臀后线和髂嵴（骨盆顶部）	大腿骨臀部肌群线（股骨），胫骨外侧髁的下方和前方（小腿上部）	伸展髋关节，使髋关节外旋或抵抗髋关节内旋，内收髋关节
背阔肌	肱骨结节间沟（上臂）	下6胸椎及所有腰椎棘突，髂骨与下3肋骨，肩胛骨下角	伸展、内收上臂，控制肩部旋转；下段可使骨盆向前倾斜
竖脊肌	枕外隆凸（颅底）	腰椎与骶椎	伸展（伸直）脊柱，减缓脊柱前屈，保持脊柱伸展

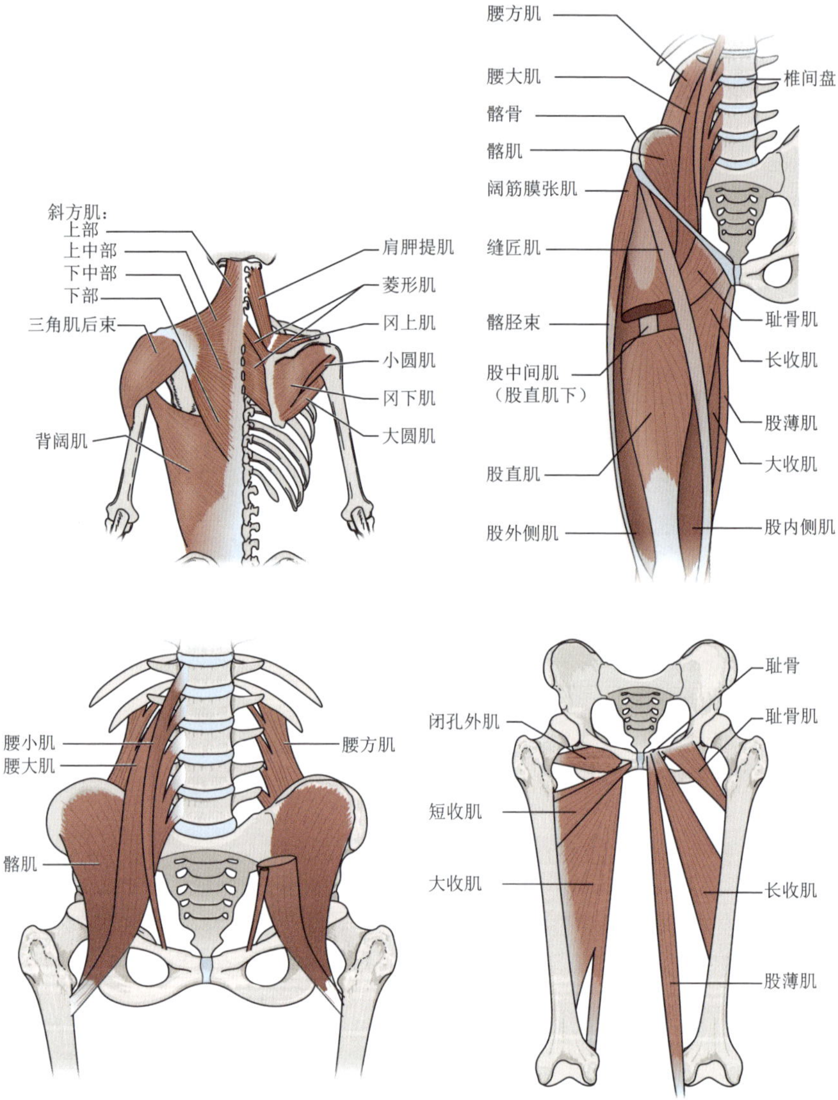

图 4.2 共同控制脊柱、髋关节、大腿和膝关节动作的肌肉

核心力量训练计划应基于站立姿势练习，以提高在日常活动中身体产生和控制力量的能力。练习的动作应该整合髋部、躯干及肩部，以有效地分配向下的重力以及地面向上的反作用力。俯卧（面朝下）或仰卧（面朝上）姿势，可通过激活负责肌纤维收缩的运动单位来增强力量，这些肌纤维用于稳定脊柱与骨盆。例如，平板支撑练习动作幅度较小，但能练习到所有的腹部筋膜层，是建立肌肉募集模式的理想方式，从而稳定脊柱。如果方法得当，平板支撑不仅能锻炼腹部深肌，还能募集髋部、肩部以及上背部肌肉（Hibbs et al.，2008）。具有保持脊柱稳定的能力后，就需要进行脊柱与髋部的整体动作，最后进行直立姿势练习。正如麦吉尔博士所说，如果力量训练的动作能够基于那些上下肢整体的直立姿势练习，那么它就会成为提高核心力量极为有效的方式（McGill，2010）。

理解与控制动作

步行或跑步时，身体需要通过 3 个不同方向完成动作才能产生整体向前的动作。手臂和腿部的相对运动会产生动量，从而使肋骨笼与骨盆反向旋转。在步态周期中，右腿向前迈步时，左臂向前摆动。躯干与髋部的反向旋转能够拉伸所有的核心肌群，以确保这种多平面练习的流畅与高效。实际上，核心肌群的主要功能在于确保身体直立练习的高效性（Earls，2014）。

为多数站立动作储存所需的弹性势能，核心力量练习应包括先拉长后缩短的练习。为维持长期效果，先进行灵活性与组织伸展性的独立动作模式，再进行复杂动态的多向性练习。灵活性练习可以提高中枢神经系统有效控制肌肉收缩的能力，多向性的复杂动态动作有助于增强肌肉力量并使其能够在多个方向上产生力量。

科学家说：力量训练在人体衰老过程中的作用

年龄的增长伴随着肌肉量的减少或肌力输出的减少，这会影响人体进行日常活动的能力。而达到瞬间疲劳阈值的力量训练可以激活Ⅱ型运动单位。如果不定期进行力量训练，则可能导致肌肉量下降。此外，年龄的增长会影响激素水平的变化，导致合成代谢激素与分解代谢激素不平衡。其中合成代谢激素能促进能量产生，分解代谢激素与肌肉生长有关，进而导致肌肉萎缩或肌力输出减少（Taylor & Johnson，2008）。

肌肉萎缩指肌肉围度的缩小，对于不进行任何力量训练的成年人而言，在衰老过程中，肌肉萎缩随时都可能发生。如果不定期进行力量训练，成年人每 10 年平均减少约 2.3 千克肌肉（Taylor & Johnson，2008）。力量训练有许多好处，比如增加肌肉量、提高促进肌肉生长的激素水平、提高心血管效率、提高基础代谢（这意味着即使不进行练习，每天也会燃烧更多的热量）。力量训练还能提高身体进行热爱的活动的能力。不论性别与年龄，如果想保持一种健康、积极的生活方式，想年老时仍能享受热爱的活动，就需要把力量训练作为训练计划的关键部分。力量训练能够激活Ⅱ型运动单位，以增强肌肉力量，或提高促进肌肉生长的激素水平。

核心力量训练概述

核心力量训练不必过于复杂，但如果想在有限的时间内提高训练效率，达到练习目标，就需要将练习建立在基本动作模式的基础上。练习中包括的肌肉与身体整体动作越多，耗氧量就越高，消耗的热量也就越多。力量练习，如壶铃甩摆、哑铃罗马尼亚硬拉、壶铃土耳其起立都可以有效地增强腹部肌肉力量。核心肌群包括Ⅰ型肌纤维和Ⅱ型肌纤维。低强度、长时间的稳态练习能够激活Ⅰ型肌纤维，而大负荷力量练习能激活Ⅱ型肌纤维。

麦吉尔研究了在三维压力及不同负荷下核心肌肉如何保持脊柱的稳定性（McGill et al.，2009）。一些大力士比赛中，选手需要移动、提起、携带或投掷重物，这不仅需要选手具有极好的肌肉力量，还需要具备在动作中保持动态平衡的能力。这些强壮的参赛者具有很强的核心力量，使得多层肌肉能够反射性地共同收缩，以提供防止脊柱屈曲的刚性（McGill et al.，2009b）。麦吉尔指出，这些大力士比赛的项目也可以用于核心力量训练，如单臂头顶压力、风车，以及有助于增强脊柱和骨盆三维刚性的重物（McGill & Marshall，2012）。

下文具体介绍如何将动作模式用于训练计划的基本组成部分，以增强核心力量，提高整体协调性与技能。

髋关节主导动作模式

大多数顶尖运动员或舞蹈演员都有一个共同点，那就是拥有良好的背部轮廓。因为髋关节是最灵活的关节之一，其活动由臀大肌负责，臀大肌产生的力量和爆发力会用于身体其他部位。进行髋部周围肌群的练习（如臀桥、深蹲、硬拉、罗马尼亚硬拉和甩摆），能够增强肌肉力量、优化肌肉线条，燃烧更多的热量。

单腿动作模式

单腿平衡练习（如单腿臀桥、单腿平衡练习、弓步或低分腿姿）有助于提高腹部与下肢的协调性，单腿平衡时，核心肌群负责控制身体保持稳定。步行或跑步过程中，两脚是交替着地的，这就需要身体在单脚落地时保持平衡。可见，单腿平衡时能保持强壮与稳定对于提高人体的动作表现至关重要。

平板支撑、俯卧撑及其变式

身体可以分为两个主要部分，即上肢与下肢。上肢和下肢通过脊柱与躯干的肌肉相连。平板支撑及其变式能够增加脊柱的稳定性，且连接上下肢的核心肌群还起到一定的束缚作用，如果能增强这些核心肌群的力量，就会使腹部变得更平坦。平板支撑的关键在于使臀部与肩部保持同一高度，以将脊柱保持在最自然的状态。如果平板支撑能坚持 45 秒以上，就可以适当增加难度，比如在保持脊柱不动的同时进行髋部或肩部的练习。俯卧撑可看作平板支撑的进阶版，所以对核心力量练习而言，做好平板支撑比俯卧撑更重要。

拉的动作模式

现代生活中，大部分人每天都离不开计算机和手机。无论是在办公桌前，还是在使用平板电脑的时候，人们都习惯于将身体前倾，而这会导致肩部的内旋。现在尝试着挺直身体，将右手经体前上举并尽量伸展、放松，再重复一次。肩部内旋会限制肩部的动作范围，从而限制手臂的上举。那些脊柱直立并保持相对位置（掌心相对）或旋内（掌心朝上）的牵拉练习能够纠正肩部的内旋，从而有助于缓解久坐产生的关节压力。在每次训练时应增加几次拉动作的练习，如俯身划船、单臂划船、上举拉伸、瑞士球滚动和阻力带拉。站姿练习效果会更好，如俯身交替划船，或交替手臂阻力带拉。

站姿过顶推举和提拉

健身房里的某些力量训练设备或坐姿哑铃推举并不实用。想想在生活中，什么时候需要在坐着的时候把东西举过头顶，什么时候需要肘部朝外（朝向 3 点钟和 9 点钟方向）把东西举过头顶？肩部在进行肘部朝前的过顶动作时最为有效（11 点钟和 1 点钟方向）。此时，肩胛骨能够正常移动并稳定肱骨球。站姿过顶推举练习（如站姿哑铃推举、站姿壶铃推举、风车和药球推举），可以锻炼连接臀部与躯干的肌肉，从而燃烧更多的热量，而这在坐姿练习中是不可能发生的。将重物举过头顶的练习有助于增强臀部、躯干和上肢力量，如沙袋、哑铃、壶铃或药球，可以把这些练习看作站姿平板支撑，能够锻炼肩部与手臂。

旋转动作模式

行走或跑步时肩关节与髋关节会发生相对旋转。旋转是人类的基本动作模式之一，但这在许多传统的训练计划中往往被忽视。站立姿势时，髋部、腹部和上背部肌肉共同产生旋转动作。实际上，旋转动作由身体部分的推拉产生，这一模式是许多力量增强模式练习的基础。旋转练习包括药球下砍、药球旋转、壶铃风车和阻力带旋转。

以上 6 种动作模式是所有能够有效增强核心肌群力量与功能的训练计划的基础。进行这些练习的另一个好处在于能同时锻炼许多肌肉，从而有助于在增加肌肉力量的同时燃烧更多的热量。经常改变练习方法能为练习增添乐趣，但保持一致的练习方法有助于锻炼身体的不同系统，尤其是中枢神经系统和肌肉系统，我们需要学习如何将这些模式发展成下意识反射行为。

下文举例说明如何将这些动作模式用于高效的训练计划中，从而提高协调性与动作技能，更重要的是增强负责控制身体动作与稳定性的肌肉的力量。

核心力量训练的具体方法

核心力量训练的主要目的在于提高肌肉产生以及分散力量的能力。步态是人体最基本的动作模式，在步态周期中，肩部和髋部相对旋转，从而产生人体前进的动力。站立的核心力量训练能同时锻炼髋部和肩部，是最有效的训练方法。许多核心练习都来源于传统力量训练的练习项目，如果这些练习能改为站姿练习，那么也可以起到增强核心力量的作用 。

为了增加热量消耗，这些练习可以采取循环训练，即缩短间歇时间，所有练习完成后休息 90 ～ 120 秒。练习时，动作尽量平稳，每个方向的动作用 1 ～ 3 秒完成。在肌肉拉伸阶段放慢速度，这有助于激活更多的运动单位。

刚开始执行训练计划时，练习的难度要适当，避免引起身体的疼痛或不适。开始时每个练习重复 8 ～ 10 次，每侧手或腿 4 ～ 5 次。当感觉力量增强时，每周增加 2 次重复次数，直到能够重复 20 次（每侧 10 次）。如果能够轻松重复 20 次，接下来提高的就是耐力，即维持恒定力量的能力，而力量不会再增加。这时就需要增加重量或换一种设备，以增加身体负荷。从每个练习完成 2 组开始，如果感觉完成得比较轻松，再增加 1 组，以此类推。最终要达到每侧手或腿至少重复 10 次（总共重复 20 次），并完成 4 组。这一过程大约需要 10 ～ 12 周。当能重复 20 次时，就可以换另一种设备或练习方法，例如，从自重练习换成沙袋练习，或从核心力量训练换成代谢调节训练。页面两侧的蓝色标签帮你快速查找书中所有的核心力量训练。

利用自重进行核心力量训练

自重训练是加强核心力量的极为有效的方法。基于动作模式的练习应保证动作的平稳，以保持肌肉的张力。肌肉的等长收缩练习指在规定时间内保持肌肉收缩状态。自重训练不受时间和地点的限制，即便经常出差或工作繁忙，也可以进行练习。

练习	组数	时间或次数
直臂平板支撑	2	保持20秒
侧撑	2	每侧保持20秒
臀桥	2	重复8～10次
单腿平衡手臂上伸	2	每侧重复8～10次
侧弓步转体	2	每侧重复4～5次
后弓步双臂上举	2	每侧腿重复4～5次
深蹲前伸	2	重复8～10次
不间断地完成所有动作，在所有练习之后休息90～120秒		

直臂平板支撑

目的

由于直臂平板姿势需要手臂伸直，能够整合肩部与髋部，因此该练习能够有效地加强负责稳定骨盆与脊柱的肌肉力量。

步骤

1. 俯卧姿顶端开始（俯卧撑顶端），两手置于肩下，两腿在身后伸直，与髋同宽（下图）。
2. 双手着地，背部向上，肩胛骨回缩以产生张力，从而激活更多的肌肉。大腿和臀部肌群收缩，以保持身体稳定。
3. 坚持 20 秒，保持正常呼吸，每周增加 5 秒，直到能够坚持 50 ～ 60 秒。
4. 该练习如果能坚持 50 秒，就可以增加难度。即保持脚尖向下抬起一条腿，保持 3 ～ 4 秒，换腿。

要点

- 如果感到背部或髋部开始下沉，结束练习，放松，避免姿势不标准。
- 尝试每周多坚持 5 秒直至能坚持 50 ～ 60 秒，但不要超过 60 秒。
- 练习中保持放松和正常的呼吸很重要，憋气会引起不必要的心率增加。

侧撑

目的

该练习为直臂平板支撑的变式，能够锻炼负责横向稳定脊柱与髋部的肌肉，这对保持直立姿势以及降低下背部受伤风险至关重要。

步骤

1. 左侧卧，左手放于右肩正下方，手指向上，远离双脚。
2. 双腿叠放，大腿同时用力夹紧，以增加稳定性，可以想象大腿之间夹了一枚硬币。
3. 保持这一姿势，左手向下压，右髋部向上抬，以激活负责稳定骨盆和脊柱的肌肉。背部挺直，双肩保持在同一平面（下图）。
4. 坚持 20 秒以上，直至髋部与肩部无法保持一条直线。换腿，然后进行下一组练习。
5. 每周多坚持 5 秒，直至每侧坚持 50 ～ 60 秒。
6. 该练习能坚持 50 秒后，可以增加难度，将上面的腿抬起并保持 2 ～ 3 秒。

要点

- 如果支撑手臂伸直会造成不适，将肘部弯曲放于肩下有助于减少杠杆作用，或弯曲膝关节，使左肘与左膝触地。
- 髋部与大腿的肌肉收缩有助于增加核心区域的稳定性。
- 身体两侧肌肉力量不均衡可能导致腰背疼痛，两侧进行完全相同的练习有助于缓解力量不均衡产生的影响。

臀桥

目的

髋屈肌紧张或臀部肌群乏力可能导致腰背疼痛。臀大肌是负责髋部伸直与下肢动作的主要肌群。此练习能够增强臀大肌力量，同时拉伸髋屈肌，使髋屈肌与髋伸肌在基础动作模式中保持合适姿势，有助于保护脊柱，并提高臀部肌群力量，从而使身体能够更有效地进行其他练习，如深蹲和弓步等。臀桥是一种极佳的动态拉伸练习，有助于减少久坐造成的紧张感，恢复髋关节活动度，从而缓解腰背疼痛。

步骤

1. 仰卧，双脚平放于地面，双膝朝上，脚跟距髋部约46厘米。双臂放于身体两侧，掌心朝上，有助于肩部肌肉的拉伸。
2. 脚趾向胫部方向上勾，双脚脚跟着地。
3. 臀大肌收缩，脚跟向下发力，髋部向天花板方向抬起（可以想象在臀部肌群间夹一枚硬币，以增加肌肉激活）（下图）。向上撑1～2秒，用3～4秒下降。
4. 重复8～10次，每周增加2次重复次数，直至每次重复20次。

要点

- 如果腘绳肌即大腿后侧抽筋，将双脚远离髋部。
- 如果感到下背部不适，将双脚移向尾骨。
- 收缩臀大肌能提高肌肉激活的程度，并能改善髋部前侧肌肉的伸展性。

自重

单腿平衡手臂上伸

目的

身体核心的前侧肌群在站立姿势时最为有效。此练习在有阻力的情况下拉伸这些肌群，以增加拉伸强度并保持人体最基本的姿势。拉长肌肉有助于增加与肌纤维平行的胶原纤维，从而增强力量并减少受伤或撕裂的风险。如果经常久坐，此练习有助于增强核心力量，同时拉伸髋部肌肉并缓解下背部紧张感。

步骤

1. 左脚站立，微屈右膝，右脚离开地面，右臂举过头顶，掌心朝内，拇指指向身后，左臂与肩同高。
2. 右脚脚跟带动右腿向后伸展，向后移动双臂，感觉到身体前侧的拉力（下图）。
3. 重复 8 ～ 10 次，换腿。每周增加 2 次重复次数，直至每组完成 20 次重复。

要点

- 如果无法完成单腿平衡，用后脚脚尖点地，重心主要放在前腿上，注意力集中在手臂上。
- 支撑脚向下发力并收缩臀部肌群，以增加稳定性。
- 如果感觉腰部紧张，保持脊柱挺直，缓慢移动手臂和腿，并减小活动度。肢体移动过快或过远都可能对腰椎产生压力，从而导致腰部酸痛。手臂与腿后移，会拉长前侧核心肌群的筋膜，从而增强筋膜韧性。

侧弓步转体

目的

在髋关节上移动肩关节的动作是拉长并加强连接上、下肢的所有肌肉的最有效方式之一。

步骤

1. 从站姿开始，双脚分开与髋同宽（图 a）。左脚向左移，脚尖向前，两脚平行。脊柱挺直，左髋部向后推，向左侧转身，右肩指向 12 点钟方向，双臂在体前伸直（图 b）。
2. 身体向右旋转至中心位置，左脚向下蹬地恢复站立，换右脚。
3. 重复 8 ～ 10 次（每条腿 4 ～ 5 次），以增加臀部与肩部之间的结缔组织的负荷。逐渐增加重复次数有助于提高力量，并避免肌肉的压力过大。
4. 练习 2 周后，每周增加 2 次重复次数，直至每条腿重复 10 次（共 20 次）甚至 20 次。

要点

- 支撑脚着地时，保持双脚平行有助于减轻膝关节压力。外侧脚向下发力（图示中左脚），有助于胸椎与髋关节带动身体旋转，这些关节天生就用于身体旋转。

a

b

后弓步双臂上举

目的

该练习能够加强保持站姿时腹部及下肢肌肉的力量。后弓步双臂上举可以同时拉伸腹部与髋部肌肉，从而有助于提高下肢肌肉与核心肌群的整体协调性。

步骤

1. 站立姿势，双脚分开与髋同宽，双臂放于身体两侧。左脚后退一步，左腿降低成弓步，双臂伸直举过头顶。脊柱挺直，降低重心至舒适高度（下图）。
2. 在最低点保持几秒，右脚向下蹬地，放下双臂，恢复站立姿势。
3. 恢复起始姿势，在最高点保持几秒，换右腿。
4. 交替换腿，共重复 8 ～ 10 次（每侧 4 ～ 5 次）。能够轻松完成后，每 2 周增加 2 次重复次数，直到重复 16 ～ 20 次（每侧 8 ～ 10 次）。双腿能够轻松完成 20 次后，增加重复次数，直至每侧完成 15 ～ 20 次。

要点

- 如果后膝（图示中左膝）向前移，则减小弓步幅度，前脚向下发力。
- 前腿发力，带动身体恢复站立姿势。
- 逐渐增加重复次数，以便肌肉适应新的发力方式。

深蹲前伸

目的

深蹲有助于增强下肢所有肌肉的力量，深蹲时前伸可以增加髋关节屈度，从而提高髋伸肌即臀大肌激活的程度。

步骤

1. 双脚分开至约髋到肩之间的位置，双脚平行，脚尖朝前（12 点钟方向），双手垂于身体两侧，掌心相对。
2. 脊柱挺直，髋部向后移动，降低身体到深蹲姿势，就像坐在椅子上。双臂伸直举至胸前高度，以拉伸整个背部肌肉（下图）。
3. 在深蹲最低点，双臂保持向前伸直。双手放于身体两侧，恢复站立。
4. 重复 8～10 次，每 2 周增加 2 次重复次数，直至重复 20 次，组间间歇 30～45 秒。开始时完成 2 组，感到轻松后，逐步完成 4 组。

要点

- 注意髋部向后移动带动膝关节移动。如果膝关节先向前移动，再将髋部向后退，可能造成膝关节前部压力过大，从而导致疼痛。
- 如果脚跟抬起，可以不用蹲得那么低，适当抬高身体重心以保证双脚着地。
- 如果膝关节内扣，将双脚外旋，脚尖指向 11 点钟和 1 点钟方向。

利用瑞士球进行核心力量训练

不稳定表面的练习有助于在某一动作练习中增加多肌群的参与性，以维持身体的稳定。瑞士球的表面是不稳定的，练习时为保持身体的平衡，就需要激活更多的肌肉。此外，瑞士球与身体可构成一个杠杆系统，其中瑞士球提供支点，身体作为杠杆移动，通过改变身体在瑞士球上的姿势可以增加练习难度。对于力量训练，许多健身专业人士一直主张使用瑞士球代替传统的坐姿训练。然而，出于安全考虑，许多制造商或经销商都会警告用户不要在瑞士球上进行举重练习。对核心力量的自重练习而言，瑞士球练习是一种非常有效的方法，利用其不稳定的特性，有助于强化肌肉收缩成分与弹性结缔组织。

挑选瑞士球时，如果身高在 170 厘米以下，选择 55 厘米的球；身高为 170 ～ 190 厘米，选择 65 厘米的球；身高在 190 厘米以上，选择 75 厘米的球。气压合适的瑞士球能够提供硬质表面，坐在上面时，膝关节与臀部可以自然地呈 90 度弯曲。

练习	组数	次数
屈膝臀桥	2	重复6～8次
球顶支撑	2	每个方向重复5～6次
仰卧髋部旋转	2	每侧重复4～5次
屈体	2	重复6～8次
俄罗斯旋转	2	每侧重复3～4次
髋部滚动接平板屈膝	2	每侧腿重复3～4次
单腿深蹲	2	每侧重复4～6次
卷腹	2	重复6～8次
不间断地完成所有动作，在所有练习之后休息90～120秒		

屈膝臀桥

目的

该练习能够增强用于髋部伸展的背部肌肉力量，提高脊柱稳定性，避免重力或向下拉力的影响。

步骤

1. 仰卧，双臂放于身体两侧，脚跟放于球顶，脚尖上勾朝向胫骨。臀大肌收缩，向上抬起髋部，双臂向下发力以保持稳定（图 a）。
2. 一旦身体成一条直线，脚跟把球拉向尾骨（图 b）。然后缓慢伸直双腿，再慢慢使髋部下落至地面。
3. 保持动作的连贯与流畅，脚跟移向尾骨时抬高髋部。重复 6 ～ 8 次，每 2 周增加 2 次重复次数，直至总重复次数为 16 ～ 20 次。

要点

- 如果感到小腿紧张或抽筋，将脚尖上勾朝向小腿，以增加小腿肌肉长度，避免练习过程中肌肉过紧。
- 如果下背部拉伤，将球靠近身体，用小腿代替后脚跟靠在球顶。
- 双臂展开并向地面发力，以增加髋关节的稳定性。

a

b

球顶支撑

目的

该练习可看作是在不稳定表面上的平板支撑，在球上保持重心稳定需要腹部与髋部深层肌群的共同作用。

步骤

1. 双肘放于瑞士球上，双手紧握。
2. 双脚分开与肩同宽，臀部肌群与大腿肌肉收缩，使脚尖着地，肘部支撑在球面上，并保持身体的稳定（下图）。
3. 保持此姿势，用手肘将球逆时针旋转5～6圈，再顺时针旋转，共转10～12圈。
4. 每2周增加1～2次重复次数，直至能在每个方向上轻松重复18～20次。

要点

- 如果身体无法挺直，可将膝关节着地以缩短杠杆臂。当能在每个方向上能重复12～14次时再将膝关节抬起。
- 增加两脚间距有助于保持稳定。如果想增加难度，缩小两脚间距以使基本支撑面变窄。

仰卧髋部旋转

目的

躯干和髋部的旋转需要内外斜肌共同发力。即右侧外斜肌与左侧内斜肌共同发力，使躯干向左旋转；左侧外斜肌与右侧内斜肌共同发力，使躯干向右旋转。瑞士球提供了旋转的支点，使两侧斜肌共同发力，从而有利于改善人体的步态周期。

步骤

1. 仰卧，双臂展开位于身体两侧，小腿后侧放于球上，脚尖朝上，将球推到臀部后侧，双臂向下发力以保持稳定，双臂张开至足够宽。
2. 旋转髋部，双肩着地，双臂下压，双腿向左下落，并尽量远离身体（下图），然后将膝关节向右转回。
3. 每个方向旋转 4 ～ 5 次，共重复 8 ～ 10 次。
4. 如果能完全控制动作，每 2 周增加 2 次重复次数，直至能在每个方向上重复 8 ～ 10 次，共重复 16 ～ 20 次。

要点

- 使球靠近尾骨，小腿放于球顶，有助于控制动作。肩部、上背部与手臂着地并保持不动，以借助胸椎带动身体旋转。

屈　体

目的

该动作能够增强身体前侧的所有腹部肌群、胸部、肩部与上臂的力量，是增强力量的有效方法。练习中会用到大量肌肉，从而能够消耗更多热量。

步骤

1. 面朝瑞士球开始，胸部贴于球顶，双手着地向前移动，直至小腿位于球上（图a）。
2. 双手置于肩下，肘部后旋，双手压向地面以保持稳定。
3. 大腿放于球顶，尾骨向上抬高，使球沿腿前侧滚动，在最高点坚持几秒，缓慢将腿移回起始姿势。
4. 为增加难度，可将球滚动至脚尖（图b）。重复6～8次，如果能够控制球的运动，每周增加2次重复次数，直至能够连续重复16～20次。

要点

- 练习开始与结束时，肩部与脚踝形成一条直线。如果髋部下降，将瑞士球靠近腰部以缩短杠杆臂。
- 练习中保持大腿夹紧，可以想象在大腿间夹一枚硬币，这有助于在整个活动度内提高腿部稳定性。
- 如果感到手腕不适，可以握住哑铃手柄，以减轻手腕压力。

俄罗斯旋转

目的

旋转练习用于加强躯干与髋部之间肌肉的力量，有助于提高上、下肢的力量与协调性。

步骤

1. 坐姿开始，缓慢向前移动，背部沿球顶下滑，直至背部最宽部分即两肩之间位于球顶。
2. 双手合掌，两臂于胸前伸直（图 a），抬起右肩，以左肩为轴，将双臂转向身体左侧，左脚向下发力，右髋向上推以保持稳定（图 b）。
3. 用左肩坚持几秒，然后将球从背部滚至右肩。滚至右肩后，抬起左肩，以右肩为轴向右旋转。右脚向下发力，左髋向上推以增强稳定性。
4. 每侧重复 3 ～ 4 次，共重复 6 ～ 8 次。如果能在身体旋转时保持平衡，每周增加 2 次重复次数，直至每侧重复 8 ～ 10 次，共 16 ～ 20 次。

要点

- 该练习有一定难度，需要髋部与下肢的控制。双脚向下发力，臀部肌群收缩，有助于提高整体的稳定性，以便于控制身体旋转。
- 双手合掌，双臂伸直，以增加上肢的稳定性，有助于身体的旋转。

a

b

髋部滚动接平板屈膝

目的

双手支撑地面并在球上旋转髋部，有助于增强肩部以及负责旋转躯干的肌肉力量，是同时加强内外斜肌力量的有效练习。

步骤

1. 面朝瑞士球，胸部贴于球顶，双手着地向前移动，直至小腿位于球上。双手置于肩下，肘部后旋，双手压向地面以保持稳定。
2. 大腿放于球顶，双腿用力夹紧，可以想象在大腿之间夹一枚硬币。双手着地，抬起右髋，左髋带动左腿滚至球顶（图 a）。
3. 左腿位于球上后，两腿并拢，两膝向腰部靠拢（图 b），保持 2 ～ 4 秒，伸展双腿，向另一侧滚动。抬起左髋，右髋带动右腿滚至球顶，两膝向腰部靠拢，伸直双腿，恢复起始姿势。
4. 刚开始练习时，每侧交替重复 3 ～ 4 次，共 6 ～ 8 次。力量增强后，每周增加 2 次重复次数，直至每侧能够重复 8 ～ 10 次，共重复 16 ～ 20 次。

a

b

要点

- 这项练习有一定难度，但有助于发展核心力量。左腿在球上时，尽量使右髋保持在空中，反之亦然。
- 双手向地面推，双腿夹紧有助于增强稳定性，这是此练习的重点。

单腿深蹲

目的

基本平衡练习能够加强前腿肌肉力量，同时拉伸位于球上腿前侧的髋部肌肉。单腿平衡有助于锻炼负责提高骨盆与脊柱稳定性的深层核心肌群。

步骤

1. 直立姿势开始，背朝球。抬起左腿，将左脚上部与小腿放于球上。左胫骨与脚向下压，降低右髋部，左腿伸向正后方成弓步（下图）。右脚下压，以保持稳定。
2. 脊柱挺直，重心放于髋部，每条腿重复 4 ～ 6 次。如果能够保持平衡，每周增加 2 次重复次数，直至每条腿重复 10 ～ 12 次。

要点

- 如果无法保持平衡，将腿在瑞士球一侧的身体靠近墙壁，以帮助保持平衡。
- 可以将身体降低以保持平衡，平衡能力提高后，将右髋降低。

瑞士球

卷 腹

目的

站立时，腹部控制骨盆和肋骨笼的运动，卷腹有助于改善腹部肌肉线条。利用瑞士球进行的卷腹有助于脊柱的完全伸展，从而在活动度内增强肌肉，而地面的卷腹练习无法达到此效果。

步骤

1. 坐于球顶，双脚缓慢向前移动，直至尾骨移至球外侧，腰背部贴于球顶。
2. 双脚下压地面，手指放于额前，掌心朝外，以减少颈部的牵拉（图 a）。腹部肌肉力量增强后，使手臂远离腰部，以增加阻力，从而增强腹肌力量，改善肌肉线条。
3. 呼气的同时缓慢地将脊柱抬离球面，尽量将肋骨笼的底部移向骨盆的顶部（图 b）。在最高点保持几秒，然后慢慢降回至起始位置。
4. 重复 6 ～ 8 次。如果能够保持平衡，每周增加 2 次重复次数。能够重复 12 ～ 14 次后，将双臂从胸前移至头顶，再将双臂伸直举过头顶。

a

b

要点

- 能够重复 12 ～ 14 次后，改变手臂的姿势以增加阻力，避免重复次数过多。
- 头部保持在自然姿势，避免借助颈部发力。可以想象在下巴与喉咙之间夹一枚鸡蛋，以保持头部的稳定。
- 如果感到颈部疼痛，用舌头抵住腭，有助于激活负责稳定颈部的肌肉。

利用药球进行核心力量训练

由于重力作用，在站立状态下移动药球会激活许多肌肉共同参与，以产生和控制这些动作，这是利用药球进行核心力量训练最大的益处。利用药球进行推拉练习有助于增强上肢肌肉力量，髋部与肩部反向旋转的动作能够增强大部分核心肌肉的力量，铰链、深蹲或弓步动作可以强化下肢肌肉力量。

练习	组数	次数
臀桥推拉	2	重复8~10次
罗马尼亚硬拉	2	重复6~8次
站立转体	2	每侧重复5~6次
垂直下砍	2	重复8~10次
对角斜上提拉	2	每侧重复6~8次
后弓步下砍（前腿）	2	每侧腿重复4~6次
侧弓步提拉	2	每侧重复4~6次
将这些动作编制成循环练习，组内无间歇，组间间歇90~120秒		

臀桥推拉

目的

该练习能够加强负责臀部伸展的肌肉力量，并加强脊柱周围肌肉的力量。

步骤

1. 仰卧，屈膝，双脚平放于地面上。双手持药球举过头顶，两臂伸直贴于地面。
2. 脚尖上勾朝向小腿，脚跟蹬地。臀部肌群收缩发力，髋部上抬，上背部与肩部着地。
3. 保持臀部腾空，双臂上抬至与地面垂直（下图），保持几秒，缓慢将药球放回地面。
4. 刚开始练习时，重复 8 ～ 10 次，一旦能够轻松完成 10 次，则每周增加 2 次重复次数，直至连续重复 18 ～ 20 次。

要点

- 如果腘绳肌感觉紧张或抽筋，将脚跟远离尾骨。

罗马尼亚硬拉

目的

该练习能够加强负责伸展臀部与脊柱的肌肉力量。站姿进行此练习有助于增强身体对抗重力的能力。

步骤

1. 站姿，双脚分开与髋同宽，膝关节微曲。双手持药球于髋前。脊柱挺直，俯身，形成髋关节铰链（下图）。
2. 在动作的最大幅度处保持几秒，双脚向下发力踩实地面，髋部前顶，抬起上身恢复完全直立姿势。
3. 刚开始练习时，重复 6 ～ 8 次，能够轻松完成后，每周增加 2 次重复次数，直至重复 18 ～ 20 次。

要点

- 在练习过程中，脊柱挺直，并将注意力集中到你的髋关节。先由髋关节开始运动，避免下背部先开始运动。
- 俯身时，将尾骨往后推；恢复站立时，将髋关节向前顶。

站立转体

目的

该练习能够加强臀部、核心肌群与上肩部肌肉的力量。

步骤

1. 站姿，双脚分开大于髋宽，膝关节微屈。双手持药球于胸前。脊柱挺直，左脚发力带动身体向右转，直至髋部与肩部朝向12点钟方向，左脚转向身体中线，保持右脚着地（下图）。
2. 旋转至最大幅度时，右脚快速蹬地，髋部与肩部迅速向左旋转，面向身体左侧。右脚转向身体中线。
3. 每侧重复5～6次，共重复10～12次。能够控制身体运动后，每周增加2次重复次数（每侧各1次），直至每侧重复9～10次（共18～20次）。

要点

- 脚与髋部发力带动身体旋转，以避免膝关节或脊柱受伤。
- 双脚紧贴地面旋转，就像用脚熄灭烟头。
- 双脚、髋部与肩部旋转时，保持脊柱挺直。

建议：双手持药球远离身体，即药球远离身体重心，可以增加练习强度。

垂直下砍

目的

该练习能够利用双臂伸直时药球的阻力拉长腹部肌肉，这是加强肌肉力量，改善髋部与肩部协调性的有效方式。同时，深蹲动作会动用大腿与臀部肌群，能够有效地加强下肢大部分肌肉的力量。

步骤

1. 站立姿势，双脚分开与肩同宽，膝关节微屈。双手持药球于腰间。脊柱挺直，髋部向后推进入深蹲姿势。双臂伸直，降低身体至药球略低于膝关节（图 a）。
2. 双脚蹬地，髋部前顶，双臂伸直举过头顶，保持肘部伸直，回到站立姿势（图 b）。
3. 将药球移至最高点时，手臂举过头顶，以拉伸腹部肌肉。开始练习时，重复 8 ～ 10 次。当你觉得肌肉力量增强后，每周增加 2 次重复次数，直至连续重复 20 次。

a

b

要点

- 深蹲时，注意髋部先向后移。只要确保髋部先动，深蹲的高度就不重要。
- 双脚向下发力恢复站立，有助于激活腿部与臀部大部分肌肉。
- 保持脊柱挺直，以保证髋部的正常移动。

药球

对角斜上提拉

目的

该练习能够产生髋部与肩部的协调动作，这也是其在步态周期中的运动方式。练习中，药球的对角运动主要对内外斜肌施力，这些肌肉以对角形式连接骨盆与肋骨笼。

步骤

1. 站立姿势，双脚分开与肩同宽，双膝微屈，右脚稍向右前方迈一步，右脚脚跟与左脚脚尖在同一直线上。
2. 双手持药球于左髋，脊柱挺直，髋部向后推，降低身体至四分之一深蹲高度，重心移至左髋（图 a）。
3. 左脚向下发力，药球经体前移至右肩。药球经过身体中线时，左脚旋转（像脚踩地上的烟头），重心移至右髋（图 b）。
4. 药球应止于右肩上。将药球沿相同对角线移动，旋转左脚，脚尖朝前，重心移至两髋之间，将球移回左髋。
5. 开始时从左髋到右肩，重复 6 ~ 8 次，换侧练习，共重复 12 ~ 16 次。力量增强后，每周增加 2 次重复次数，直至每侧重复 16 ~ 20 次。

a

要点

- 旋转动作来自髋部与脚部，而非脊柱，在此动作中，脊柱应保持挺直的状态。
- 推举药球并旋转脚（图示中左脚）时，脚用力蹬地。动作结束时，药球移至右肩上，重心应主要放在右腿上。

b

后弓步下砍（前腿）

目的

此练习能够增强稳定脊柱的肌肉力量，并增强控制髋部、肩部与上背部动作的肌肉力量。

步骤

1. 站姿，两脚分开与髋同宽，双手持药球于胸前（图 a）。左脚着地，右脚后退一步，脚尖着地。
2. 右膝降低但不要触地，左髋部下沉，将药球移至左大腿左侧，此时左大腿与地面接近平行（图 b）。
3. 左脚下压，将药球移回至胸前，恢复站立姿势。
4. 左侧重复 4 ～ 6 次，换侧练习，共重复 8 ～ 10 次。当你感觉肌肉力量增强后，每周增加 2 次重复次数，直至每侧重复 16 ～ 20 次。

要点

- 弓步时保持脊柱挺直。将药球移至体前时，可在髋关节向前形成铰链，避免脊柱弯曲。
- 双脚向下发力，腿后部肌肉发力向前拉动身体，恢复站姿。

a

b

侧弓步提拉

目的

旋转是髋关节的主要运动形式之一，即双脚不动时骨盆与股骨相对旋转。弓步旋转有助于强化控制髋关节运动的肌肉、骨骼以及关节囊。该练习有助于加强核心肌群与髋部肌肉力量，同时可以提高髋关节的灵活性，是增强核心力量的有效练习方法。由于该练习的肌肉发力方式与日常活动不同，可能会导致练习过程中肌肉具有酸痛感。

步骤

1. 站姿，双脚分开与髋同宽，双手持药球于腰前（图 a），左脚着地。右脚向右后方迈一步，身体向右转，脚尖指向 3 点钟或 4 点钟方向。
2. 右脚着地保持不动，脊柱挺直，双臂伸直将药球举过头顶（图 b）。保持几秒，将药球移回至腰部。
3. 左脚着地，右脚蹬地，大腿内侧肌肉收缩发力，恢复站姿，回到起始姿势。
4. 重复 4 ～ 6 次，换左侧，每周增加 2 次重复次数，直至重复 16 ～ 20 次。

a

b

要点

- 右腿向右后方迈步时左大腿发力，左脚着地，有助于稳定和保护左膝。由左髋关节带动身体运动。
- 向后迈步且后脚着地(图示中右脚)时，脊柱挺直，有助于不受限制地将药球举过头顶。

利用沙袋进行核心力量训练

使用较小的、可手持的沙袋进行核心力量训练的一个重要益处在于，保持站姿并控制重物移动的动作需要对抗物体本身的重力，这些动作需要身体的许多肌肉共同发力。和药球一样，可以借助沙袋来进行推拉、旋转、铰链、蹲或弓步练习。而与药球不同的是，沙袋的表面较软，便于手握，从而可以在进行核心力量练习的同时提高握力。

练习	组数	次数
单腿臀桥	2	每侧重复6～8次
V形坐姿推举	2	重复6～8次
后弓步旋转（前腿）	2	每侧重复5～6次
单腿罗马尼亚硬拉	2	每侧重复5～6次
单臂俯身划船	2	每侧重复6～8次
侧弓步前推	2	每侧重复5～6次
侧弓步触地过顶推举	2	每侧重复5～6次
不间断地完成所有动作，在所有练习之后休息90～120秒		

单腿臀桥

目的

这个练习能够加强负责伸直该侧髋部的肌肉力量，并提高单腿站立力量（如弓步、单腿罗马尼亚硬拉、单腿深蹲等）。一侧髋部屈曲、另一侧伸展的循环动作可以有效地提高伸展练习时的关节活动度。

步骤

1. 仰卧，左腿伸直，右腿弯曲，双脚脚跟着地，右脚趾上勾朝向胫部。
2. 沙袋放于右髋上方，左腿着地。上背部与地面平齐，右脚脚跟蹬地，右髋向上抬起，左膝移向胸前（下图）。
3. 在最高点保持几秒，右髋向下，恢复起始姿势。
4. 右髋重复 6 ～ 8 次，换腿，共重复 12 ～ 16 次。力量增强后，每周增加 2 次重复次数，直至每侧重复 16 ～ 20 次。

要点

- 脚跟向下发力，将髋部尽量抬离地面，以激活更多臀部肌群。
- 着地的脚跟与髋部相距约 46 厘米。距离太远会动用更多的背部肌肉，太近可能会造成腿部抽筋。
- 右髋部抬高时，用右手将沙袋放于髋部。
- 脚趾上勾朝向胫骨方向，有助于改善小腿前侧肌肉力量，同时拉伸小腿后侧肌肉。

V形坐姿推举

目的

该练习能够协调肩部与髋部的肌肉动作，加强稳定脊柱的肌肉力量，改善身体姿势。

步骤

1. 坐姿，双脚放于髋部前面，屈膝。脊柱挺直，双手持沙袋放于胸前。
2. 收缩腹部肌肉，双脚抬离地面，尾骨着地保持平衡，双臂缓慢前伸，使沙袋远离身体（下图），保持 2 ～ 3 秒，用 2 ～ 3 秒将沙袋拉回至胸前。
3. 重复 6 ～ 8 次。力量增强后，每周增加 2 次重复次数，直至重复 16 ～ 20 次。

要点

- 刚开始练习时，可将双脚靠近身体。要想增加难度，可将双腿伸直并远离身体。
- 伸直手臂有助于增加肌肉负荷。如果无法将沙袋推远，可将沙袋靠近身体。

建议：伸直双腿推有助于增长力臂，从而增加肌肉负荷，进而增加肌肉力量。

沙袋

后弓步旋转（前腿）

目的

走路或跑步时，肩部与髋部会相向旋转。此站立练习用相同的方式提高核心力量。躯干的旋转有助于提高内外斜肌力量，而仰卧卷腹只能锻炼身体前侧的外斜肌，这会导致肌肉失衡。

步骤

1. 站姿，两脚分开与髋同宽，两手持沙袋于胸前（图 a）。
2. 脊柱挺直，肘部紧贴身体两侧，右脚后退一步，左髋部下沉。
3. 身体降至最低点，避免右膝着地，脊柱挺直，向左转身至面朝左腿外侧（图 b），左脚着地，右腿向前摆动，恢复起始姿势。
4. 左髋重复 5 ～ 6 次，换腿，共重复 10 ～ 12 次。力量增强后，每周增加 2 次重复次数，直至每侧重复 16～20 次。

a

b

要点

- 向后迈步时，前脚保持不动。向前迈步时，前脚向下发力，将后腿向前拉。
- 旋转时，脊柱挺直。

建议： 旋转前，双臂在体前伸直有助于增加阻力，沙袋离身体越远，肌肉负荷就越大。

单腿罗马尼亚硬拉

目的

单腿练习可以提高平衡性与协调性，并将所有力量集中于支撑腿。单腿练习能够同时锻炼许多核心肌肉，从而在练习动作过程中保持姿势的控制与平衡性。

步骤

1. 直立，脊柱挺直，右脚向下发力，屈左膝，左脚尖着地。左手持沙袋于大腿前（图 a）。
2. 左脚抬离地面，髋部向后推。
3. 脊柱挺直，左腿伸直，左脚指向身后。
4. 髋部带动左腿向后伸展，将沙袋从体前垂直降至地面上（图 b）。右侧骨盆底部拉向右大腿后侧，左腿向下摆动，恢复站立。
5. 右腿站立重复 5 ～ 6 次，换腿，共重复 10 ～ 12 次。力量增强后，每周增加 2 次重复次数，直至每侧重复 16 ～ 20 次。

a

b

要点

- 屈髋俯身形成髋关节铰链时，左腿与左脚尖伸直，有助于控制右侧铰链。
- 整个练习过程中脊柱挺直。

单臂俯身划船

目的

以髋关节铰链姿势进行单臂俯身划船练习，由于另一侧手臂无法支撑身体，可以募集更多的深层稳定肌群以控制脊柱。此练习有助于整合并增强连接髋部与上背部的肌肉。

步骤

1. 直立，双脚分开，介于髋到肩之间，左手持沙袋，脊柱挺直，屈髋俯身形成髋关节铰链（图 a）。
2. 身体前倾，停下。双脚向下发力以维持稳定，右臂放于身体右侧，尽量不要用右臂支撑身体。
3. 左肘贴近身体左侧，将沙袋拉向腰部（图 b），然后缓慢降至起始位置。
4. 左臂重复 6 ～ 8 次，换右臂，共重复 12 ～ 16 次。力量增强后，每周增加 2 次重复次数，直至每侧重复 16 ～ 20 次。

要点

- 用手握住沙袋，肘部带动手臂将沙袋拉回，有助于锻炼更多的背部肌肉。
- 身体前倾，避免借助手臂（图示中右臂）来保持平衡，有助于激活更多的深层肌肉来维持脊柱平衡。

a

b

侧弓步前推

目的

侧弓步变式可以加强髋部肌肉力量，从而加强对身体的控制与稳定性。加入前推可以激活更多后链肌肉，如脊柱与髋伸肌。

步骤

1. 直立，双脚分开与髋同宽，双手持沙袋于胸前，肘部紧贴身体。
2. 脊柱挺直，左脚向左迈一步，右脚着地，右大腿发力，膝关节保持稳定。
3. 左脚着地，将沙袋从胸前推出，在左髋形成铰链（下图）。
4. 在弓步最低点保持几秒，将沙袋向后拉回至胸前，右脚着地，左脚蹬地，恢复站立。
5. 左腿重复 5 ～ 6 次，换右腿，共重复 10 ～ 12 次。力量增强后，每周增加 2 次重复次数，直至每侧重复 16 ～ 20 次。

要点

- 向一侧（图示中左侧）迈步时，右脚用力着地，左脚着地时确保两脚平行。
- 若要成弓步姿势，正确的动作是将尾骨向后移动。
- 如果无法将沙袋向前推，可将其靠近胸部。当力量增强时，可以逐渐增加沙袋前推距离。

侧弓步触地过顶推举

目的

侧弓步可以使髋部在3个平面上运动，从而有助于提高髋关节灵活性，并增强控制关节活动的肌肉力量。触地与过顶推举可以锻炼后链伸肌，从而改善身体姿势，并增加髋部与肩部协调性。

步骤

1. 站姿，双脚分开与髋同宽，两手持沙袋于腰前，左脚指向12点钟方向。
2. 右脚后退一步，右脚指向3点钟或4点钟方向。
3. 右脚着地时，重心移至右髋部，保持左脚指向12点钟方向，将沙袋移至右脚上方（图a）。
4. 左脚下压，右脚蹬地，左大腿内侧发力，恢复站立姿势，双臂伸直将沙袋举至头顶（图b），放下沙袋。
5. 包括过顶推举动作，右腿重复5～6次，换左腿，共重复10～12次。力量增强后，每周增加2次重复次数，直至每侧重复16～20次。

要点

- 如果无法用沙袋触及地面，将沙袋降至膝关节高度。
- 双肘指向身体前面，将沙袋举至头顶。

a

b

用双臂阻力带进行核心力量训练

健身房的绳索健身器械往往供不应求，但通常使用效率不高。双臂阻力带不仅具有绳索健身器械的大部分功能，而且只需要找到一个固定点就能进行练习，不受空间地点限制。利用双臂阻力带或绳索健身器械，以站立姿势进行推拉或旋转动作，能够锻炼负责身体稳定性与灵活性的大部分肌肉，是增强核心力量、让人享受业余活动的有效训练。

练习	组数	次数
站姿卷腹（背对固定点）	2	重复8~10次
阻力带下砍	2	每侧重复5~6次
弓步单臂拉	2	每侧重复5~6次
分腿蹲躯干旋转	2	每侧重复5~6次
双手前推	2	每侧重复6~8次
深蹲划船	2	重复6~8次
单臂前推	2	每侧重复6~8次
不间断地完成所有动作，在所有练习之后休息90~120秒		

站姿卷腹（背对固定点）

目的

在行走中，腹部肌肉帮助你控制肋骨笼、脊柱和骨盆的稳定性。该练习加强你的腹直肌，增强腹直肌的功能。

步骤

1. 阻力带末端略高于头部固定，但不要超过头顶 30 厘米。
2. 两脚分开与髋同宽，背朝固定点站立，骨盆保持水平，膝关节微屈，有助于对抗阻力。
3. 两手握住阻力带两端，置于头上，双肘屈曲（下图）。
4. 肚脐向脊柱方向发力，肋骨笼移向骨盆顶部。肋骨下压以对抗阻力，然后缓慢恢复起始姿势。
5. 重复 8 ~ 10 次。力量增强后，每周增加 2 次重复次数，直至重复 18 ~ 20 次。为增加强度，远离固定点。

要点

- 腹肌连接肋骨笼前部与骨盆底部，练习中尽量拉近肋骨笼与骨盆，避免脊柱弯曲。
- 能够重复 18 ~ 20 次后，增加一些变化（如将右脚向左前方迈出约 46 厘米，重复 8 ~ 10 次练习，然后换左脚在前，重复 8 ~ 10 次练习）。

阻力带下砍

目的

躯干的旋转和髋部的横向移动，分别利用负责的肌肉来控制脊柱和髋部的稳定性和旋转灵活性。

步骤

1. 固定阻力带中点，固定点略比肩高，但不要超过 46 厘米。远离固定点，直至双手握住手柄时张力最小。
2. 站姿，身体右侧面对固定点，双脚比肩宽。右手握住两个手柄，左手握住右手，双手置于右肩前，重心放在右腿上（图a）。右脚下压，双臂拉至体前，重心转移到左腿。
3. 脊柱挺直，两臂位于体前，旋转躯干（图b），双手降低至髋部高度。
4. 移动到动作的最低点后，重心移至左髋部，双手放于左腿前。
5. 左脚下压，缓慢将双手放回起始位置。
6. 由右至左重复 5 ～ 6 次，换方向（换方向时，左手握住手柄，右手在上）。重复相同次数，共重复 10 ～ 12 次。力量增强后，每周增加 2 次重复次数，直至每侧重复 16 ～ 20 次。

a

b

要点

- 如果难以握住两个手柄，先握住一个手柄并远离固定点。
- 保持双脚平行。将重心从右髋移至左髋时由躯干带动身体旋转。双脚向下发力有助于保持稳定性，也便于髋关节旋转。

弓步单臂拉

目的

单腿平衡的拉动作练习要用到稳定脊柱与平衡髋关节的大部分肌肉。进行拉的动作时，用对侧腿保持平衡可以优化核心肌肉在步行或跑步中的工作方式。这是最有效的核心练习之一。

步骤

1. 站姿，阻力带固定点略比头高，面对固定点，右脚向前，左腿向后，双脚着地。左手握住一个手柄，如果阻力不大可同时握住两个手柄，掌心朝向身体中线。
2. 远离固定点，保持阻力带的张力。降低身体成弓步，左膝接近地面，左臂伸直于体前（图 a）。
3. 在弓步的最低点时，右脚下压，左肘紧贴身体向后拉阻力带，左脚离地向前摆动，右腿保持平衡（图 b）。
4. 右腿站立保持平衡，左手将阻力带拉至胸部后方并保持 1 秒，缓慢伸直左臂，左腿在后，恢复弓步姿势。
5. 左手右腿重复 5 ～ 6 次，换对侧，共重复 10 ～ 12 次。力量增强后，每周增加 2 次重复次数，直至每侧重复 16 ～ 20 次。

a

b

要点

- 阻力带张力越大，越容易控制身体的稳定性。所以，动作开始时就保持阻力带轻微伸展。
- 如果想增加阻力，用一只手握住两个手柄。
- 肘部带动手臂拉回阻力带，肘部是上背部肌肉的附着点，这有助于增加练习的流畅性。
- 弓步时避免膝关节着地。

分腿蹲躯干旋转

目的

该练习能够提高在髋关节保持中立、静态时躯干肌肉的旋转力量，同时提高上、下肢协调性。

步骤

1. 站姿，阻力带固定点与肩同高，身体右侧面对固定点，左腿在前，右腿在后，呈弓箭步。远离阻力带，以保持阻力带张力。
2. 左手先握住手柄，右手握于左手上。双臂向体前伸直，降低身体重心，将重心放于左髋（图 a）。在弓步最低位置将阻力带拉至左腿外侧（图 b），保持 1 ～ 2 秒。使阻力带回到起始状态，恢复站立姿势。
3. 左腿在前重复 5 ～ 6 次，换右腿在前，向右旋转，共重复 10 ～ 12 次。力量增强后，每周增加 2 次重复次数，直至每侧重复 16 ～ 20 次。

要点

- 尽量远离固定点，以确保阻力带的张力。前腿向下发力以增加稳定性，练习过程中脊柱挺直。
- 如果想增加阻力，可以远离固定点，用双手握住两个手柄。

a　b

双手前推

目的

该练习是平板支撑的进阶，采用面朝前的姿势，可以加强髋部与肩部力量及协调性，同时增强稳定脊柱的肌肉力量。这些肌肉力量增强后，可以使腹部变得平坦。

步骤

1. 站姿，两脚分开与髋同宽，阻力带固定点略低于肩，身体左侧面对固定点，骨盆保持水平，膝关节微屈，用髋部与脚稳定身体，双脚向下发力，以激活更多核心肌群。
2. 远离固定点，以确保阻力带的张力。双手交叠握住手柄，肘部向内贴近肋骨笼，脊柱挺直，手臂前伸（下图），保持 2 ～ 3 秒，缓慢将肘部向后拉。
3. 身体左侧朝向固定点重复 6 ～ 8 次，换身体右侧朝向固定点，共重复 12 ～ 16 次。力量增强后，每周增加 2 次重复次数，直至每侧重复 16 ～ 20 次。

要点

- 双脚向下发力，大腿与臀部收缩发力，有助于保持最佳稳定性。
- 若要增加阻力，可以远离固定点。

深蹲划船

目的

站姿拉动作可以整合上背部的大肌肉群，并整合负责伸髋与伸腿的大肌肉群。动用的肌肉量越多，那么增强肌肉力量的同时消耗的能量也越多。

步骤

1. 阻力带固定点与胸同高，人面向并远离固定点，以确保阻力带的张力。双手各握一个手柄，拇指指向天花板，掌心相对。双脚分开与髋同宽，脊柱挺直。
2. 挺胸，双臂伸直放于体前，髋部向后推，降低身体成蹲姿。
3. 在深蹲的最低点，伸直双臂，脊柱挺直（图 a），双脚向下蹬伸，恢复站立姿势。
4. 拉回手柄直至双手贴于胸前，小臂与地面平行，肘部靠近身体两侧（图 b），保持几秒，缓慢伸展双臂下蹲。
5. 重复 6 ～ 8 次。力量增强后，每周增加 2 次重复次数，直至重复 18 ～ 20 次。

要点

- 远离固定点以增加阻力带张力，从而达到练习所需的最佳阻力。
- 双脚向下发力以提高身体稳定性。
- 深蹲时手臂向前伸直，恢复站姿时将手臂收回至体前。

单臂前推

目的

单侧的前推动作有助于募集更多的肌肉，以产生并维持髋关节与脊柱的稳定性。但硬质训练椅上的推胸限制了肩胛骨的移动。与之相对，站姿推胸使肩胛骨可以更自由地移动。

步骤

1. 阻力带固定点与胸同高，人背向并远离固定点，以确保阻力带的张力。每手各握一个手柄，拇指指向天花板，掌心相对，脊柱挺直。
2. 左手握住一个手柄，如果阻力较小可以同时握住两个手柄。双脚分开与肩同宽，右脚稍微向前，右脚脚跟与左脚脚尖平齐。
3. 骨盆保持水平，脊柱挺直，膝关节微屈（图 a）。双脚向下发力，左臂向前推至最远点（图 b），保持 1 秒，缓慢将手臂放回起始位置。
4. 左臂重复 6 ～ 8 次，换右臂，共重复 12 ～ 16 次。力量增强后，每周增加 2 次重复次数，直至每侧重复 18 ～ 20 次。

要点

- 脊柱挺直，手臂向前推时挺胸。
- 如果想要增加阻力，可以远离固定点或握住阻力带的两个手柄，以增加阻力。

利用哑铃进行核心力量训练

哑铃是提高力量的有效训练工具，因为它们体积小，可以存放到角落里，方便家庭使用，而且几乎在任何健身中心都可以买到。用哑铃进行核心力量训练时，身体的稳定肌群需要发力来协调身体两侧的平衡，尤其是惯用手比非惯用手用得多的情况，大脑可以协调两侧肢体的肌肉共同作用，从而有助于提高整体协调性与力量。如何选择重量合适的哑铃：重复 4 ～ 5 次练习，如果每次练习都比前一次的难度大，这个哑铃的重量就是合适的。对于力量训练，如果能够重复 10 次练习而不是那么费力，就可以增加重量，以给肌肉施加合适的负荷。

练习	组数	次数
上拉接卷腹	2	重复6～8次
臀冲	2	重复6～8次
罗马尼亚硬拉接肱二头肌弯举	2	重复6～8次
侧弓步触地过顶推举	2	每侧重复5～6次
双臂交替俯身划船	2	每侧重复5～6次
旋转上勾拳	2	每侧重复5～6次
深蹲过顶推举	2	重复6～8次
单腿拔剑式	2	每侧手臂重复6～8次
不间断地完成所有动作，在所有练习之后休息90～120秒		

上拉接卷腹

目的

该练习能够增强上背部的大肌群、身体前侧的腹部肌肉的力量，并提高这两个肌群的协调性。

步骤

1. 仰卧，两脚放于地面上，膝关节朝上，两臂伸直垂直于地面，双手各握一个哑铃，掌心相对。
2. 双脚紧贴地面，肘部伸直，缓慢下移哑铃至头顶后方地面，保持 1 ～ 2 秒，然后将双臂拉回至起始姿势。肋骨笼向髋部移动，腹部发力，背部离地，尽量将肚脐拉向脊柱（下图）。背部缓慢降至地面，继续下一次练习。
3. 重复 6 ～ 8 次。力量增强后，每周增加 2 次重复次数，直至重复 18 ～ 20 次。

要点

- 卷腹时，将下颌紧贴颈部，避免下颌向肋骨笼移动。
- 在整个练习过程中保持肘部伸直，以确保背肌发力，避免借助上臂力量。

臀 冲

目的

该练习能够增强臀部肌群力量且不会对背部和膝关节产生压力。

步骤

1. 仰卧，两脚着地，膝关节向上，两脚尖上勾朝向胫部，脚跟着地。
2. 双手持哑铃分别放于髋部两侧（图 a）。脚跟下压，髋部推向天花板（图 b），在最高点保持 2 ～ 4 秒。
3. 哑铃放于髋部，缓慢向地面降低尾骨。
4. 重复 6 ～ 8 次。力量增强后，每周增加 2 次重复次数，直至重复 18 ～ 20 次。

a

b

要点

- 脚跟距离尾骨约 46 厘米。太近可能会导致腿部抽筋，太远会增加背部压力。
- 用 2 ～ 3 秒将髋部抬至最高点并保持 2 ～ 4 秒，用 3 ～ 4 秒恢复原位，这有助于增加肌肉张力。张力越大，练习强度越大。

罗马尼亚硬拉接肱二头肌弯举

目的

该练习能够加强臀部伸肌、脊柱竖脊肌、腿部腘绳肌以及内收肌力量，加入肱二头肌弯举动作可以提高该练习的做功量。

步骤

1. 站姿，双脚分开与髋同宽，膝关节微屈。双手各握一个哑铃放于大腿前侧，掌心朝大腿内侧。
2. 练习开始时，髋部向后移动形成髋关节铰链，并且在整个练习中保持脊柱挺直（图 a）。降低身体至最低点，双脚向下发力，髋部向前移动，恢复站立姿势。
3. 恢复到站立姿势的同时，屈肘，旋转手掌，掌心向上，进行肱二头肌弯举（图 b）。
4. 重复 6 ～ 8 次。力量增强后，每周增加 2 次重复次数，直至连续重复 18 ～ 20 次。

要点

- 罗马尼亚硬拉过程中，脊柱挺直，尾骨向后带动身体移动，而不是脊柱先移动。
- 屈髋俯身形成铰链时，专注于呼气，恢复站立时吸气。

a

b

侧弓步触地过顶推举

目的

侧弓步触地用到侧臀、股四头肌以及臀部肌群，触地到过顶推举用到上背部、肩部以及手臂肌肉力量。由于练习中用到多个部位，该练习可以增强重心周围的多个肌群，同时增加热量消耗。

步骤

1. 站姿，双脚分开与髋同宽，两手各握一个哑铃，右脚向右迈一步，两脚平行，屈髋俯身形成髋关节铰链，右髋向后移动，双手移向右脚（图 a）。
2. 恢复站姿，双臂向上拉至腰部，右脚向下发力，左脚蹬地，左大腿内侧肌肉发力，恢复站姿。
3. 恢复站立姿势的同时，屈肘将哑铃拉至肩前，两臂伸直将哑铃推举过头顶（图 b）。将哑铃放下，继续进行下一个侧弓步。
4. 右腿重复 5 ～ 6 次，换左腿，共重复 10 ～ 12 次。力量增强后，每周增加 2 次重复次数，直至每侧重复 16 ～ 20 次。

要点

- 向一侧迈步时，保持两脚平行，髋部向后移动，俯身形成髋关节铰链，有助于将哑铃放低至地面。
- 左右腿交替进行练习，可以增加训练强度。
- 如果难以将哑铃举过头顶，可只进行侧弓步练习，力量增强后再进行完整练习。

a b

双臂交替俯身划船

目的

俯身划船的动作用来稳定脊柱的深层肌肉，双臂交替划船给稳定脊柱的肌肉带来一定挑战。

步骤

1. 站姿，两脚分开与髋同宽，膝关节微屈。双手各握一个哑铃，双臂垂于身体两侧，掌心朝向身体。
2. 尾骨向后推，脊柱挺直，形成髋关节铰链。身体尽量降低，避免脊柱弯曲。
3. 在最低时，双臂向下伸展，直至肘关节伸直（图 a）。挺胸，脊柱挺直，掌心相对，左手不动，右手经体前拉回起始位置（图 b），向左旋转，并将左肘向后拉，两臂交替。
4. 每侧重复 5 ～ 6 次，共重复 10 ～ 12 次。力量增强后，每周增加 2 次重复次数，直至两侧手臂一共重复 18 ～ 20 次（每只手臂 9 ～ 10 次）。

a

b

要点

- 双脚向下发力，髋部与大腿肌肉收缩发力，有助于增加脊柱的稳定性。
- 在练习中，脊柱应完全挺直，每次拉回手臂时旋转肩部与躯干，即右臂向后拉时，右肩向后并将胸部向右转。
- 肘部带动手臂拉起哑铃，有助于练习更多的上背部肌肉。

旋转上勾拳

目的

该旋转动作有助于加强髋关节周围肌肉力量，上勾拳动作中的手臂的提拉动作可以加强上臂与肩部肌肉的力量。此练习能够提高肩部与髋部的整体力量及协调性。

步骤

1. 站姿，两脚分开与肩同宽，两手各拿一个哑铃，掌心朝上，两肘夹紧，重心放于髋部（图 a）。
2. 左脚着地向右转，右脚向下发力并绕右髋部旋转。抬起左臂，屈左肘做上勾拳，左肘与肩部同高（图 b）。
3. 降低左臂，旋转身体回至原位，右脚下压绕左髋旋转，右手做上勾拳。
4. 两侧交替进行，每侧重复 5 ～ 6 次，共重复 10 ～ 12 次。力量增强后，每周增加 2 次重复次数，直至一共重复 18 ～ 20 次。

要点

- 旋转动作由髋关节产生，手臂提拉的动作由肩关节产生。
- 练习中屈肘 90 度。

a

b

深蹲过顶推举

目的

该练习可提高臀部肌肉控制身体重心的能力，提高深层核心肌群稳定脊柱的能力，增强肩部与手臂肌肉力量以更好地完成推举动作，能更有效地提高大量肌群力量并增加能量消耗。

步骤

1. 站姿，两脚分开至介于髋到肩之间的位置，两手各握住一个哑铃于肩前，肘部紧贴身体两侧。
2. 髋部向后移动，脊柱挺直，哑铃固定于肩前，降低身体呈下蹲姿势（图 a）。
3. 到达最低点后，双脚向下蹬伸，恢复站姿。伸直双臂将哑铃举过头顶，掌心相对（图 b）。
4. 缓慢将哑铃移至肩前，进行下一次重复练习。
5. 重复 6～8 次。力量增强后，每周增加 2 次重复次数，直至一共重复 18～20 次。

要点

- 恢复站立时，双脚向下蹬伸发力，有助于增加腿部力量。
- 双臂举过头顶时，掌心向内，有助于实现肩部的最佳动作。

a

b

单腿拔剑式

目的

该练习能够增强肩部、上背部的肌肉力量并增加肩关节的活动度，改善身体姿势，缓解久坐或长时间驾驶导致的肩部与上背部肌肉无力。

步骤

1. 左腿单腿站立保持平衡，右膝弯曲，保持骨盆处于水平位置。右手持哑铃于左髋前，左手叉腰，右手掌心朝向身体（图 a）。
2. 脊柱挺直，举起右臂经体前向右伸展，将哑铃举至与肩同高（图 b）。
3. 将哑铃移至左髋前。
4. 右臂重复 5 ～ 6 次，换左臂，右腿单腿站立，共重复 10 ～ 12 次。每周增加 2 次重复次数，直至一共重复 18 ～ 20 次。

a

b

要点

- 右手经体前向右伸展，可以想象成从左髋向右侧拔剑。
- 如果难以单腿站立，可将离地腿的脚尖轻轻点地，有助于保持身体平衡。

利用壶铃进行核心力量训练

握住壶铃的手柄将壶铃提起，能够增强前臂肌肉力量与握力，从而提高这些肌肉对重量的控制能力。练习时，可以只用一个壶铃，也可以两手各握一个。单手握壶铃可以施加不对称、不平衡的负荷，这能够锻炼身体的肌肉，从而提高平衡与控制能力。虽然壶铃看起来像一个有把手的炮弹，但不要认为壶铃练习很难，正确使用壶铃可以提高练习效率，从而增强核心力量。

练习	组数	次数
上拉接卷腹	2	重复6~8次
持壶铃后弓步	2	每侧重复5~6次
风车	2	每侧重复4~6次
高脚杯蹲	2	重复6~8次
单臂过顶推举	2	每侧手臂重复5~6次
俯身单臂划船	2	每侧手臂重复6~8次
后弓步单臂过顶举	2	每侧腿重复5~6次
不间断地完成所有动作，在所有练习之后休息90~120秒		

上拉接卷腹

目的

负责核心运动的肌群主要由Ⅱ型肌纤维组成，该练习能够在减少训练量的情况下提高核心力量，还能改善身体前侧腹肌与上背部背阔肌的协调性和对侧性。

步骤

1. 仰卧，双脚平放于地面上，双膝微屈，膝关节朝上。
2. 两手握住壶铃手柄两侧。
3. 背部着地，双臂伸直，降低壶铃至头顶后方地面。将壶铃从头顶拉至胸前正中心。
4. 双臂经过胸前，腹部向脊柱方向发力，肋骨笼向骨盆方向移动，背部抬离地面，卷腹（下图）。
5. 背部着地，将壶铃降至头顶后方地面。
6. 重复6～8次。力量增强后，每周增加2次重复次数，直至一共重复18～20次。

要点

- 双脚平放于地面上并向下发力，以帮助增加稳定性。卷腹前，保持背部着地，脊柱放松。
- 舌头抵住腭，下巴紧贴颈部，有助于缓解颈部张力。

持壶铃后弓步

目的

站姿提壶铃是增强核心肌群力量的有效方法。弓步平衡基于基本的动作模式，可以在家进行，避免了长途步行的不便。手持壶铃用对侧腿平衡可以募集更多的核心肌群，有助于控制身体重心。

步骤

1. 站姿，两脚分开与髋同宽，左手握住壶铃手柄放于身体左侧。
2. 保持脊柱挺直，左脚后退一步，左膝着地，右髋向后移动，形成髋关节铰链，降低身体重心（图 a）。
3. 脊柱挺直，弓步下降至一个舒适高度，右脚下压，左腿向前摆动，两腿并拢。左脚抬离地面（图 b），保持 2 ～ 3 秒。如果要增加难度，可将左腿向前直接抬离地面。
4. 右腿重复 5 ～ 6 次，换左腿，共重复 10 ～ 12 次。力量增强后，每周增加 2 次重复次数，直至一共重复 18 ～ 20 次。

a

b

要点

- 整个练习过程中脊柱挺直，以减轻脊柱拉力。
- 后脚收回时，将前脚下压，有助于募集更多肌群参与稳定膝关节、伸展髋关节与控制旋转。
- 如果要增加难度，可将壶铃架起，即握住壶铃的手指紧靠锁骨，肘部贴紧肋骨笼。

风 车

目的

肩部与髋部同时发力为行走或跑步提供能量。此练习是加强肩部与髋部肌肉力量最有效的方法之一，这些肌肉有助于提高肩部与髋部的整体协调性。

步骤

1. 站姿，双脚分开略比髋宽，右脚指向 12 点钟方向，左脚指向 10 点钟方向。
2. 右手握住壶铃手柄，右手腕弯曲，右手指靠在右锁骨，右肘紧贴体侧，壶铃放于前臂上。
3. 右臂伸直，将壶铃向头顶上方推举。左臂放于体侧，脊柱挺直，重心移至右髋，转身看向右手（图 a）。
4. 左臂沿左腿内侧下降。保持脊柱挺直，左臂降至最低点（图 b）。右脚向下发力，髋部向前推，背部挺直，恢复站立。
5. 右臂重复 4 ～ 6 次，换左臂，交替双脚，共重复 8 ～ 12 次。力量增强后，每周增加 1 次重复次数，直至每侧重复 8 ～ 10 次。

a

b

要点

- 该练习比较有难度，要循序渐进。
- 整个练习过程中，保持脊柱挺直。身体降低时，避免脊柱弯曲。定期练习有助于增加髋关节的灵活性。
- 该动作是由髋关节移动产生的，而不是脊柱。即右臂举起壶铃时，重心放至右髋部；左臂举起壶铃时，重心放至左髋部。若感到脊柱受力，将壶铃靠近腿部进行练习。
- 屈髋俯身形成髋关节铰链时，将壶铃推向天花板，以便于增加肌肉张力，从而提高整体稳定性。

高脚杯蹲

目的

深蹲能够有效地加强控制重心的肌肉力量。高脚杯变式通过将重物置于体前，避免了将杠铃置于肩部给上背部与颈部带去的不适感。训练中会用到更多的肌肉，有助于增加能量消耗。

步骤

1. 站姿，两脚分开至介于肩到髋之间的位置。用双手握住壶铃于两臂间，壶铃的底部朝上。
2. 两手放于胸前，肘部紧靠胸部。
3. 保持脊柱挺直，髋部向后移动，降低至下蹲姿势，降至最低点（下图），双脚下压，恢复站立姿势。
4. 重复 6 ～ 8 次。力量增强后，每周增加 2 次重复次数，直至可不间断地重复 18 ～ 20 次。

要点

- 下蹲时，第一个动作是髋关节向后移动。
- 保持脊柱挺直，以提高核心稳定性并增加髋关节活动度。
- 用 3 ～ 5 秒下降至最低点，用 1 ～ 2 秒恢复站立姿势。

单臂过顶推举

目的

单臂过顶推举能够用到臀部、手臂、肩部、前臂与抓握肌群，只需要进行一次练习就可以真实地测试出你的力量水平。每次练习只用一只手臂，用到的肌肉可以更大限度地发力。

步骤

1. 站姿，双脚分开与髋同宽，右脚比左脚稍向前。右手持壶铃并使其倾斜。右手腕弯曲，右手指关节靠在右锁骨上，右肘紧贴肋骨笼右侧，壶铃放于右上臂（图 a）。
2. 左脚向下发力，重心向前移动至右髋，右臂伸直举过头顶，掌心朝向身体中线（图 b），右肘下拉恢复原位。
3. 右臂重复 5 ～ 6 次，换左臂，左脚在前。力量增强后，每周增加 2 次重复次数，直至每只手臂重复 16 次。

要点

- 虽然该练习主要锻炼肩关节，但髋和脚也发挥了重要的作用。动作开始时双脚下压，双臂上举，在最高点保持住以完成整个动作。
- 脊柱挺直，以增加肩关节的活动度。

建议：如果一组可以轻松重复 16 次以上，可以换较重的壶铃进行练习。

俯身单臂划船

目的

俯身单臂划船结合髋关节铰链与平板支撑，练习上背部的大块肌肉，提高髋关节肌肉力量，增强脊柱稳定性。

步骤

1. 站姿，双脚分开与肩同宽。右手持壶铃于身体右侧，掌心朝内。
2. 保持脊柱挺直，双膝微屈，尾骨向后移动俯身形成髋关节铰链。降低壶铃至地面上方，肘部完全伸展（图 a）。挺胸，右肘靠近身体右侧，将壶铃拉至肚脐（图 b），保持几秒，缓慢降低壶铃至地面上方。
3. 左臂垂于身体左侧，能最大限度地增强核心力量。如果难以保持平衡，将左臂撑于左侧大腿上。右臂重复 6 ～ 8 次，换左臂。力量增强后，每周增加 2 次重复次数，直至每只手臂重复 18～20 次。

要点

- 用手紧握壶铃。肘部带动手臂将壶铃上拉。这有助于锻炼上背部的大块肌肉。
- 双脚着地并向下发力，有助于增加稳定性。
- 如果难以保持稳定，右臂上拉时，左脚稍微向前迈一步，使左脚脚跟与右脚脚尖齐平。

a

b

后弓步单臂过顶举

目的

单臂壶铃过顶举（手持壶铃并将手臂伸直于头顶，行走）是提高核心力量的有效的训练方法，尤其有助于加强保持脊柱直立、肩部稳定以及髋部横向稳定的肌肉。弓步有助于在无须行走的情况下模仿过顶搬运动作，更有利于在有限空间内训练。

步骤

1. 站姿，两脚分开与髋同宽。右手持壶铃，右臂伸直上举至头顶，掌心朝向身体中线（图 a）。
2. 右脚向后迈一步，降低重心呈左弓步（图 b）。
3. 挺胸，脊柱挺直，尽量降低身体。在最低点处，左脚向下蹬伸，右腿发力，恢复站立姿势。
4. 重复 5 ～ 6 次，换左臂上举，左腿在后。每周增加 1 ～ 2 次重复次数，直至每侧重复 14 ～ 16 次，换用重量更大的壶铃。

a

b

要点

- 壶铃举至头顶上方或做弓步时，保持脊柱挺直并完全伸展，这有助于提高肩部的稳定性与髋关节的灵活性。
- 从弓步最低点恢复至站立时，将前腿膝关节向后拉，前脚用力下压。这有助于锻炼沿背部、髋部以及腿部的伸肌。

第 5 章

代谢调节训练

许多人认为运动减肥需要进行几个小时的有氧练习，如骑自行车、游泳、散步等，或者需要用到健身房的许多器械，如跑步机、椭圆跑步机、固定自行车和爬楼梯机等。需要承认的是，提起运动，大多数人都会想到慢跑。慢跑有益于身体健康，而且能够有效地燃烧热量，是一种有效的运动方式。但很多人根本不喜欢跑步，而且跑步会给身体带来冲击力。跑得越快，脚着地时受到的冲击力越大，越有可能受伤。如果跑步姿势不正确或以前受过伤，受伤的风险也会增加。许多人曾经为了健康才开始跑步，却因为身体不适或疼痛而中途放弃。通过本章的学习你将了解，跑步不是必需的，如果不喜欢跑步就不必勉强。

摄取食物后，多余的能量将储存为脂肪，这些脂肪与氧气作用，为体力活动提供能量。任何体力活动都可以提高心率，而向工作肌泵入更多含氧血的练习都被认为是心血管练习中的一种。增加耗氧量有助于消耗脂肪。将脂肪转化为能量需要氧气，氧气通过心血管系统即心脏、肺和血管输送。定期参加心血管训练有许多益处，比如提高心率（即身体内血液流动的能力）、增加线粒体密度、降低患心脏病的风险、降低胆固醇、减少体内多余脂肪等，并且有助于改善总体生活质量（Haff & Triplett，2015；Taylor & Johnson，2008）。

为帮助理解这些练习，先介绍一些术语。心血管指心脏将含氧血泵入工作肌，同时将缺氧血泵回心脏的过程。心肺描述在心脏将含氧血泵入工作肌之前，肺部如何将氧气送入血液。

心血管训练通常指一种训练模式，主要目的在于改善心脏与肺部功能，即肺部将氧气送入血液进入体内循环并排出二氧化碳的能力。有氧描述在练习过程中，心脏如何将氧气输送到工作肌。可见，用“有氧训练”来描述这类练习并不合适，更贴切的说法是代谢调节训练，指为燃烧热量或延长发力时间的练习。代谢调节训练有助于提高身体代谢效率，从而提高热量的消耗。

了解你的代谢

通过代谢，身体将摄取的食物转化为能量，用于组织修复、消化或体力活动。代谢调节训练的主要目的在于，提高身体产生和使用三磷酸腺苷（ATP）的效率，ATP是一种促进肌肉收缩的化学物质。脂肪、碳水化合物在骨骼肌中转化成ATP，为肌肉收缩提供能量。脂肪转化为ATP需要氧气；碳水化合物能够以葡萄糖的形式在血液中运输，或作为糖原储存在肌肉和肝脏中，二者可以在有氧或无氧的条件下转化为ATP。

肌肉量影响身体静息代谢率（Resting metabolic rate，RMR），RMR指维持器官与生理系统功能的能量。RMR约占身体每日总能量消耗（Total daily energy expenditure，TDEE）的60%～75%。体力活动的热效应（Thermic effect of physical activity，TEPA）指每天身体在活动中消耗的能量，约占TDEE的15%～30%。训练后，肌肉需要能量来完成修复，这部分能量常被称为运动后过量氧耗（Excess postexercise oxygen consumption，EPOC），这一过程能够使骨骼肌在24小时内保持激活状态。如果不能定期地锻炼肌肉，肌肉量会逐渐减小，这是自然现象，但会引起RMR降低，即降低身体消耗的能量，多余的能量将储存为脂肪。这意味着随着年龄的增长，肌肉消耗的能量越来越少，体重管理会变得越来越困难，甚至连完成动作都有难度。

怎样对抗与年龄相关的肌肉量减少的问题？循环阻抗训练可以增加肌肉量并减少脂肪量，从而提高RMR，有效地解决衰老过程中肌肉量减少的问题（Alcaraz et al.，2010）。研究表明，有规律地参加阻抗训练，可以提高身体产生与消耗能量的能力。

以减肥为目的的运动令人不适和辛苦。去健身房排队等设备来进行你并不一定喜欢的运动一点也不好玩。健身设备上的电视就是为了分散注意力，缓解练习时的枯燥。如果喜欢户外跑步或骑自行车，却很难抽出时间去户外练习，或是希望买件健身设备在家进行有氧练习，却受到经济与空间的限制，又或是只用一种健身设备而感到乏味，甚至是天气不适合进行户外练习等，都可以通过循环训练来进行代谢调节练习。循环训练可以增加瘦体重，提高身体生产和消耗能量的效率，是一种有效的代谢调节方法。学习用一种设备进行循环练习，不仅可以进行代谢调节，还能够节省时间。而且相比传统的练习，循环练习动作较快，更容易被人们接受（Alcaraz et al.，2010）。

运动后过量氧耗

循环训练可以有效地提升运动后过量氧耗，使身体在训练结束后继续燃烧热量。身体通过有氧代谢产生 ATP 的效率最高，而无氧代谢可以更快地提供 ATP，适用于较高强度的训练。由于无法快速补充所需的能量，高强度的练习只能维持较短的时间。关于高强度间歇训练（High-intensity interval training，HIIT）的研究表明，训练强度会影响 EPOC，而训练的持续时间未必会影响 EPOC。在 EPOC 期间，身体借助氧气补充肌肉中的糖原，并重建在练习中受损的肌蛋白。在 HIIT 结束后，身体也将继续通过有氧途径来补充 ATP，从而增强了 EPOC 效应（Borsheim & Bahr，2003）。表 5.1 列出了 ATP 的产生途径。

确定合适的训练强度，使 EPOC 最大化，有助于达到训练目标。而关于 EPOC 对大众的作用还存在争议，因为对许多人而言，很难达到 EPOC 所需的训练强度。如果为了达到训练效果，想要尝试高强度训练，可以在训练中增加重复次数、缩短间歇时间、提高训练速度。由于 HIIT 会给身体施加更大的负荷，因此在高强度训练之间应保证至少 48 小时的恢复时间，而且这种高强度训练每周不要超过 3 次。

循环训练与高强度间歇训练

通常，循环训练是针对特定部位的一系列练习或连续无间歇地完成一系列动作模式的练习。为达到最佳效果，循环训练中会交替进行上、下肢肌肉的练习或交替进行不同的动作模式，比如从俯卧撑到划船再到台阶练习，或者从下蹲到过顶推举再到侧弓步。使用一种器械（如药球）进行循环训练，能在无须进行大量重复性运动（如跑步）的情况下进行代谢调节，从而避免关节或肌肉过度受损。更重要的是只用一种器械进行练习不受时间地点限制，无论是在家里还是在酒店都能进行练习。大多数有氧训练模式只涉及下肢肌肉，而循环训练可以同时训练身体的所有肌肉，这是循环训练常被忽视的一个好处。

表 5.1 **ATP 的产生途径**

练习强度（RPE）	代谢途径	目的
1～5*	有氧呼吸	在有氧条件下将游离脂肪酸（FFA）转化为ATP。身体中确实存在一个“脂肪燃烧区”。脂肪分解是指将脂肪即甘油三酯转化为FFA，FFA在肌肉细胞的线粒体内转化为ATP等。1个FFA分子可产生129个ATP分子。静息或进行低强度训练时，有氧呼吸是主要的供能途径；而在进行中等强度训练时，有氧呼吸产生ATP的效率不高。有氧呼吸能够为长时间的中低强度训练提供ATP。 这种训练强度的间歇时间不必过长
6～8*	有氧酵解	利用氧气将糖原转化为ATP的过程。1个糖原分子可产生38个ATP分子。有氧酵解的副产物是丙酮酸，用于有氧呼吸产生能量，可为中等强度的训练提供1～4分钟的ATP。 为了在间歇时完全恢复，每练习1分钟，需要休息30～180秒。开始练习时，适当延长间歇时间，在健康水平提高后，逐渐减少间歇时间。例如，如果练习1分钟后呼吸急促，可以将间歇时间延长至3分钟以保证身体能恢复，并逐渐将间歇时间从3分钟减少到30秒
7～9*	无氧糖酵解	在无氧条件下，将1个糖原分子转化为3个ATP分子。无氧糖酵解的副产物是乳酸和氢离子，氢离子的蓄积会导致血液酸度升高，从而产生灼烧感。间歇时可以清除氢离子，并补充肌糖原。如果得不到充足的休息，蛋白质可能会代替碳水化合物进行代谢产生能量，用于修复肌肉损伤的蛋白质就会减少。 这种训练强度可在30秒内使呼吸急促。为了得到更好的恢复，每进行30秒训练后休息1～2分钟。开始训练时，适当延长间歇时间，在健康水平提高后，逐渐减少间歇时间。例如，如果练习30秒后呼吸急促，可以将间歇时间延长至2分钟，以保证身体的恢复，并逐渐将间歇时间从2分钟减少到1分钟
9～10*	磷酸肌酸	细胞内储存的三磷酸腺苷和磷酸肌酸（PC）可以在无氧条件下，迅速代谢产生能量，以满足进行高强度训练的需求。 将三磷酸腺苷分解为二磷酸腺苷（ADP）和无机磷酸盐（Pi）可产生约7千卡的能量，代谢的副产物为氢离子。由于肌肉细胞中储存的ATP和PC数量有限，以这种方式产生的能量只能维持20秒。在HIIT过程中，间歇时可以清除ATP分解产生的代谢废物并替换训练过程中使用的ATP。 这种训练强度可在30秒内使呼吸急促。为了得到更好的恢复，每进行30秒训练后休息90～150秒。开始训练时，适当延长间歇时间，在健康水平提高后，逐渐减少间歇时间。例如，如果在训练30秒内呼吸急促，可以将间歇时间延长至150秒以保证身体恢复，并逐渐将间歇时间从150秒减少到90秒

* 练习强度与代谢途径的关系是相对的，有规律地进行渐进式训练，有助于身体通过特定的代谢途径来耐受较高的练习强度。例如，进行高强度训练时，有些人通过无氧糖酵解产生能量，而不是通过ATP-PC途径，从而可以耐受很高强度的训练。

我们拥有的最有限的资源是时间。我们通常并没有足够的时间去完成我们想要做的事。高强度间歇训练可以在短时间内达到训练效果，并有助于养成坚持训练的习惯。

HIIT 能够改善代谢调节系统，这种训练的特点是持续时间短、训练强度大、间歇时间短。如果用 1 ～ 10 来描述训练强度，10 代表身体能够承受的最大强度，HIIT 练习时的强度为 8 ～ 10，间歇时的强度为 4 ～ 6。间歇时间为 10 ～ 60 秒，练习时间越长，疲劳程度越大，恢复时间越长。通常进行 30 秒的高强度练习，接着进行 30 ～ 60 秒的积极性恢复。马丁 • 吉巴拉（Martin Gibala）博士的研究表明，练习的强度比持续的时间更重要（Gibala，2017；Gibala & McGee，2008）。所以，只要训练中包含高强度的练习，就可以适当缩短练习的时间，不必长时间训练。

循环训练的强度可以循序渐进，使 HIIT 变得更有效。一种方法是交替进行不同强度的训练，如低强度、中强度和高强度的训练。高强度训练后接着进行低强度训练，可以帮助你平复呼吸，有助于进行下一次训练。另一种 HIIT 方法是在规定时间内重复训练。比如将每项练习时间设置成 20 ～ 40 秒，尽量在这段时间内完成更多的重复练习。或者规定每个练习的重复次数，比如以每个动作做 10 次为 1 个循环，然后设定一段时间（如 15 分钟），尽量在这段时间内完成更多的循环。

循环训练可以为代谢调节训练提供不同强度的选择。循环训练是不同练习交替进行的，而且间歇时间短，可将循环训练看作是代谢调节训练的一种。但不是所有的循环训练都是高强度间歇训练。HIIT 由练习强度决定，而与训练内容或训练顺序无关。开始时，可以将每个动作的间歇时间设定为 15 ～ 30 秒，当身体逐渐适应训练强度后就可以调整 1 ～ 2 个变量，比如增加重复次数或减少间歇时间，以增加训练强度。如果训练时间有限，或者为了健康而不得不训练，既想减少训练次数或延长间歇时间，又想达到训练目的，HIIT 的循环训练是最佳选择。

要想增加循环训练难度或代谢效率，可以借助重物，提高短时间内的重复练习次数，或在练习动作之间无间歇。也可以通过降低训练速度、延长间歇时间来降低训练强度。

以下列举的 4 点原因，能够解释为什么 HIIT 的循环训练是一种有效的代谢调节训练，仅供参考（Gibala，2017）。

1. 工作繁忙，训练时间有限。HIIT 可以在 30 分钟或更短的时间内完成，在有限的时间内产生最佳的效果。

2. 长期进行相同的有氧训练，已经达到平台期。基于 HIIT 的循环训练可以增加强度，增加身体负荷，有助于取得长期效果。
3. 想要通过训练达到减肥目的。HIIT 可以在更短的时间内燃烧更多的热量，随之而来的 EPOC 效应也有助于在练习后继续消耗能量。
4. 喜欢训练。喜欢是坚持长期训练的最佳动力，只要能达到训练目标，随时随地都可以进行 HIIT。但要确保足够长的恢复时间，而效果往往在这段时间体现出来。

与传统训练（如跑步或有氧运动器械）相比，HIIT 循环训练不必重复大量的练习，这就可以降低发生重复性压力损伤的风险。最近，美国军队重新编写了身体素质的指导方针，将训练类型从长跑改为短时间、高强度的各种类型的间歇训练，比如循环进行的力量训练（US Army，2012；Heinrich et al.，2012）。可见，HIIT 的循环训练的确能达到练习效果。

HIIT 是极为有效的运动方法。如果刚开始执行训练计划，不要马上进行 HIIT，最好先进行低强度的训练，比如灵活性训练。当健康水平提高、练习频率增加后，再开始 HIIT。坚持训练比训练的强度更重要。

进行代谢调节训练前，学习正确的训练方法有助于达到训练目标，并减少损伤的风险。在进行代谢调节训练之前，每周进行 2 ～ 3 次灵活性训练，并坚持 4 ～ 6 周，这有 3 点好处：（1）给身体适当的时间来适应训练产生的压力；（2）有助于学会如何反射性地进行基础训练，降低损伤的风险；（3）有助于养成坚持训练的习惯。如果能够保证定期训练，就可以增加训练强度，以燃烧更多的热量。

科学家说：强调高强度训练持续时间的危险

长久以来，高强度的训练深受人们欢迎。这些训练不仅具有动态挑战性，而且非常有效，帮助许多人达到了减肥或增肌的目的。研究发现，对改善心肺功能而言，几分钟的高强度间歇训练与长时间的低强度训练效果是相同的（Gibala & McGill，2008；Boutcher，2011）。

与稳态训练相比，HIIT 能够消耗更多的热量。然而，50 ～ 60 分钟的中高强度（当呼吸比平时快得多、无法进行正常交谈时才达到该强度）训练或 HIIT 效果并不理想。这种运动方式还可能导致肌蛋白减少，身体也不会通过脂肪或碳水化合物代谢产生能量。人体的肌肉与肝脏只能储存有限的糖原，一旦这些糖原不能产生足够的能量，皮质醇激素就会启动糖异生过程，刺激肝脏将蛋白质转化为糖原继续供能。一旦转化为糖原用于产生能量，这部分蛋白质就无法用于修复受损的肌蛋白。

进行 HIIT 循环训练时，将练习强度设置为 7 ～ 10，在循环间歇时尽量恢复正常呼吸。将代谢调节时间控制在 30 分钟以内，以确保能量来源于碳水化合物或脂肪，保证有足够的蛋白质用于训练后肌纤维的修复。

间歇与恢复

剧烈练习能达到训练效果，但肌肉中储存的能量是非常有限的，所以高强度的训练只能持续很短的时间。训练间的恢复期应足够长，以补充消耗的 ATP。完全恢复可能需要 3 分钟，休息 60 ～ 90 秒能补充约 80% 的 ATP。如果想再进行高强度的训练，就需要保证充足的休息时间。

在间歇或恢复期，身体处于合成代谢状态，以修复受损的肌蛋白并取代在训练中转化为 ATP 的肌糖原。在两次训练之间进行适当的休息，有助于促进负责增肌的激素的产生，并减少训练过度导致损伤的风险。为达到训练目标，HIIT 每周不宜超过 3 次，两次高强度的训练之间至少间隔一天。

HIIT 旨在挑战身体极限，这些训练会导致呼吸急促、大量出汗甚至会让人感到身体不适。正如健身教练常说的：“如果不挑战极限，也就不会带来改变。”实际上，体能是在训练之后提高的，而不是在训练期间。如果一直进行高强度训练而不休息，身体就没有足够的时间来进行恢复，也就无法达到训练效果。

但 HIIT 之后也不能什么都不做，应该进行些低强度的灵活性训练或是核心训练。灵活性训练有助于促进身体积极恢复，从而为迎接更具有挑战的练习做好准备。较低强度训练（练习强度在 4 ～ 5）有助于身体清除代谢废物，同时提供用于修复肌肉的营养物质。高强度训练后，如果肌肉有酸痛感，可以进行一些低强度的灵活性训练，以帮助身体完全恢复。恢复期初始时身体最为不适，只要度过这段时间，身体的感觉会越来越好。适当的休息有助于补充足够的 ATP 或水合物，并为下一次训练做好准备。

能量的消耗

刚开始练习时，身体通过无氧代谢产生能量，或直接利用储存的 ATP 产生能量。合理的热身是非常重要的，因为 5 ～ 8 分钟的热身后，身体才能有效地通过有氧代谢产生能量（见表 5.2）。

科学家说：感知强度率

想了解自己的训练强度，可以佩戴心率监测器或活动跟踪器，还有一种更便捷的方法，就是使用感知强度率（Rating of Perceived Exertion，RPE）。感知强度率将训练强度分为 1 ～ 10，1 的训练强度相当于坐在沙发上，10 是身体能接受的极限强度。

RPE	相关活动	身体极限 / %（估计值）
1～2	保持坐姿或进行一些简单的日常活动	10～20
3～4	行走或以舒适的速度散步	20～40
4～5	快走或慢跑	30～50
5～6	以舒适速度进行长时间的慢跑，通过有氧代谢来产生能量	40～60
6～8	在较短时间或较短距离内的快跑，通过无氧代谢来产生能量	50～80
9～10	短距离或短时间的全速跑。依靠无氧代谢产生能量，ATP迅速耗尽，需要恢复间隔	80～100

表 5.2 使用间歇训练法进行特定能量系统训练

最大功率 / %	主要产能途径	练习时间	练习与间歇时间比
90～100	磷酸原	5～10秒	1：20～1：12
75～90	快速糖酵解	15～30秒	1：5～1：3
30～75	快速糖酵解与有氧代谢	1～3分钟	1：4～1：3
20～30	有氧代谢	>3分钟	1：3～1：1

[经许可，源自：T.J. Herda and J.T. Cramer, "Bioenergetics of Exercise and Training." In Essentials of Strength Training and Conditioning, 4th ed., edited by G.G. Haff and N.T. Triplett for the National Strength and Conditioning Association (Champaign, IL: Human Kinetics, 2016), 60.]

一旦达到氧耗的稳定状态，有氧代谢就能够提供所需的大部分能量。中高强度的训练需要快速补充 ATP，身体将通过糖酵解或 ATP- PC 与 ADP 结合产生能量。

如果不能提供足够的能量，身体就会感到疲劳。如果进行过多的 HIIT，营养供应不足，或两次训练之间恢复时间不足，就会导致虚胖。在中高强度训练中，身体将利用糖原产生 ATP，而在 HIIT 的间歇期间，肌肉将补充在练习中消耗的能量，所以说适当的间歇时间是必不可少的。如果恢复时间不足，身体就无法充分补充高强度训练中消耗的糖原，这会导致身体消耗蛋白质来产生 ATP。糖异生是指身体利用氨基酸产生能量的过程，一旦身体利用氨基酸来产生能量，就没有足够的蛋白质用来修复受损肌纤维，从而严重阻碍肌肉的生长。在高强度训练后，应适当摄取一些含碳水化合物的食物，这些碳水化合物可以产生肌糖原，为下一次高强度训练提供充足的能量。训练后，至少保证 48 小时的恢复时间，以补充消耗的能量，并避免蛋白质的消耗，从而为肌肉的修复提供充足的肌蛋白。

代谢调节等于肌肉生长

仅靠训练并不能使肌肉生长。能够促进肌肉生长的因素有 3 个，即代谢力或机械力、更有效的糖原储存、激活Ⅱ型肌纤维。下文将分别对这 3 个因素进行解释。富有挑战性的训练可以产生代谢或机械疲劳，这有助于增肌。而如果训练强度没有达到肌肉疲劳阈值，就不会促进肌肉生长。下文将介绍如何选择正确的训练强度，以达到训练目的。

如果你想增加瘦体重，需要使负荷足够大才能产生代谢或机械应力。所以，如果训练没有引起肌肉的疲劳，就无助于肌肉生长。让我们深入探索如何以正确的方法施加训练压力以让你的训练计划更有效。

促进肌肉生长的第一种方式是增加代谢与机械应力。从表 5.1 可以看出，当身体通过无氧糖酵解产生能量时，就会产生代谢副产物，即乳酸和氢离子。H^+ 的堆积会导致血液的酸度升高，从而使肌肉产生灼烧感，这意味着你达到了乳酸阈值。如果不能清除这些副产物，身体就无法产生足够的能量，此时就要进行低强度的练习或休息。HIIT 有助于提高身体在乳酸阈值上的耐受力，并提高身体清除代谢副产物的能力。HIIT 产生的代谢力是影响增肌的重要因素，大量关于增肌训练的研究证实，较高的代谢力可促进肌肉生长（Schoenfeld，2010）。

机械力指对肌纤维施加的物理力。在 HIIT 或抗阻训练中，肌肉组织中的个别肌动蛋白和肌球蛋白链会受到损伤，这会引起体内的生化反应，从而产生新的卫星细胞，这些卫星细胞会产生新的蛋白质，用于修复受损的结构。这就是训练达到肌肉的疲劳阈值时能够增肌的原理。

代谢力与机械力都是诱导肌肉生长的重要因素，而且二者同时发生，所以究竟哪一种因素对增肌的影响更大，现在还无法确定。但可以确定的是，达到瞬间疲劳值再加上适当的间歇时间，可以产生机械与代谢刺激，这些刺激能够促进肌肉生长。

选择正确的代谢或机械刺激的类型和量不是一蹴而就的。虽然两者都会导致肌肉生长，但也会导致肌肉酸痛。中高强度的训练会让你在结束时感到一些疲劳，难以再继续进行相同强度的训练。而且训练后的第二天身体不会感到很酸痛。如果仍感到肌肉特别酸痛，就表明训练强度过高或损伤了某些组织，此时应休息几天。如果还是感到疼痛，可能需要咨询医学专业人士，以判断组织是否受损。

除了刺激修复肌肉的激素产生外，促进肌肉生长的第二种方式是进行高强度训练以增加肌糖原的数量用于生成 ATP。达到疲劳阈值会消耗肌细胞中的糖原，从而使肌细胞可以更有效地储存糖原以备使用。储存的糖原可以产生能量，有助于延长训练时间或提高耐力。值得注意的是，肌肉细胞每多储存 1 克糖原，就可以多储存 3 ～ 4 克水。随着肌肉细胞储存的糖原增多，储存的水分也会增加，从而增加肌肉尺寸（Schoenfeld，2013）。

促进肌肉生长的第三种方式是刺激Ⅱ型运动单位和肌纤维。Ⅱ型肌纤维负责肌肉快速收缩，主要用于力量训练的无氧代谢，可以最大限度地提高爆发力输出，比如跳跃、药球抛投、壶铃甩摆、壶铃硬拉等。以力量训练为主的代谢调节能够产生可观的效果。比如，100 米或 200 米的短跑运动员的训练主要以提高肌肉的爆发力为主，这些训练可以激活更多的Ⅱ型肌纤维，所以短跑运动员普遍较瘦并且肌肉发达。

为提高运动中的有氧代谢效率，训练强度不宜过高，即呼吸速率稍微加快但不影响正常的交谈。如果练习强度分为 1 ～ 10 级，要想提高有氧代谢效率，应将练习强度控制在 5 ～ 6 级。

科学家说：谈话测试

可以用谈话测试来确定代谢调节的强度。如果在练习中可以舒适地交谈，那么此时身体正在通过有氧代谢将脂肪转化为 ATP。随着训练强度的增加，需要短时间内快速供能，身体会利用肌肉中的糖原来产生能量。此时，身体需要消耗更多的碳水化合物，也就需要更多的氧气，从而呼出更多的二氧化碳，这就导致呼吸频率的加快，进而限制正常的交谈。当进行代谢调节循环训练时，为消耗更多的热量，应达到足够的训练强度，即说几个字都很有难度。训练结束后，保证充足的间歇时间以平复呼吸。要增加间歇训练的强度，保证练习时无法进行交谈，可在恢复期间，将注意力放在呼吸上，一旦能够轻松地与人交谈，就可以继续练习。

科学家说：通过监测心率判断训练强度

在《金发姑娘和三只熊》的故事中，金发姑娘发现熊爸爸的粥太烫了，熊妈妈的粥太凉了，而那只小熊的粥刚好合适。而这也是很多人对心血管训练的看法。有些人像熊爸爸，训练强度太大；另一些人则像熊妈妈，训练强度不够；还有些人就像小熊，正在以合适的强度进行训练。

监测心率有助于确定练习强度，从而达到最佳的练习效果。以下介绍一些关于使用心率来确定练习强度的方法。

首先，需要购买一台心率监测仪。佩戴心率监测仪有助于确保达到所需的训练强度。心率监测仪的价格不同，可实现的功能也不同。一般的监测仪只能测量训练时的心率，价格高一些的监测仪可以通过 GPS 系统来跟踪练习的距离，测算训练时消耗的热量，这里的热量是根据年龄、体重、性别和心率计算的估计值。有些监测仪还能连接移动设备，并储存所有的训练信息。

心率监测仪有许多不同的类型。可以将监测仪固定在胸口，然后将测得的心率发送给手表，从而实时监测心率，但是佩戴在胸口会让人感到不舒服；或者将监测仪戴在手腕上，这种方法比较便捷，但测量误差较大。

通过监测心率，可以确定训练强度或间歇时间是否合适。观察心率的变化，有助于了解身体能够承受的负荷以及间歇时身体的恢复速度。健康水平越高，恢复的时间就越短，心率监测仪可以记录健康水平提高的整个过程。

代谢调节训练的具体方法

代谢调节训练主要有两个目的，一是提高运动中产生能量和为工作肌提供能量的能力；二是燃烧热量，以消耗多余的脂肪并保持较标准的体重。将训练课设计成循环训练，每个动作之间的间歇时间极短，在完成所有的动作练习后才进行休息，并用计时器记录每项练习的时间。

刚开始进行循环训练时，可以在整个间歇训练期内进行匀速练习，并将每项练习时间设定为 25 秒。随着健康水平的提高，可逐渐增加练习时间。比如，每 2 ～ 3 周增加 5 秒，直至 45 秒。此外，量化进步可以为训练增添乐趣。比如，记录每组练习中的重复次数，特别是第一次进行循环训练的重复次数，并尽量在下一次的练习中超过这一数字。这有助于在循环练习中不断挑战自我。比如，第一次进行壶铃代谢调节训练时，25 秒内可能只重复 12 次，但一段时间后，可以重复 15 ～ 20 次，这就是一个显著的进步。开始时先完成 2 组循环训练，当感觉力量增强时，可以逐渐增加循环组数，最终目标是在 45 秒内进行 5 组循环。

在循环训练中提高训练强度有两种方法：一是增加重复次数；二是在规定时间内尽可能增加重复次数。其他增加代谢调节强度的方法将在第 6 章中讨论。

注：侧边具有绿色标记框的页面列出了本书所有的代谢调节训练方式，以供参考。

利用自重进行代谢调节训练

自重训练的好处是节省了用于移动重物或更换健身设备的时间，而且不用非得在健身房里面训练。自重训练是你在旅途中锻炼的最佳选择。只要 1 平方米的空间，就可以利用自身体重进行代谢调节训练。将练习时间设置在 25 秒，在此时间内尽可能增加重复次数，并尽量缩短间歇时间，在所有练习结束后休息 60 ～ 90 秒，然后重复循环。先循环 1 ～ 2 组，每 2 周左右增加循环组数，直至完成 5 组循环。一旦你能够完成 4 组或 5 组循环，就可以将训练时间从 25 秒增加到 30 秒。此后，每个动作每 2 周增加 5 秒的练习时间，直至从 25 秒增加到 45 秒。感觉力量增加时，记录每组循环中重复的次数，并在下一次循环时达到或超过这一次数。尽量在规定的练习时间内完成更多的重复练习（As many repetitions as possible，AMRAP）。

练习	练习时间 *	循环组数
交替侧弓步触脚尖	25秒	2～5组
平板支撑触膝	25秒	
快速下蹲	25秒	
踢腿	25秒	
滑冰式	25秒	
侧向爬行	25秒	
慢速波比	25秒	
间歇与恢复	组间间歇45～90秒	

* 每2～3周增加5秒练习时间，直至每次练习45秒。

一旦练习时间达到45秒并能够完成2组循环，增加循环组数，直至完成5组循环。

交替侧弓步触脚尖

目的

下肢训练（如弓步和深蹲）能够动用大量的大肌肉群，是代谢调节训练的最佳选择之一。侧弓步能够改善髋关节的灵活性和力量，并且左右变化侧弓步练习能提高心率。

步骤

1. 直立，双脚分开与髋同宽，向左迈一步。左脚着地，两脚平行，将左髋向后推，右手伸向左脚（下图），有助于练习臀部肌群。
2. 右臂向后拉，左脚下压，右脚蹬地，右大腿内侧肌肉发力，恢复站立姿势。
3. 两腿交替练习，将手横跨身体触摸足部，在练习时间内尽可能多地交替双腿。

要点

- 用手触碰对侧脚可以增加髋关节的负荷，有助于激活更多的臀部肌群。
- 如果无法触碰到脚，可用手触碰膝关节。
- 保持双脚平行且脚尖指向相同方向。

平板支撑触膝

目的

直臂平板能够提高手臂、肩部与上背部力量。加上髋关节铰链到触膝动作，能增加能量消耗，这种平板变式练习有助于增强核心力量。单臂撑地以及异侧臂触摸膝关节能够提高肩关节力量。

步骤

1. 直臂平板姿势，双手位于肩下，肘部旋转朝向双脚。双手下压地面，肩胛骨收紧以增加稳定性。
2. 髋部向上抬起，类似瑜伽中的下犬式，左手撑地，右手触碰左膝（下图）。然后右手收回放在地面上，用左手触碰右膝。
3. 在练习时间内尽可能多地交替双手。

要点

- 如果无法用手触碰膝关节，可以保持直臂平板姿势。
- 撑地的手与脚尖向下发力，有助于增加单臂支撑的稳定性。

快速下蹲

目的

快速练习需要肌肉更努力地发挥作用。该练习能够提高关节周围筋膜与弹性结缔组织的弹性和强度。

步骤

1. 直立，两脚分开与肩同宽，两臂自然垂于身体两侧。脊柱挺直，髋部向后推，降低身体，两臂伸直前手举（下图）。
2. 挺胸，髋部向后推，身体降至最低点。双臂收回，双脚向下发力，髋部向前顶，恢复站立姿势。

要点

- 如果感到膝关节疼痛，下蹲时将尾骨向后移动，用髋部带动身体下降。
- 练习中脊柱挺直，避免使用脊柱带动身体向下。

踢 腿

目的

单臂单腿支撑完成动作需要工作肌消耗更多的能量，该练习能够提高心率，加强手臂、肩部以及核心肌肉力量。

步骤

1. 四足支撑姿势，双手放于肩下，脚尖着地，膝关节离地（图 a）。
2. 左臂抬起向后拉，旋转至右肩支撑，右腿经体前踢出（图 b），保持几秒，身体旋转，收回左手与右腿，右脚着地。右手向后拉，左腿经体前踢出，左手与右脚着地。

a

b

要点

- 如果旋转时手腕疼痛，练习中可以保持双手与双脚着地。
- 着地手下压，抬起的手臂发力，有助于保持稳定。

滑冰式

目的

该练习包括侧向、换侧练习，简单有趣，能够动用大腿上部的大块肌肉，有效地提高心率、燃烧热量。

步骤

1. 直立，双脚位于髋部下方。抬起左脚，右脚蹬地向左跳（图 a）。
2. 左脚脚尖先着地，脚掌与脚跟依次着地。左髋向后移动，臀部与大腿的大块肌肉发力，有助于降低练习速度并提高稳定性。
3. 左脚着地，右腿向左腿靠拢，左脚蹬地向右跳（图 b）。开始时，可以降低练习速度并减小跳跃距离，力量增强时，可以增加速度和距离。

a

b

要点

- 落地时依靠髋部向后移动产生缓冲，以减少对膝关节的冲击力。如有必要，将另一只手经体前伸向腰部高度，这有助于激活臀部较大的肌肉，以加强稳定性和控制性。

侧向爬行

目的

该练习需要用肩、腿、核心肌肉来支撑体重，能消耗大量的能量。此外该动作对这些肌群的负荷较大，能够增加整体的耗氧量与消耗的热量。

步骤

1. 直臂平板姿势，双手位于肩下，肘部转向双脚（图 a）。
2. 为增加稳定性，可分开双脚至略比肩宽的位置，肩胛骨收紧，脚尖蹬地挤压大腿与臀部肌肉，双手向下发力。
3. 左手向左移，左手着地后，抬起左脚向左移动（图 b），右腿靠近左腿，右手移至右肩正下方。
4. 先向左移动，然后向右移动，在练习时间内持续移动。
5. 开始时，可以降低练习速度并减小移动距离，力量增强时，可以增加速度与距离。

a

b

要点

- 如果髋部下落，将尾骨向上推并收缩臀部与大腿肌肉。
- 如果没有足够的空间，可以左右交替移动，即左手和左脚向左移，然后右手和右脚移至起始位置。

自重

慢速波比

目的

波比练习能够锻炼大量的肌肉，并能燃烧大量的热量，因此深受人们欢迎。波比练习需要经跳跃恢复站立，所以即使降低练习速度，也能够燃烧大量的热量。

步骤

1. 直立，两脚分开与肩同宽，两臂自然垂于身体两侧。髋部向后推，脊柱挺直，降低身体成下蹲姿势。将双手放于身体前侧地面上（图 a），髋部尽可能降至最低点，双手向前移动成平板支撑（图 b），保持几秒，将双手向双脚方向移动。
2. 双手移至身体时，屈膝，髋部向下移动，呈下蹲姿势。
3. 抬起胸部，双脚下压，双手抬离地面，恢复站立姿势，或直接由下蹲跳回站立姿势。
4. 尽量在规定的时间内完成更多的重复练习。感觉力量增加时，记录每次循环中重复的次数，并在下一次循环时达到或超过这一次数。

要点

- 如果下蹲有难度，可以先进行毛毛虫练习，通过将大腿靠近身体来将双手放在地面上，膝关节微屈，双手移至平板支撑的姿势。

a

b

利用瑞士球进行代谢调节训练

瑞士球练习的挑战在于表面的不稳定性，这能训练到大量的肌肉，从而增加整体的耗氧量与能量消耗量，并消耗更多的热量。为进一步增加热量的消耗量，可尽量缩短间歇时间，并在循环结束后留出足够的时间来平复呼吸。

挑选瑞士球时，如果身高在170厘米以下，选择55厘米的瑞士球；身高在170～190厘米，选择65厘米的瑞士球；身高高于190厘米，选择75厘米的瑞士球。瑞士球的气量应当充足，坐在上面时，膝关节与髋部可以保持90度。尽量在规定的时间内完成更多的重复练习。感觉力量增加时，记录每次循环中重复的次数，并在下一次循环时达到或超过这一次数。

练习	练习时间 *	循环组数 +
膝折叠	25秒	2～5组
屈膝臀桥	25秒	
俯卧髋部滚动	25秒	
前推	25秒	
对角线提拉	25秒	
反向背伸	25秒	
俄罗斯旋转	25秒	
传递瑞士球卷腹	25秒	
间歇与恢复	组间间歇45～90秒	

* 每2～3周增加5秒练习时间，直至每次练习45秒。

+ 练习时间达到45秒并能够完成2组循环后，增加循环组数，直至完成5组循环。

瑞士球

膝折叠

目的

该练习会用到用于稳定脊柱的深层核心肌群、用于支撑体重的上臂与肩部肌肉，以及用于移动髋部和核心的肌群。该动作是消耗热量、提高力量的最佳选择。

步骤

1. 面朝瑞士球，胸部贴于球顶，膝关节着地。
2. 双手着地向前移动，直至膝盖位于球上（图 a）。
3. 双手置于肩下，肘部后旋，双手压向地面以保持稳定。
4. 将膝关节向腰部拉，髋部向上移动（图 b）。将肚脐向脊柱拉，骨盆向肋骨笼转。
5. 在动作的末端，也就是在伸腿之前保持几秒。

要点

- 起始姿势，球与手距离越近，越容易控制身体。要增加难度，可使球远离双手。
- 如果难以将膝关节放于瑞士球上，可以先将大腿放在球上。
- 双手分开与肩同宽，以增强上肢的稳定性。

建议：3～4 周后进阶至俯卧撑接膝折叠。

a

b

屈膝臀桥

目的

该练习能够增强下肢后链肌群，特别是臀大肌、大收肌与腘绳肌的力量，可以有效地提高力量并消耗热量。

步骤

1. 仰卧，两臂放于身体两侧，小腿后侧放于球顶。脚趾拉向胫骨方向，臀部肌肉发力，髋部向上抬起。双臂向下发力以提高稳定性。
2. 身体成一条直线，用脚跟将球拉向尾骨，使球靠近身体（下图）。缓慢伸直双腿，缓慢将髋部降至地面。

要点

- 如果感到小腿发紧或抽筋，将脚趾拉向小腿，以增加小腿肌肉长度，缓解小腿肌肉的紧张感，避免受伤。
- 如果感到下背部肌肉紧张，使球靠近身体，将小腿背部放于球顶，避免只用脚跟靠在球顶。
- 髋关节离开地面时，双臂展开并向下发力，有助于增加稳定性。

建议：学会该动作后，抬起髋部紧接着用脚跟将球拉向尾骨，保持这一动作的连贯性与流畅性。

俯卧髋部滚动

目的

该动作较难，一旦你能轻松地完成，你就会发现这个动作能加强臀部与肩部肌肉的力量，增强深层核心肌群力量，提高脊柱稳定性。

步骤

1. 面朝瑞士球，胸部贴于球顶，膝关节着地。
2. 双手着地向前移动，直至膝关节上方位于球上。双手置于肩下并撑地保持平衡（图 a）。
3. 双腿位于球上时，双腿夹紧，感觉双腿间夹着一枚硬币。练习开始时，双手撑地，抬起右髋，将髋部左侧滚至球顶（图 b），保持几秒，然后滚至另一边，抬起左髋，将髋部右侧滚至球顶。
4. 每侧重复 3～4 次，共 6～8 次，每周加 2 次重复次数，直至每侧重复 8～10 次，共重复 16～20 次。

a

b

要点

- 如果难以滚动髋关节，将球移近腰部，以缩短力臂。
- 为了提高练习的效率，髋关节左侧滚至球上同时抬起右髋。整个练习中，训练的重点是该动作由髋关节开始。

前　推

目的

该练习能拉长并加强腹肌与筋膜，是拉伸这些组织的最有效方法之一。该练习动用大量肌群，能够燃烧大量热量，加强核心力量。

步骤

1. 面朝瑞士球，肘部位于肩部下方，膝关节着地（图 a）。可以在膝关节下垫伸展垫或其他垫子，以增加舒适感。
2. 髋关节向前发力，膝关节与肩关节成一条直线。
3. 肘部放在球上，两臂用力推开球，身体向前倒，尽可能地将身体降至最低点（图 b）。髋部后移，拉回肘部，回到起始姿势。

a

b

要点

- 如果感到背部不适，可以将球靠近身体。练习中保持脊柱挺直，不必过于追求将球推远，应保证在舒适的活动度内。力量增强后，可以增加身体与球的距离，以增加难度与腹部张力。

对角线提拉

目的

当人在行走时，髋关节不动，肩关节旋转会拉长核心肌群。旋转结合微蹲能够有效地加强髋关节、核心肌群与肩关节肌肉的力量。因为瑞士球相对较轻，所以练习该动作时速度较快，能够增加心率与整体能量消耗量。

步骤

1. 直立，双脚分开与肩同宽，左脚前移直至左脚脚后跟与右脚脚尖齐平。
2. 双手持瑞士球放于右髋，髋部下沉，身体降低（图 a）。左脚着地向下发力，右髋与右脚转向身体中线，恢复站立，将瑞士球沿对角线从右髋移至左肩上方，右肩朝向 12 点钟方向（图 b）。
3. 将球放下，身体降低，右脚转回 12 点钟方向。

要点

- 提拉瑞士球前，将身体降至半蹲姿势，脊柱挺直。
- 恢复站立时，双腿向下发力，外侧腿转向身体中线。
- 髋部与足部带动身体旋转，有助于脊柱保持挺直的状态。

a

b

反向背伸

目的

该练习通过抬高下半身加强后链伸肌力量，增强下背部与臀部肌肉，减少脊柱压力。

步骤

1. 面朝瑞士球，胸部贴于球顶，膝关节着地。
2. 双手着地向前移动，直至髋部前侧位于球上。双手放于前面的地面上以保持稳定，双腿夹紧以提高控制能力。
3. 髋部位于球顶，臀部肌群与腿部后侧发力，将双腿向上抬起，直至整个身体成一条直线（下图），然后缓慢降低双腿。
4. 练习中，注意力集中在控制臀部肌群与腘绳肌上。

要点

- 练习中保持臀部与腿部后侧发力，如果感觉下背部肌肉发力，则将身体向前移动以缩短力臂。

俄罗斯旋转

目的

进行该练习时需要肩部旋转、髋关节保持稳定，因此该练习能够加强躯干与髋关节之间的核心肌肉力量，改善上下肢的力量与协调性。力量提高后，可以提高动作速度和增加重复次数以增加整体能量消耗量。

步骤

1. 坐于瑞士球上，缓慢向前走，直至两肩之间位于球顶。
2. 双手并拢，双臂伸直于胸前（图 a）。双手移至左下，抬起右肩绕左肩滚动。左脚蹬地，右髋向上推以保持稳定（图 b）。保持几秒，转回右肩，抬起左肩并绕右臂滚动。右脚蹬地，左髋向上推以保持稳定。
3. 每侧重复 3 ～ 4 次，共 6 ～ 8 次，每周增加 2 次重复次数，直至每侧重复 8 ～ 10 次，共 16 ～ 20 次。

要点

- 这项练习难度较大，需要髋关节与下肢的大量肌肉来控制动作，而且速度越快，难度越大。练习过程中，将脚下压，臀部肌群发力，有助于保持稳定，并提高旋转速度。
- 双手并拢时手臂伸直，有助于增加上肢的稳定性。

a

b

传递瑞士球卷腹

目的

该练习结合上、下肢运动，能够增加肌肉激活，提高整体能量消耗量。在双手和双脚间传递瑞士球能够提高上、下肢的协调性与灵活性。

步骤

1. 仰卧，双腿伸直，双臂伸直，双手于头顶处的地面上方握住瑞士球。手臂保持向胸前移动，当瑞士球经过头顶时，将肚脐拉向脊柱，卷腹。双腿向双手方向抬起，双脚夹住球（下图），然后缓慢降至地面上。
2. 双脚夹住瑞士球，双腿向身体方向抬起并靠拢，卷腹，双臂伸直，双手抓住瑞士球，将其移至头顶。
3. 练习时保持速度平稳，重点在于控制腹肌。

要点

- 用舌头抵住腭以激活稳定颈椎的肌肉，从而保持颈部稳定。
- 通过收缩腹肌卷起脊柱，将肋骨笼底部移向骨盆顶部。
- 如果难以用双脚夹住瑞士球，可以用膝关节夹住瑞士球，以缩短力臂，并降低训练强度。

利用药球进行代谢调节训练

药球练习的主要好处包括可以增强肌肉与弹性结缔组织的力量，从而增强其对抗重力的能力。此外，大部分健身房都有药球，所以，当健身房人较多时可以只进行一项器械训练。挑选药球时，药球的重量应为体重的 5% ～ 7%。随着力量的增强，药球的重量可以逐渐增至体重的 10%。尽量在规定的时间内完成更多的重复练习。感觉力量增强时，记录每次循环中重复的次数，并在下一次循环时达到或超过这一次数。

练习	练习时间 *	循环组数 ⁺
直臂下砸	25秒	
站立转体	25秒	
深蹲前推	25秒	
药球抛接	25秒	2～5组
后弓步伸展	25秒	
卷腹	25秒	
侧向滑冰药球前伸	25秒	
后弓步过顶提拉	25秒	
间歇与恢复	组间间歇45～90秒	

* 每2～3周增加5秒练习时间，直至每次练习45秒。

⁺ 练习时间达到45秒并能够完成2组循环后，增加循环组数，直至完成5组循环。

直臂下砸

目的

快速的练习能够增强Ⅱ型肌纤维，改善肌肉线条。直臂下砸是有效且安全的增加爆发力的练习，能够募集上背部与手臂的大量肌肉，肌肉的快速运动增加了总功率和能量消耗。

如果不方便把药球摔到地上，只需进行到扔药球的前一个动作。将药球从头顶快速向下砸，可以给后链的髋部与背部肌肉施加有效的负荷。

步骤

下砸

1. 直立，双脚分开与髋同宽，膝关节微屈，双手握住药球放于腰前。快速抬起双臂至头顶，双肘伸直，双臂尽量向上伸展（图 a）。快速将药球经体前摔至两脚之间的地面上。砸药球时，髋关节向下移动，以产生更大的力量。
2. 双脚快速向下发力恢复站立，并用双手接住弹起的药球，双臂伸直举至头顶。如果没有将药球摔到地面上，则尽可能快地恢复站立，并迅速将药球举至头顶。练习中应有上背部肌肉紧张感。

a

b

如果不将药球砸到地上，则进行以下练习。

爆发式下砍

1. 直立，两脚分开与髋同宽，双手将药球举至头顶。脊柱挺直，髋部下沉，呈下蹲姿势。
2. 将药球经体前降至最低点（图 b），以增加臀部肌肉张力。
3. 快速恢复站立并重复练习。

要点

- 药球举至头顶和下砸时，手臂保持伸直，以练习背部肌肉，避免上臂三头肌发力。
- 髋关节下沉有助于增加下砸的力。

站立转体

目的

在站立动作中，旋转主要来自足部、髋部与肩部，并非脊柱。该训练能够同时加强臀部、核心肌群与上肩部肌肉的力量。该动作会用到较多的肌群且动作速度快，能够提高心率，燃烧热量。

步骤

1. 直立，双脚分开与髋同宽，膝关节微屈，双手握住药球放于胸前。
2. 脊柱挺直，左脚下压并转向身体中线，双肩向右旋转（下图）。转至最大幅度时，迅速将右脚下蹬并向左旋转，肩部与髋部向左转回。练习时，尽可能快地旋转双脚与髋部。

要点

- 脚与髋部带动身体旋转，以保护膝关节与脊柱，并尽可能快地旋转双脚与髋部。保持旋转脚着地并向下发力。
- 移动足部、髋部与肩部时，脊柱挺直。

深蹲前推

目的

双手持药球前平举，有助于保持身体平衡、下蹲到更大深度。深蹲时，髋部向后并向下移动可以激活更多的肌群。

步骤

1. 直立，两脚分开与髋同宽，两手握住药球放于胸前。髋部向后移动，脊柱挺直，下蹲。该练习的第一个动作是髋部后移，再带动身体下蹲。
2. 当下蹲至深蹲姿势时，双臂伸直于体前（下图），在最低点保持几秒，然后将双脚下压，恢复站立姿势，将药球拉回至胸前。
3. 在快速练习中，应该保持动作的快速性与流畅性，在下蹲和起立时分别做出推和拉的动作。

要点

- 跟许多深蹲变式一样，大部分动作最重要的是由髋部带动身体下沉，避免膝关节先向前移动。将药球向前推，有助于平衡下沉的髋部，从而增加下蹲深度。

药球抛接

目的

爆发力训练能够增加总热量消耗量，激活Ⅱ型肌纤维在短时间内产生较大的力量，从而改善肌肉线条而不增加肌肉围度。接球时髋部快速下蹲能提高髋关节灵活性，加强髋关节伸肌即臀部肌群与腘绳肌力量。

本练习只适合于室外或天花板较高的室内。一般室内练习时，只将药球快速移至头顶而不抛出。如果不便于将药球摔到地上或室内天花板较低时，双手持药球并将其移至最低点或最高点。

步骤

药球抛接

1. 直立，两脚分开与髋同宽，双手持药球于胸前。脊柱挺直，髋部向后移动，呈四分之一蹲姿（图 a）。继续下蹲至感到臀部肌肉的拉伸，双脚快速向下蹬并将髋部往前顶，双臂迅速上推至头顶。
2. 双臂完全伸展时，向上发力将药球抛出（图 b）。使药球经体前落至身体前方 30 厘米～ 46 厘米远的地面上。
3. 药球弹至最高点时，髋部下降呈下蹲姿势，双手接药球（图 c）。

下蹲过顶推举

如果条件不允许将药球上抛，药球举至头顶后，将药球下降至肩部高度。为增强代谢调节，保持双臂伸直，并尽可能快地上下移动药球。

尽量提高练习速度，臀部与大腿肌肉快速发力完成下蹲或恢复站立姿势。

要点

- 练习中双腿与臀部发力。力量从地面经身体与手臂传递至药球。
- 把握接球时机。药球从地面弹起时开始下蹲，药球反弹至最高点后下落时接住药球，以借助药球的重量下蹲。

a
b
c

后弓步伸展

目的

肌肉、筋膜与弹性结缔组织在有阻力的情况下被拉长能够变得更强壮。该练习能够拉长大腿外侧肌肉以提高大腿外侧肌肉的力量与弹性。此外，持球触地能够让我们更强壮。快速完成此练习能提高心率，以及带来许多其他的好处。

步骤

1. 直立，两脚分开与髋同宽，两手持药球于腰前。
2. 脊柱挺直，左脚向右后方迈一步。左脚尖着地，俯身屈髋尽量形成髋关节铰链（下图）。
3. 右脚下蹬，抬起左腿，回到起始姿势。换右腿。

要点

此练习中的单腿姿势有助于增加髋关节的屈曲。下降成弓步时，将髋部向后推，使重心移至髋部，避免膝关节受力。

建议：开始训练时，集中精力学习该动作，感受髋部的发力。

卷 腹

目的

全身卷腹能够增长力臂，募集更多肌肉。该练习利用腹肌移动上、下半身，增加总能量消耗量。

步骤

1. 仰卧，双膝屈曲，双手握住药球，双臂将药球举过头顶，掌心相对（图 a）。
2. 双臂将药球拉至胸前，将肚脐拉向脊柱，背部抬离地面，膝关节向胸前移动，卷腹（图 b）。用药球轻触膝关节顶部，将手臂与腿恢复至起始姿势。

a

b

要点

- 舌尖抵住腭，以激活稳定颈椎的肌肉，从而减轻颈部酸痛，并有助于核心肌群发力。
- 如果感到下背部不适，将双脚靠近尾骨，有助于放松下背部，并缩短力臂。力量增强后，再将双脚远离尾骨。

侧向滑冰药球前伸

目的

当动作完成得较为合理时，侧向滑冰能够加强臀部力量，提高心率。单腿平衡药球前伸能够改善髋关节力量、提高稳定性，因为髋关节和核心肌肉在药球于体前移动时需要做更多的功。单腿站立爆发力训练能够提高跑步者的力量生成速率和蹬地时身体的稳定性。

步骤

1. 直立，双脚分开与髋同宽，两手持药球放于腰前，脊柱挺直，髋部下沉，呈半蹲姿势。左脚离地，右脚快速蹬地向右跳（下图）。
2. 左脚脚尖先触地，再过渡到脚掌与脚跟依次着地，左髋向后移动，将药球移至胸前。
3. 左脚移回起始位置，迅速将药球向后拉。单脚着地时将药球推向身体前，有助于增加臀部肌肉力量。

要点

- 开始时，可以降低练习速度并减小跳跃距离，力量增强时，可以增加速度和在无障碍范围内增加 ROM。
- 单脚着地时将药球推向体前，有助于激活臀部肌肉，并增强髋关节力量。

后弓步过顶提拉

目的

在站立时，核心肌群训练效果最佳，双臂上举结合后弓步能动用更多的核心肌群，从而更有效地燃烧热量，增加力量。

步骤

1. 直立，双脚分开与髋同宽，两手持药球于腰前，脊柱挺直，左脚向后退一步，脚尖着地，屈曲右髋与右膝。
2. 身体下降，双臂伸直将药球上摆至头顶，拉长身体前侧的所有肌肉（下图）。双臂上举过头，在最高点保持几秒，双臂向下摆动，将药球放回腰前。
3. 将药球下落，右脚下压，左脚蹬地，恢复站立姿势。

要点

- 挺胸，脊柱挺直，药球举过头顶时保持较好的姿势，有助于增加腹部力量。
- 从弓步恢复站立姿势时，将前腿膝关节向后拉，有助于加强腿部后侧肌肉。

利用沙袋进行代谢调节训练

与药球一样，沙袋练习采用多向性动作模式，从而有助于提高肌肉与弹性结缔组织的强度。而与药球不同的是，沙袋的表面较软，便于手握，从而可以在进行核心力量练习的同时提高握力。挑选沙袋进行代谢调节训练时，刚开始沙袋的重量应为体重的 5% ～ 7%，随着力量的增强，沙袋的重量可以逐渐增至体重的 10% ～ 15%。尽量在规定的时间内完成更多的重复练习。感觉力量增强时，记录每组循环中重复的次数，并在下一组循环时达到或超过这一次数。

练习	练习时间 *	循环组数 +
负重卷腹	25秒	2～5组
沙袋抛接	25秒	
后弓步过顶上举	25秒	
交替甩摆（换手）	25秒	
头顶后抛	25秒	
后弓步伸展	25秒	
半土耳其起	25秒	
间歇与恢复	组间间歇45～90秒	

* 每2～3周增加5秒练习时间，直至每次练习45秒。

+ 练习时间达到45秒并能够完成2组循环后，增加循环组数，直至完成5组循环。

负重卷腹

目的

反向卷腹强调将髋部卷至肋骨笼，加强从附着于骨盆至附着于肋骨底部的腹部肌肉的力量。该动作能加强腹肌力量并减少标准卷腹带来的下背部压力。

步骤

1. 仰卧，屈膝，双脚平放于地面上。双手握住沙袋，双臂伸直放于头顶后方的地面上。
2. 双臂伸直，将沙袋从头顶位置拉至胸前。
3. 向脊柱方向拉肚脐，肋骨笼移向骨盆，背部缓慢抬离地面，进行卷腹（下图）。

要点

- 每次重复后，将身体恢复到完全伸展、平躺的姿势，有助于肌肉在全活动度内进行运动，从而增强肌肉力量。
- 尽量将骨盆顶部靠近肋骨笼底部，以提高练习效果。

建议：缓慢将背部下降至地面，缓慢放下双臂使其伸展于头顶后方。为增加难度，力量增强后将双腿抬离地面。

沙袋抛接

目的

该练习动作较快，能增加总热量消耗量，动用到大量Ⅱ型肌纤维，从而改善肌肉线条。抛投沙袋时，快速伸髋能够提高髋关节伸肌的力量和爆发力，特别是臀肌和腘绳肌。

本练习只适合于室外或天花板较高的室内。如果天花板较低，可用双手将沙袋快速从最低点举过头顶，避免将沙袋抛出。

步骤

1. 直立，两脚分开与髋同宽，两手握住沙袋放于胸前。脊柱挺直，髋部向后移动，迅速呈四分之一蹲姿，下蹲时应只感受到臀部肌肉的拉伸（图 a）。
2. 双脚快速下蹬并将髋部向前推，双臂迅速伸直于头顶。
3. 双臂完全伸展时，向上发力将沙袋抛出（图 b），使沙袋经体前落至身体前方 30 厘米～ 46 厘米远的地面上。
4. 允许沙袋落在地面。当沙袋着地后，迅速下蹲捡起沙袋。

如果条件不允许将沙袋上抛，可将沙袋举至头顶后，迅速将沙袋下降至肩部高度。为提高代谢调节，保持双臂伸直，并尽可能快地上下移动沙袋。

尽量提高练习速度，臀部与大腿肌肉快速发力完成下蹲或恢复站立姿势。

要点

- 下蹲时，由髋部带动身体下蹲。恢复站立姿势时，双脚迅速下蹬。
- 双臂伸直举过头顶时，掌心相对，肘部位于体前指向身体前方。

后弓步过顶上举

目的

该练习需要你使用同一侧腿快速地向前、向后跨步，所以具有一定的难度，但是非常有效。腿部肌群的快速运动能提高心率，增加肌肉力量。

步骤

1. 直立，两脚分开与髋同宽，两手握住沙袋放于腰前。脊柱挺直，右脚后退一步，右脚尖与右膝着地，弯曲左髋与左膝。
2. 身体下蹲，伸直双臂将沙袋上摆举过头顶，拉长身体前侧的所有肌肉。双臂伸直于头顶（图 a），在深蹲的最低点处保持几秒，双臂向下摆动并将沙袋移回腰前。
3. 左脚下压，右脚蹬地，恢复站立姿势。
4. 右脚迅速向前迈一步，右脚着地，脊柱挺直，右髋下沉，身体向前微倾。双臂伸直将沙袋举过头顶，降低左膝（图 b）。当双臂伸直举过头顶时，如果右腿向后，可以加强右侧腹部肌肉力量；如果右腿向前，可以加强左侧腹部肌肉力量，因此该练习可以增强腹肌与臀大肌。
5. 先用右腿完成一组练习，并尽量在规定的时间内完成更多的重复练习。间歇 5 ～ 10 秒，换左腿，右腿保持不动。

a

b

要点

- 做前弓步时，由屈髋带动身体运动，避免膝关节先向前移动。右脚着地时，右髋向后推，以增加臀大肌受力。
- 做前弓步时，将沙袋放于大约膝关节至腰部高度，以加大屈髋度，从而延长髋关节伸肌并加强肌肉力量。

交替甩摆（换手）

目的

甩摆练习是一种有节奏性的运动，能有效地加强臀部肌肉力量，提高心率。

步骤

1. 直立，两脚分开至介于髋到肩之间的位置，右手持沙袋。如果沙袋较大，可以双手同时握住沙袋。
2. 迅速放下沙袋位于双腿之间，屈髋俯身形成髋关节铰链并将沙袋甩至身体后侧（图 a）。
3. 双脚下蹬发力，髋部前顶，将沙袋经两腿之间向上摆动。顶髋的动作有助于沙袋向上摆动。
4. 沙袋摆动至最上端时，换手（图 b），左手抓住沙袋，每次练习时交替双手。当开始练习时，双手交替的动作尽量快速流畅，随着技能的提高，逐渐提高练习速度。
5. 如果能够协调、有节奏地完成甩摆动作，尽量在规定的时间内完成更多的重复练习。

a

b

要点

- 甩摆动作是髋关节铰链或伸展的向前和向后的动作，而不是下蹲动作。
- 在甩摆过程中，小腿相对垂直于地面。
- 如果无法完成交替双手练习，可以双手同时握住沙袋进行练习。

头顶后抛

目的

该爆发性练习用到负责伸膝和伸髋的大肌群。该练习能够增强下肢肌肉力量，提高心率，是增强代谢调节的有效选择。

步骤

1. 直立，两脚分开与髋同宽，双手握住沙袋放于腰前。脊柱挺直，髋部快速向后移动，降低身体呈下蹲姿势（图 a），将沙袋移至两腿之间。
2. 下降至深蹲的最低点，双脚迅速下蹬，髋部前顶，双臂上摆至头顶。脚尖着地，身体完全伸展。
3. 双臂向头顶后方移动，松开沙袋（图 b），使其落到身后的地面上。
4. 松开沙袋后，迅速转身，蹲下捡起沙袋，重复练习。

a

b

要点

- 将沙袋甩摆至头顶时，髋部前顶，松开沙袋时，脊柱完全伸展。

后弓步伸展

目的

双腿交替弓步练习能增加腿部肌肉的力量，增加整体能量消耗量。在所有的方向移动髋部，能加强所有控制臀部运动的肌肉的力量。

步骤

1. 直立，双脚分开与髋同宽，右手持沙袋于胸前。右脚向后迈一步，脊柱挺直，右脚移向 7 点钟或 8 点钟方向。右脚尖着地，屈髋俯身形成髋关节铰链，沙袋移向左脚，左髋下沉，尽量降低沙袋（下图）。
2. 左脚下压，右脚抬起并移回起始位置，恢复站立姿势，交替双腿。

要点

- 将右脚移至身体的左后方，以确保在下蹲过程中主要借助左臀部肌肉发力。
- 为增加难度，将沙袋移至膝关节高度，以增加左侧髋关节的屈度，增强髋关节伸肌张力。
- 恢复站立姿势时，前脚下压并向前移动髋部。

建议：刚开始练习时，重点学习这个动作，有助于感受臀部发力。

半土耳其起

目的

该练习同时用到大量的核心、髋部和肩部肌肉，以帮助身体起身直接离开地面。练习中动用的肌群越多，热量的消耗越多。除了消耗热量，该练习还能增强负责伸髋的臀部肌群、稳定脊柱的深层核心肌群、控制运动的肩部与上背部肌肉的力量。

步骤

1. 仰卧，左腿伸直，屈右膝，右脚平放于地面上，双腿稍微分开。
2. 沙袋放于右手掌心，右臂伸直向上举，左臂远离身体左侧（图 a）。
3. 右肩抬离地面，左肘着地，身体向左旋转。上肢抬离地面时，左手撑地，左臂完全伸直。
4. 坐姿，右臂上举过头顶，左手与右脚着地（图 b）。左手与右脚向下发力，将髋部抬离地面（图 c）。
5. 左手、左腿和右脚支撑，保持这个姿势几秒后，缓慢将髋部降回至地面，身体旋转回原位，恢复起始姿势。
6. 学习该动作时，注意起身与臀桥之间动作的连贯性，并尽量在规定的时间内完成更多的重复练习，然后换左手。

要点

- 离开地面时，手臂与髋部同时发力。
- 眼睛盯住沙袋，有助于确保脊柱和躯干的姿势正确。

利用双臂阻力带进行代谢调节训练

健身房的绳索健身器械可以进行一些独特的训练，进而提高整体肌肉力量，但绳索健身器械体积较大而且价格昂贵，不便在家中使用。双臂阻力带不仅具有绳索健身器械的大部分功能，而且小巧便携、经济实惠，不受空间地点限制。阻力带练习采用多向性动作模式，而且站立姿势的双臂阻力带练习能够同时练习上、下肢的肌肉，并提高脊柱的稳定性与髋部的灵活性。阻力带被拉伸得越长，阻力就越大，如果感到阻力带张力不够，可以换一条张力更大的阻力带。将阻力带固定在门框上，就可以进行大量练习。尽量在规定的时间内完成更多的重复练习。感觉力量增强时，记录每次循环中重复的次数，并在下一次循环时达到或超过这一次数。

练习	练习时间 *	循环组数 +
深蹲划船	25秒	2～5组
直臂下拉	25秒	
后弓步拉	25秒	
交替出拳	25秒	
侧弓步直臂下拉	25秒	
侧弓步下砍	25秒	
快速拉阻力带	25秒	
间歇与恢复	组间间歇45～90秒	

* 每2～3周增加5秒练习时间，直至每次练习45秒。

+ 一旦练习时间达到45秒并能够完成2组循环后，增加循环组数，直至完成5组循环。

深蹲划船

目的

通常情况下，深蹲所引起的膝关节不适，都是由于在下蹲时髋部向后移动之前膝关节先向前移动。深蹲的同时练习下肢与上背部的大肌群，可以燃烧大量热量。

步骤

1. 阻力带固定点略比肩低，面向并远离固定点，以确保阻力带的张力。
2. 双脚分开与髋同宽，双手各握一个手柄（图a），双臂伸直于体前，脊柱挺直，髋部向后移动，降低身体呈蹲姿（图b）。在深蹲的最低点双脚下压，髋部向前推，恢复站立姿势。
3. 手柄拉至胸前，肘部贴于身体两侧，完成后拉动作。
4. 保持动作流畅。完成下蹲后，手臂从体前向后拉，然后在下次下蹲前伸直手臂。

a

b

要点

- 阻力带上的张力有助于髋部向后移动，以增加臀部与背部肌肉张力。
- 如果深蹲时感到不适，那么只要下蹲到一个舒适的位置就可以，并专注于手臂的划船动作。

直臂下拉

目的

该练习动用上背部与手臂的大肌群，增加该练习的速度能增加心率与整体能量消耗量。

步骤

1. 阻力带固定点在与肩同高或略比肩高的位置。双手各握一个手柄。
2. 面向并远离固定点，以确保阻力带的张力。髋部向下移动，双脚向下发力以提高稳定性，两臂伸直，掌心朝向地面，两臂快速向髋部拉（下图）。
3. 手臂从大约肩高的姿势移至髋部，可以超过髋部，但不要太远。

要点

- 挺胸，脊柱挺直，有助于上背部与手臂的肌肉发力完成该练习。
- 手臂快速移动时，下降至四分之一蹲位，有助于髋部发力，双脚下压以提高稳定性。

后弓步拉

目的

该练习通过股骨与骨盆连接处的关节产生大量旋转，这种独特的旋转在其他动作中无法完成。此外，拉的动作锻炼到上背部的大量肌群，增加能量消耗量。

步骤

1. 阻力带固定点与肩同高或略比肩高。双手各握一个手柄。
2. 面向并远离固定点，以确保阻力带的张力。双臂伸直与肩同高，掌心相对，两脚分开与髋同宽。
3. 右脚向下发力，收缩右大腿肌肉以保护膝关节，左腿向左后迈一步，左脚指向 8 点钟方向。左脚着地，左手拉回至左肩，重心转移至左髋部（下图）。
4. 左腿发力，恢复站立姿势。双腿交换位置，右脚向后迈一步，右手向后拉。

要点

- 后脚着地并保持不动，前脚指向固定点。以髋关节的旋转动作为主，以保持膝关节稳定。
- 在整个练习中，保持挺胸、挺直脊柱很重要，有助于髋关节与胸椎带动身体旋转。
- 由肘部带动手臂拉阻力带，在动作的末端，保持背部肌肉和上臂肌肉相接触，有助于激活附着在上臂的背部肌肉。

交替出拳

目的

站姿推的练习需要核心肌群和下肢肌群的参与，为上肢胸部和肩部肌群的运动保持稳定性。出拳是推的动作，使用阻力带能激活核心与上下肢肌肉，增加整体能量消耗量。

步骤

1. 将阻力带固定在胸与肩之间的位置，背向并远离固定点，以确保阻力带的张力。两脚分开与髋同宽，两手各握住阻力带手柄放于肩前（图a）。
2. 双脚向下发力，臀部肌群收缩，有助于激活核心肌群并增强脊柱的稳定性。脊柱挺直，左右手交替出拳，出拳时旋转双肩，出左拳时身体左侧向前（图b），出右拳时身体右侧向前。

a

b

要点

- 脊柱挺直，以保证出拳时能够正确旋转。
- 双脚平行。拳击姿势中，保持双脚平行且一只脚稍微向前，有助于出拳时肩部旋转。
- 若想增加难度，可将双脚并拢，以降低身体的稳定性。

侧弓步直臂下拉

目的

该练习结合拉的动作能锻炼到上背部、腿部、臀部肌肉，双腿交替练习能增加整体能量消耗量。

步骤

1. 阻力带固定点与肩同高或略比肩高。
2. 面向并远离固定点，以确保阻力带的张力。两脚分开与髋同宽，两手各握住阻力带手柄，双臂伸直与肩同高，掌心朝向地面（图a）。右脚向下发力，左脚向左迈一步。
3. 左脚着地，脊柱挺直，左髋向后推，双臂下拉，右手放于右大腿内侧，左手放于左胫外（图b）。
4. 双臂恢复至起始姿势，左脚向下发力，右脚蹬地，右大腿内侧肌肉发力，恢复站立姿势。
5. 双脚并拢回到起始姿势，两臂伸直与肩同高，交替进行练习。

a

b

要点

- 左脚着地成侧弓步时，髋部向后移动，带动身体降低，而不是由脊柱发力。
- 下拉阻力带时，保持双臂伸直，以激活上背部的大肌群。

侧弓步下砍

目的

许多练习专注于使身体向前向后或向上向下。此练习结合侧弓步与旋转，这两个动作不管是作为单独练习还是整合练习都常常被忽视。躯干旋转应先由髋部开始。这一练习可以同时用到许多大肌群，可以非常有效地燃烧热量。

步骤

1. 将阻力带固定在与肩同高或略比肩高的位置，双手交叠，握住一个手柄，双臂伸直与肩同高（图 a）。右侧面对固定点并保持一定距离，以确保阻力带的张力。
2. 双脚平行，右脚向下发力，抬起左脚向左迈一大步，呈侧弓步。
3. 将身体重心移至左髋，并向后移动左髋，脊柱挺直，双手向左旋转。
4. 在体前拉阻力带，将重心从身体右侧移至左侧，将胸部与肩部向左转（图 b）。
5. 双手转回至体前，左脚蹬地，两脚并拢呈站立姿势，双臂伸直于胸前。

a

b

要点

- 保持阻力带的张力有助于保持在动作中肌群参与运动。
- 侧弓步时，左脚向下发力，大腿内侧与臀部肌群发力，将重心从右腿移至左腿。
- 由于阻力带的张力作用，身体重心等可能无法完全转至体侧。只要练习开始时保证阻力带的张力，就可以增加整体肌肉的参与度和能量消耗量。

快速拉阻力带

目的

使用阻力带的好处之一就是拉的动作越快，消耗的热量越多。该练习挑战用你的手臂尽可能快地拉阻力带，和使用划船机练习相似。

步骤

1. 将阻力带固定在略比肩低的位置。
2. 面对并远离固定点，以确保阻力带的张力。两臂伸直于胸前，掌心相对。
3. 双脚向下发力，挺胸，脊柱保持挺直，尽快将双臂向后拉，直至肘部超过肋骨笼（下图）。将两臂移至起始位置。
4. 尽量在规定的时间内完成更多的重复练习。

要点

- 为激活髋部与核心肌群，可在练习时保持右膝微屈，并将右髋向后移动，保持四分之一蹲姿。

利用哑铃进行代谢调节训练

如果使用方法得当，哑铃可以用于全身练习。哑铃小巧便携，练习起来不受时间和地点的制约。为了达到最佳效果，可以购买轻重不同的两组哑铃，较重的哑铃用于达到疲劳阈值。

<table>
<tr><th>练习</th><th>练习时间 *</th><th>循环组数 +</th></tr>
<tr><td>双臂交替俯身划船</td><td>25秒</td><td rowspan="7">2～5组</td></tr>
<tr><td>侧弓步过顶推举</td><td>25秒</td></tr>
<tr><td>旋转上勾拳</td><td>25秒</td></tr>
<tr><td>交替转体肩上推举</td><td>25秒</td></tr>
<tr><td>肱三头肌伸展</td><td>25秒</td></tr>
<tr><td>单腿站立交替肱二头肌弯举</td><td>25秒</td></tr>
<tr><td>横向弓步触地</td><td>25秒</td></tr>
<tr><td>间歇与恢复</td><td colspan="2">组间间歇45～90秒</td></tr>
</table>

* 每2～3周增加5秒练习时间，直至每次练习45秒。

+ 练习时间达到45秒并能够完成2组循环后，增加循环组数，直至完成5组循环。

双臂交替俯身划船

目的

直立练习时，内斜肌与外斜肌负责躯干与脊柱的旋转划船动作，上背部的背阔肌有助于手臂向后拉。该练习能同时锻炼这些肌肉，有助于增加整体能量消耗。

步骤

1. 直立，两脚分开至介于髋到肩之间位置，双膝微屈。双手各握一个哑铃，双臂垂于身体两侧，掌心朝向身体。
2. 尾骨向后移动，脊柱挺直，膝关节微屈，屈髋俯身形成髋关节铰链。双臂向下伸展，直至肘关节伸直（图 a）。
3. 挺胸，脊柱挺直，将哑铃拉至肚脐方向，掌心相对。双脚向下发力，保持不动，右臂往后拉，稍向右旋转（图 b）。右臂回至起始位置时，将躯干转回，双臂交替进行练习；左臂向后拉，稍向左旋转。

要点

- 练习时，挺胸并保持脊柱为挺直的状态，由胸椎带动身体旋转。
- 拉回手臂时，肩部与胸部向同侧旋转，保持动作连贯。
- 双手握住哑铃，肘部带动手臂拉起哑铃。背阔肌与上臂相接触有助于练习更多的上背部肌肉。

a

b

侧弓步过顶推举

目的

侧弓步能锻炼髋部与大腿的大肌群，增加总能量消耗。过顶推举增加上肢肌肉活动，提高总能量消耗。

步骤

1. 直立，双脚分开与髋同宽，两手各握一个哑铃，右脚向右迈一步，两脚平行，双手触碰右脚的同时，右髋向后移动（图 a）。
2. 双臂向上拉至腰部，左脚向下发力，右脚蹬地，左大腿内侧肌肉发力，向上站立。
3. 接近站立时，屈肘，双臂做肱二头肌弯举（图 b），然后伸直双臂举过头顶（图 c）。将哑铃降至腰部，交替双腿，每次恢复站立姿势时，进行哑铃肩上推举练习。

要点

- 在弓步的最低位置触碰脚时，先将髋部向后移动，一旦屈髋就可以弯曲脊柱触碰脚。如果先弯曲脊柱，可能会导致下背部轻微不适。
- 恢复站立姿势，将哑铃举过头顶，两脚交替，保证动作的流畅。

a

b

c

旋转上勾拳

目的

髋部与躯干的旋转结合手臂的上勾拳动作，练习核心与上肢的大肌群。

步骤

1. 直立，双脚分开与肩同宽，双手各拿一个哑铃，掌心朝上，双肘夹紧，呈四分之一蹲姿（图 a）。
2. 右脚向下发力，躯干向左旋转，右脚指向身体中线。保持左脚向下发力踩实地面，左髋带动身体旋转。右肘屈曲做上勾拳，右肘与肩部同高（图 b）。
3. 回到起始姿势，换另一侧重复左右交替进行。

要点

- 在练习中，做上勾拳时，肘部从髋部移至肩部高度，并保持 90 度，以保证由肩部带动手臂练习。
- 要旋转髋部，脚向下发力踩实地面的同时进行旋转，就像是用脚踩灭烟头一样。
- 挺胸，脊柱挺直，髋部带动身体旋转，而不是背部。

a

b

交替转体肩上推举

目的

内外斜肌分别位于躯干的后侧与前侧。在旋转的同时进行躯干旋转，可以同时练习内外斜肌，并增强肩部力量。该练习有助于增强核心肌肉力量，并燃烧热量。

步骤

1. 直立，双脚分开与髋同宽，两手各握一个哑铃放于肩上，掌心相对（图 a）。
2. 脊柱挺直，向左旋转至最大幅度时，面向 9 点钟方向。右臂伸直举过头顶（图 b），然后迅速将肘部拉回至胸前。
3. 脊柱挺直，向右旋转，面向 3 点钟方向，左臂伸直举过头顶，然后迅速将肘部拉回至胸前，双手交替进行。

要点

- 旋转躯干时，脊柱挺直，以确保胸椎带动身体旋转，避免腰椎先旋转。
- 旋转躯干同时旋转脚和腿，有助于确保肌肉正确发力。

a

b

肱三头肌伸展

目的

肱三头肌负责肩部的伸展和控制手臂的运动。这项练习有助于增加上肢的力量，同时燃烧热量。

步骤

1. 直立，双脚分开与髋同宽，两手各握一个哑铃，臀部下蹲至四分之一蹲高度，脊柱挺直。
2. 双脚向下发力以增加稳定性，双肘放于身体两侧。两手同时向后伸直，直至两臂完全伸展（下图），肱二头肌发力，双手回到起始姿势。

要点

- 髋关节屈曲时，保持髋关节铰链姿势，脊柱挺直。双脚向下发力并收缩臀部肌群，有助于增强稳定性。
- 伸展双臂时，收缩上臂的后侧，以增加整体肌肉的参与度。

单腿站立交替肱二头肌弯举

目的

将手旋转朝上可以练习二头肌下的小块肌肉。这些肌肉力量增强后，有助于改善肌肉的线条与围度。单腿平衡练习可以提高核心肌肉与臀部肌肉力量，从而有助于提高整体训练效率。

步骤

1. 直立，双脚分开与髋同宽。双臂垂于身体两侧，双手各握一个哑铃，掌心朝向身体中线。
2. 左脚下压，抬起右脚，左腿站立保持平衡。右腿稍微离开地面，或右脚尖点地以帮助保持平衡。
3. 屈左肘，将哑铃移向肩部（下图）。左边哑铃移至肚脐高度时，旋转手腕，左手掌心朝向天花板。
4. 左手回到原处，手腕转回，恢复起始姿势，交替进行。

要点

- 为在单腿站立时保持平衡，收缩支撑侧大腿与臀部的肌肉。
- 两臂交替弯举时，尽量保持动作连贯，即一侧手臂回到起始姿势的同时，另一只手臂开始进行弯举练习。

横向弓步触地

目的

该练习能够锻炼臀部与腿部的大肌群，有效地燃烧大量“卡路里”，加强大腿与骨盆间控制旋转的肌肉。

步骤

1. 直立，双脚并拢。双臂垂于身体两侧，双手各握一个哑铃，掌心朝向身体中线（图 a）。
2. 左脚向下发力，脚尖指向 12 点钟方向。左大腿肌肉发力以保护膝关节。
3. 抬起右脚，骨盆向右旋转，右髋朝向 3 点钟或 4 点钟方向。
4. 右脚着地，右髋向后移动，重心移至右髋。双手向下伸展，俯身形成髋关节铰链以增加髋关节的屈度。双手移向右脚，并放于右脚内侧边缘，以增加右腿外侧肌肉活动（图 b）。只要髋关节先屈曲，双手向下伸展时脊柱可以弯曲。
5. 将双手收回，脊柱挺直，右脚蹬地，恢复站立姿势。右脚蹬地时，左脚向下蹬伸，回到起始姿势，双脚指向正前方，交替两腿练习。

a

b

要点

- 弯曲脊柱接触地面前，确保屈髋并俯身形成髋关节铰链。重点不在于是否能触碰到地面，而是要确保先屈髋，其次才是脊柱。
- 回到起始姿势时，将脚压向地面，同时大腿内侧肌肉收缩，以增加总热量消耗量。

利用壶铃进行代谢调节训练

近年来，壶铃训练大受欢迎。因为壶铃简单易学，所以一直被用于力量和代谢调节训练。壶铃的最大优点之一就是体积小、易于存放，如果你时间和空间有限，那么壶铃训练将是一个很好的选择。为了达到最佳训练效果，可以选择两种不同重量的壶铃：相对较轻的壶铃和能够在每次循环练习中造成疲劳的较重壶铃。对于大部分人来说，一般较重的壶铃重量约为 10 ～ 12 千克。

练习	练习时间 *	循环组数 +
高脚杯蹲	25秒	2～5组
单臂高拉	每侧25秒	
后交叉弓步触地	25秒	
双臂甩摆	25秒	
单臂高翻	每侧25秒	
单臂借力推	每侧25秒	
侧弓步触地	25秒	
间歇与恢复	组间间歇45～90秒	

* 每2～3周增加5秒练习时间，直至每次练习45秒。

+ 练习时间达到45秒并能够完成2组循环后，增加循环组数，直至完成5组循环。

高脚杯蹲

目的

在身体前侧持壶铃需要深层核心肌群的参与以控制身体姿势，并保持脊柱的稳定性。深蹲时动用腿部大肌群参与激活和控制动作。训练中动用大量的肌群能够增加总体能量消耗量。

步骤

1. 直立，双脚分开与肩同宽，双手手掌持壶铃，壶铃手柄朝下。
2. 保持双肘紧贴身体两侧，脊柱挺直，髋部向后移动，下蹲（下图）。
3. 髋部继续向后向下蹲，允许膝关节向前移动一点直到下蹲到一个舒服的位置。双脚向下发力，膝关节向后拉，恢复站立姿势。

要点

- 下蹲动作的开始是髋部向后移动，这有助于确保正确的肌肉在工作，以控制髋关节的运动，避免因膝关节先向前移动而导致受伤。
- 恢复站立姿势时双脚向下发力，以激活大腿上部与控制腿部伸展的臀部肌肉。
- 下蹲时挺胸，脊柱挺直，以确保髋部发力带动身体向下沉。

单臂高拉

目的

高拉是快速、动态的练习，能够锻炼大腿上大部分的肌肉、筋膜以及弹性结缔组织，增加整体力量输出。快速运动能够增加整体能量消耗量，增强组织的弹性与韧性，降低受伤的风险。高拉动作有助于高翻动作的学习。

步骤

1. 两脚分开至介于髋到肩之间的位置，右手握住壶铃手柄，脊柱挺直，髋部向后移动，形成髋关节铰链，壶铃向下移动至腿前（图 a）。
2. 到达髋关节铰链末端，双脚迅速蹬地，髋关节快速前顶。将壶铃沿身体前部向上移至胸部高度，恢复站立姿势（图 b）。
3. 将壶铃拉至最高点时不要停顿，重复以上动作。

要点

- 由髋部发力带动壶铃上移，为避免手臂发力，左右手交替进行练习。
- 此动作练习髋部的Ⅱ型肌纤维，而不是一个上肢、手臂和肩的练习，避免手臂或肩部发力。
- 髋部前顶时，臀部肌肉快速收缩，蹬地带动壶铃移动。

后交叉弓步触地

目的

该动作能够在完整的ROM内锻炼伸髋肌群，增强肌肉力量。交替弓步能提高整体能量消耗量，髋部的侧向运动能加强控制髋关节运动的肌群。

步骤

1. 直立，双脚分开与髋同宽，右手握住壶铃手柄于腰部。脊柱挺直，左脚不动，右腿向左后方迈一步。重心移至左髋，右脚尖着地，俯身与左髋形成髋关节铰链，将壶铃移至左脚前的地面上（下图）。
2. 左脚向下发力，抬起右腿，并收回至起始位置，恢复站立姿势后迅速换左手握住壶铃，左脚向后迈一步，将壶铃移至右脚前的地面上方。

要点

- 右脚向左后方迈一步，有助于髋部发力，确保左髋在这个练习中占主导作用。
- 要增加难度，可在壶铃下移时，使其远离前脚，以增加髋关节伸肌负荷，并提高髋关节的活动度。
- 前脚向下发力，髋部前顶，恢复站立姿势。

建议：刚开始的几次练习中，要侧重于此动作的学习，以感受髋部发力。

双臂甩摆

目的

甩摆是爆发力铰链动作，该动作动用伸髋的大肌群以控制运动，也需要深层核心肌群的参与，限制不必要的脊柱运动。该练习能够消耗大量能量，同时加强臀部和大腿的后侧肌群。

步骤

1. 直立，双脚分开与肩同宽，膝关节微屈。双手握住壶铃手柄。
2. 脊柱挺直，髋部向后移动形成髋关节铰链，将壶铃置于两腿之间且低于髋部（图 a）。
3. 挺胸，髋关节迅速前顶，膝关节向后移，腿部与髋部发力将壶铃向前摆动。
4. 将壶铃上摆到胸部高度（图 b），然后回到原处，重复以上动作。
5. 壶铃快速的上下摆动有助于肌肉有弹性地拉长和缩短。

a

b

要点

- 该动作是髋关节主导运动，练习中保持脊柱挺直，以确保髋关节发力，背部只起到杠杆作用。
- 壶铃向上摆动时，迅速用双脚蹬地，并收缩臀部肌肉以便发力。
- 学习该动作时，想象将壶铃下摆至尾骨下方，这强调起始动作时壶铃应该在的位置。将壶铃向下摆动得越快，越能确保其可以上摆至胸部高度。

单臂高翻

目的

该具有爆发力的动作需要臀部以及大腿的较大肌群产生移动壶铃的力。学习如何正确地使用壶铃进行高翻练习，即在提拉后手臂紧靠胸部和肋骨笼形成支架以支撑壶铃，有助于改善协调性并提高控制动作的能力。

步骤

1. 直立，两脚分开至介于髋到肩之间的位置，右手握住壶铃手柄，旋转右臂，使拇指指向身体（图 a）。保持脊柱挺直，髋部向后移动，形成髋关节铰链，将壶铃下移并使其在双腿之间下摆（图 b）。
2. 一旦到达髋关节铰链的末端，双脚迅速下蹬，髋关节迅速前顶，将壶铃沿体前上移至胸部高度。一旦壶铃到达胸部高度，迅速地将右肘向肋骨笼方向猛拉，降低上臂和肩部使其低于壶铃，以便在恢复站立姿势时更好地接住壶铃，站立后指关节正好处于胸部上方。
3. 为了放下壶铃，迅速地放下右手，转动右手拇指指向身后，同时髋关节向后移动，俯身形成髋关节铰链拉长肌肉，为下一次重复做准备。

a

b

要点

- 高翻时，让壶铃落在手臂上方，而不是将壶铃翻转到手臂上，这种常见的错误会砸到自己造成疼痛。
- 高翻时，注意手臂与手腕的旋转，以确保壶铃落在手臂上。
- 在甩摆壶铃动作中，将右臂转向身体，使拇指朝向身体。用右臂甩摆身下的壶铃。壶铃上摆时，右肘迅速降低并贴紧肋骨笼，右手掌心朝向胸部，保证动作的流畅性与连贯性。

建议：当你感觉自己变强壮并能够高效地完成此练习时，在高翻后可以加一个肩上推举的练习。

单臂借力推

目的

该练习借助髋关节爆发性向上发力使壶铃推举向上。臀部与大腿肌肉完成快速推举能增加整体能量消耗量。

步骤

1. 肘部靠近身体一侧，手腕弯曲，形成一个架子支撑壶铃，让壶铃牢牢地贴在前臂上。脊柱挺直，髋部迅速向后移动（图 a），然后双脚用力向下蹬，髋部前顶，右臂迅速推举过头顶（图 b）。
2. 手臂伸直，重心向后移，尽量伸展身体。
3. 右肘带动右臂向下，右肘拉回至肋骨笼。在规定时间内，尽量用右臂完成更多的重复练习，然后换左臂。

a

b

要点

- 脊柱挺直，双脚向下发力，以提高身体的稳定性，并有助于髋部发力。
- 手臂上举时，掌心向内，以确保肩关节在最佳的 ROM 内进行运动。

建议：一旦你感觉自己变强且能更有效率地完成此练习，则可以增加难度，先进行高翻练习，接着进行一个借力推举。

侧弓步触地

目的

髋关节是非常灵活的关节，弓步变式能够在所有方向上运动。该变式使髋关节在一个较大的活动度内进行旋转、屈和伸，并且能够提高控制髋关节运动的肌肉力量，负重弓步触地能够拉伸髋伸肌，是加强肌肉组织的一种有效方法。

步骤

1. 直立，双脚分开与髋同宽，两臂置于身体前方。左手握住壶铃，掌心朝向身体。
2. 左脚下压，脚尖指向 12 点钟方向。左侧大腿肌肉收缩，可以在旋转时起到保护膝关节的作用。
3. 抬起右脚，向右迈步，将髋部向右旋转，右髋朝向 3 点钟或 4 点钟方向。
4. 右脚着地，重心移到右髋，用壶铃触碰右脚内侧地面时形成髋关节铰链，以增加右髋的屈度和左髋的旋转（下图）。
5. 壶铃下移时，只要确保髋关节先带动身体向下，就可以弯曲脊柱。左手上拉，伸展脊柱，收回右腿，恢复起始姿势。两脚脚尖指向前方，迅速换至左侧。
6. 在规定时间内，两侧交替尽量完成更多的重复。

要点

- 前腿保持不动，由髋部带动身体旋转，避免膝关节或脚踝先旋转。前脚向下发力，同时大腿收缩，以确保正确发力。
- 先由屈髋带动身体向下，避免脊柱先于髋部弯曲。
- 渐进式增加活动度，可以先转至 3 点钟或 9 点钟，再逐渐增加到 4 点钟或 8 点钟。循序渐进有助于改善关节活动度，增加组织强度并提高整体工作效率。

第 3 部分

获得并保持健康

第 6 章

制订训练计划

时间非常宝贵，对于无法提供愉悦感或一定投资回报率的活动，人们不会浪费时间。训练也是如此，要想在较短的时间内达到理想的训练效果，就需要制订合适的训练计划，并坚持实施。只要保持适当的训练强度，并持续必要的时间，任何运动类型或方式都可以达到效果。长时间完成相同类型的训练是错误的，反复做相同的练习，却期望得到不同的结果是一种妄想。长时间重复相同的训练计划，采用同样的负荷或完成同样的重复次数，一旦身体适应了特定的负荷，就不会再产生任何改变。这种现象的对应专业术语即为"适应"，也就是健身房中常说的"到达瓶颈期"。

制订一个科学合理的训练计划就像做旅行安排，先要确定旅行的目的地，然后选择最快、最经济的交通工具。乘坐大巴车最便宜，但是如果假期时间有限，可以选择乘坐较为昂贵的飞机出行，这样可以节省旅途时间，把更多的时间花在度假上。

制订训练计划时，先要确定健身目标，比如改善灵活性，增加瘦体重或力量，或者提高有氧运动能力。合理的方法是设定量化目标，采用可测量的训练结果。比如，改善髋关节灵活性的标志是能完成深蹲动作；增强上身力量的标志是能连续完成 20 个俯卧撑；或者改善有氧体能，能够在高强度运动之后减少恢复平稳呼吸的时间。

接下来要选择合适的训练计划类型，以帮助你达成目标。低效的训练计划就像坐大巴车度假，需要花费更多的时间才能达成健身目标。强度较大的训练计划与能达到实际效果的训练计划完全不同，而有挑战性的训练并不意味着一定能让身体出现所期望的变化。

一种极为常见的错误是认为训练效果可以立竿见影，期望训练计划可以立刻改变体形。只要多运动，并结合健康的生活方式如合理膳食、充足睡眠，长此以往，就可以使身体发生明显的改变。

要想达到训练目的，需要长期坚持有规律的训练。训练计划开始时，无论是第一次训练，还是中断（中断的原因并不重要，重要的是你再次运动的事实）后恢复训练，请记住“千里之行，始于足下”。不要刚开始就进行过多的练习，应该缓慢地逐渐增加训练强度。在刚开始训练时，重点是让训练变得愉快有趣，而不是急于弥补长期停训而进行大量的训练。无论想达到哪个短期或长期目标，重要的是要学会享受训练的过程。

许多健身人士都会因为急于求成而面临一个挑战，即由于长期采用相同的负荷进行完全相同的练习，身体不再产生任何变化而到达一个稳定点（瓶颈期）。诚然，运动总比不运动要好，但如果神经系统和肌肉没有受到新的刺激，就不会产生所期望的变化。本书中介绍的器材都比较有特色，如双臂阻力带、壶铃、药球、瑞士球、沙袋和哑铃，为锻炼身体提供了大量有一定挑战性的选择。

为达到预期效果，使身体发生所期望的变化，进行富有挑战性的练习是必要的，但是认为所有训练都需要达到身体极限的观点是荒谬的。你应该了解如何使用低强度的灵活性训练让自己在繁忙的工作之余保持精力充沛，或如何在完成高强度的力量和代谢调节训练后帮助你恢复体力，而不是连续进行高强度训练。诚然，为了刺激肌肉与生理系统产生适应，高强度的训练是必要的，但是低强度的训练对于运动后的恢复而言也是不可或缺的，并且低强度的训练有助于缓解高强度运动后的不适（Hausswirth & Mujika，2013）。中低强度的灵活性训练也有助于缓解运动不足带来的负面影响，比如在长时间的开会或长途飞行之后进行中低强度的灵活性训练，可缓解肌肉疲劳，并改善血液流动。掌握如何交替进行高强度与低强度的训练，以及何时需要在灵活性训练中加入一些有计划的 HIIT，有助于提高运动表现，并有利于长期保持健康状态。

交替进行低、中、高强度的训练，有助于享受训练的过程。如果感觉良好，比如恢复较好，精力充沛，保持适当的水合状态，就可以增加训练强度（如增加重复次数、加快训练速度、减少间歇时间或增加负荷）。只需要适当增加训练强度，不必过多，就足以感受到不同。如果感到疲倦，可以进行低强度的灵活性练习，这有助于身体恢复，激发活力。开始运动后，有可能很快就会感觉到身体的变化，只要坚持训练，身体的感觉会越来越好，每天都会离目标更近一步。

每次训练都会引起身体的一些短期反应，这些反应会让身体产生长期变化。短期反应发生在训练中或训练结束时，并逐渐累积，使身体形成长期适应性或变化。比如，施加机械力并消耗储存在肌细胞中的糖原，可引起局部肌肉疲劳，这是发生在训练结束时的短期反应。如果反复训练或坚持训练计划，身体会产生长期适应性。比如重复练习使肌肉达到疲劳阈值，身体将利用糖原产生能量，肌细胞就会储存更多的糖原来适应这一刺激，这些糖原又将产生更多的能量，以提高疲劳阈值。肌肉储存更多糖原的能力还对应一个次要益处，即糖原可以保持更多的水分，从而增加肌纤维的体积。此外，重复训练达到疲劳阈值可以增加运动时募集Ⅱ型运动单位与肌纤维的数量，长期坚持则可以在运动时募集更多的运动单位，并增加整体肌力输出。值得注意的是，经过几次训练后就能够感到运动能力的提高或力量增强，但身体出现实际且显著的变化会发生在持续训练的 6 ～ 8 周之后。在此期间，除了坚持有规律的运动，还应该保持健康的生活习惯，如减少含糖食物的摄取。

本章首先会研究如何充分利用时间和精力，以确定最佳的个人训练计划；然后介绍周期训练的概念，有助于人们更好地了解如何有效实施有组织的训练计划，获得所期望的结果；最后会讨论恢复的重要性，比如如何从个人训练中恢复，以及训练之间需要多少恢复时间，这不仅可以为下次训练做好准备，还可以避免因训练过度而导致身体不适。

训练课的构成

烹饪讲究食材的准备方式与加入的先后顺序，如果把所有食材一起扔进锅里，做出来的饭菜并不可口。食谱的作用就是指导人们搭配食材，做出特色美食。训练也是如此，如果只是随意做一些喜欢的运动或模仿流行的锻炼方式，而不了解这些训练对身体的实际影响，往往达不到训练的目的。

了解完成特定训练的方式和时间，有助于确定身体能够达到的理想效果。可以保持训练的整体结构不变，只需适当改变器材的类型或训练内容。训练课包括 3 个特定部分。

热身

热身运动是指低强度运动，它可以提高心率，升高组织温度，提高中枢神经系统的整体活性，以便为接下来的运动做准备。利用自身体重或采用较小负荷的灵活性训练是一种有效的热身运动。热身运动应采用低强度运动，且不宜超过 10 分钟，以便为接下来的高强度重复训练做好准备。

下面列出了几项热身练习，这些练习有助于为高强度训练做好准备。

- 臀桥：重复 12 ～ 15 次。
- 直臂平板支撑：保持 20 ～ 40 秒。
- 侧撑：每侧保持 20 ～ 30 秒。
- 交替侧弓步触脚尖（例如，右弓步时，用左手触碰右脚，每侧重复 8 ～ 12 次）。
- 开合跳：重复 12 ～ 15 次。

将上述动作编成一组循环训练，两个动作之间的间歇时间较短；一组循环训练的间歇约 30 秒，完成 2 ～ 3 组循环。这些练习看起来简单，而且跳跃运动有些类似于学校的广播体操，但这些简单的循环练习可以让身体为之后 7 ～ 10 分钟的高强度训练做好准备。工作非常繁忙时，也可以做一组这样的低强度热身练习，即便是进行短时间运动也要好于不运动。

科学家说：为什么要热身

一套完整的全身性热身运动有以下好处。

- 加快循环。肌肉利用氧气与营养物质产生能量。低强度的热身练习可以促进血液流向肌肉，为训练提供必要的能量。加快血液循环或氧气运输大约需要 8 ～ 15 分钟，所以要保证足够的热身时间。
- 提高用于产生能量的激素水平。肾上腺能够产生肾上腺素与去甲肾上腺素，它们与皮质醇一起促进脂肪与碳水化合物转化为能量，用于肌肉收缩。热身过程可以促进这些激素产生，以便为接下来的训练提供所需的能量。
- 组织温度升高可以降低肌肉拉伤的风险。升高组织温度有助于增加肌肉与结缔组织的弹性，从而使关节活动更容易、更灵活。
- 激活中枢神经系统的感受器。这些感受器负责感知身体的位置变化，激活这些感受器有助于控制运动并提高身体的协调性。

- 优化肌肉的神经激活。这一点较为专业，中枢神经系统通过激活运动单位，来控制肌肉收缩。热身运动可以逐渐增加训练强度，这给中枢神经系统施加了必要的刺激，从而激活运动单位，以确保肌肉输出运动所需的力量。
- 做好心理准备。热身过程有助于清除杂念，如工作、家庭或社会责任，让人将注意力集中于接下来的练习。
- 规范动作模式。不论是想增加核心力量训练的负荷，还是要提高代谢调节训练的速度，先要以较慢的、可控的速度练习这些动作模式。这有助于纠正并改善动作与姿势，随着动作的规范与技巧的增强，就可以通过增加外部阻力来增强力量，或加快运动速度并减少休息间歇时间，从而改善代谢调节能力。

正式训练

虽然训练的重点在于灵活性、代谢调节与核心力量训练之间交替变化，但每种训练都包含相同的变量，即训练内容、训练强度、重复次数、训练组数、训练速度、间歇时间及频率等。

科学家说：调整训练强度

改变训练并没有那么复杂。下面列出了改变训练计划各个变量的简单方法，这些变化可以带来完全不同的体验，并有助于达到运动目的。

训练内容

可以将练习项目看作一道菜的主食材。比如鸡肉，可以加入不同的调料来改变鸡肉的口味。同样地，如果选择深蹲或弓步练习，可以通过改变其他因素来改变训练内容。

训练强度

改变训练强度的一个简单方法就是增加负荷。负荷增加则重复次数会减少，但会以不同的方式刺激肌肉，从而改变训练结果。如果负荷较小，可以改变其他变量来增加训练强度，如增加重复次数或提高运动速度。

重复次数

达到疲劳阈值的训练会产生更好的效果。如果增加训练强度，只需要较少的重复次数就可以达到疲劳阈值；而如果降低强度或使用较小的阻力，就需要增加重复次数才能达到疲劳阈值。

改变训练还有一个简单的方法，即设定计时器，在指定时间内完成尽可能多的重复次数，这也可以用于衡量进步程度。比如刚开始在 20 秒内只能重复 15 次练习，之后能在 20 秒内重复 20 次，意味着你的水平提高了约 33%。

训练组数

如果想提高训练难度，只要时间允许，可以增加练习的组数。如果能够完成 2 ～ 3 组练习，再增加一组练习可以增加身体负荷，从而产生更明显的效果。如果能轻松完成 4 ～ 5 组练习，没有疲劳感，就需要增大负荷或增加重复次数。

训练速度

如果以较慢的速度进行练习，可以使肌肉在较长时间内保持收缩状态，这是激活更多运动单位的一个方法。减慢训练速度，用 5 ～ 10 秒完成每个方向的练习，也是一种增加训练难度的方法，这与通过提高训练速度来增加难度的方式完全不同。加快训练速度可以更快地达到肌肉疲劳阈值，这也是激活特定肌肉中所有肌纤维的一个标志。

间歇时间

刚开始实施训练计划时，两次练习之间至少要间歇 15 ～ 30 秒。保持其他要素不变，将间歇时间减半或不休息，都可以快速地增加训练难度。

如果感到训练变得更轻松，意味着身体变得更强壮，也意味着应改变训练计划，刺激身体做出新的适应。如同改变烹饪食谱中的一两种食材就可以明显改变一道菜的口味，那么调整训练计划中的一两个变量，就可以产生完全不同的效果。

恢复再生

训练中，机体处于高度紧张状态。放松过程的目的是帮助机体恢复到正常的工作状态，称为内稳态。放松过程对缓解工作肌的紧张至关重要，却往往被忽视。在放松过程中，工作肌会恢复到正常的静息长度，身体会清除肌肉运动发力时产生的代谢废物，促进氧气流动以帮助修复受损的组织，而且心率也可以恢复到正常的静息水平。放松过程有助于启动身体的恢复过程，即修复所有受损的肌肉组织，并更新为训练提供能量的糖原。可以将放松过程看作是第二天训练的开始，放松过程进行得越完善，身体为下一次训练准备得越好。

确定时间因素的策略

如果工作繁忙或家务烦琐，人们更倾向于做一些令人放松的事情，而不是坚持训练。长时间的训练可以促进肌肉生长，但只要达到一定的训练强度，并同时动用到较多的肌肉，短时间的训练也能产生效果。保持健康生活方式的一部分就是根据自身情况合理安排训练时间，即便是 10 ～ 30 分钟的训练也对健康有益。

值得注意的是，停训 2 周并不会显著影响健康水平，但超过 2 周（如 3 ～ 4 周完全停训）可能会导致力量、心肺功能或灵活性下降。这便是即使工作繁忙也要尽量坚持训练的原因。进行较短时间或较低强度的训练，可能不会增加力量或对身体产生显著影响，却有助于保持现有的训练效果。

即使训练时间较短，也不要省略热身与放松阶段。使身体为接下来的训练做好准备，或在训练后放松并恢复到正常的静息状态是至关重要的。热身内容可以包括一些接下来要进行的训练内容，只是不要施加负荷，并降低练习速度。放松过程可以是低强度自重练习，如平板支撑、侧撑、反向卷腹或一组拉伸运动，这些练习可以改善特定关节或肌群的灵活性。

如果时间有限，可以采用下列训练方法。当你想要改变你的整体训练计划时，这些策略也可以用来制订富有挑战性的训练计划。如果训练时间充裕可以采用这些方法，只需增加间歇时间，或在 Tabata 训练中完成不同的练习或增加多个间歇。

Tabata 训练

Tabata 训练是基于田畑泉（Izumi Tabata）博士的研究总结的训练方法。他发现先完成 8～20 秒的极高强度的训练，然后间歇 10 秒，持续进行 4 分钟，可以提高有氧效率，这是代谢调节训练最好的方法。

可以在手机或平板电脑上下载一个 Tabata 计时器，挑选 2 个或 4 个练习。

- 如果你挑选了 2 个练习，每项练习交替进行，每项练习完成 4 组。
- 如果你挑选了 4 个练习，每项练习交替进行，每项练习完成 2 组。

有效的热身结束后，尽可能提高训练强度，意味着在每个 20 秒高强度训练中达到呼吸急促的程度，只需要坚持 4 分钟的 Tabata 训练，就可以提高有氧代谢能力，提高疲劳阈值（Tabata，et al.，1996）。

2 个动作的 Tabata 训练示例

- 先进行深蹲前平举，尽量在 20 秒内完成多次重复，然后休息 10 秒。再进行直臂平板支撑，坚持 20 秒，然后休息 10 秒，这两个练习交替进行。
- 持续 4 分钟的 Tabata 训练中，每个动作完成 4 组。

4 个动作的 Tabata 训练示例

下列 Tabata 间歇训练基于第 4 章的双臂阻力带进行核心力量训练。

将 Tabata 训练时间（可用手机或平板电脑下载）设置为 4 分钟，准备完成以下第 4 章中的 4 个核心力量训练动作。每个动作进行 20 秒，然后休息 10 秒，再进行下一项练习。弓步单臂拉时，左腿在前，右臂进行拉的动作完成一组，再换左臂与右腿完成一组。同样在做双手前推练习时，先让左肩面对固定点，再换右肩。

- 站姿卷腹（背对固定点）。
- 弓步单臂拉。
- 双手前推。
- 深蹲划船。

每个动作练习 20 秒，各完成 2 次，一组 Tabata 训练持续 4 分钟。

每分钟完成一项练习

每分钟完成一项练习（Every minute on the minute，EMOM）是代谢调节或核心力量训练的最佳方式，这是一种新兴的训练方法。在热身结束后，用定时器设定 1 分钟，在 1 分钟内完成一定重复次数的练习。如果完成规定的重复次数后时间有剩余，就可以利用这些时间进行休息，然后进行下一项练习。

EMOM 可以一次只进行一种练习，也可以交替进行不同的练习。比如可以设定 8 分钟的时间，刚开始练习时每分钟完成 25 次壶铃甩摆，如果完成 25 次甩摆后有剩余的时间，就可以利用这些时间进行休息；另一种方式是设置时间，在均等时间（定时器从 0 开始）内交替进行上、下半身的练习。

- 设定 10 分钟时间，选择一项上身练习与一项下身练习。例如，上身选择哑铃肩上推练习，下身进行交替侧弓步练习。定时器设定均等的时间，并在相邻时间内交替进行这两项练习，每项练习各完成 5 组。
- 设定 12 分钟时间，上、下半身各选择 2 项练习，如下半身的深蹲或弓步练习，上半身的推拉与核心力量练习（如反向弓步、旋转上勾拳、交替划船和毛毛虫爬）。在 12 分钟内，每项练习完成 3 组。

设定 10 分钟时间，每项练习完成 5 组

以下练习选自第 5 章中利用自重进行的代谢调节训练。

- 偶数分钟（从 0 开始）：20 次快速下蹲。
- 奇数分钟（从 1 开始）：10 次跨步（每侧）。

以 1 分钟为限，完成一定重复次数后，剩余的时间进行休息。

设定 12 分钟时间，每项练习完成 3 组

下列练习选自第 5 章中利用瑞士球进行的代谢调节训练。设定 12 分钟时间，交替进行以下练习。第 1 分钟（从 0 开始）完成 12 个屈膝臀桥，第 2 分钟（从 1 开始）完成 12 次俯卧髋部滚动，第 3 分钟（从 2 开始）完成 12 次瑞士球前推，第 4 分钟（从 3 开始）完成 12 次俄罗斯旋转，然后在剩下的 8 分钟内每项练习至少各完成 2 组。

- 12 个屈膝臀桥。
- 12 次俯卧髋部滚动。
- 12 次前推。
- 12 次俄罗斯旋转。

以 1 分钟为限，完成一定重复次数后，用剩余的时间进行休息。

阶梯组模式

阶梯组模式是一种有效的代谢调节训练方法。简短的热身后，设定 6 分钟的时间。第一次间歇训练，先练习 20 秒间歇 40 秒，然后练习 30 秒间歇 30 秒，再练习 40 秒间歇 20 秒。这种训练方法就像爬楼梯，练习时间逐渐增加。练习时间增至 40 秒后，就要逐渐缩短练习时间，就像下楼梯。如果时间有限，不妨采用特殊的阶梯模式进行有挑战性的练习，也是一种很好的训练方法。

阶梯模式可以节省时间。设定两组 6 分钟的阶梯模式训练，每组选择两项练习。首先进行深蹲过顶推举练习。将练习时间从 20 秒增至 30 秒、40 秒，然后将间歇时间从 40 秒递减至 30 秒、20 秒，类似于上下楼梯。另一个阶梯模式训练可以采用双臂甩摆，并按照相同的时间增减方式完成 6 分钟的练习。如此，就可以在不到 15 分钟的时间里进行大量的练习。可见，要达到每日所需的训练量并不需要太长时间。

三 重 组

三重组是有效的核心力量训练方法。三重组指一组连续完成一系列的练习（经常是 3 个，但有时是 4 个），且两组之间几乎无间歇。

三重组训练法先从多关节运动模式开始，再进行单关节或特定肌群的孤立训练。为了达到最佳训练效果，在相邻练习之间不要休息。三重组的目的是使特定的肌肉或肌群达到疲劳阈值，这是形成代谢超负荷最快的方式之一。

以下三重组练习基于第 4 章中利用身体自重进行的核心力量训练。

- 深蹲双臂前平举：15 次。
- 后弓步过顶举：每侧 12 次。
- 臀桥：20 次。

完成所有重复即为一个三重组，完成 1 组后间歇 30 ～ 45 秒，共完成 3 组。

以下三重组练习基于第 4 章中利用沙袋进行的核心力量训练，这里已调整练习难度。

- 侧弓步向前推举：10 次。
- 后弓步转体：12 次。
- 单腿臀桥：15 次。

先用右腿完成以上重复次数，然后换左腿。休息 30 ～ 45 秒，完成 3 ～ 5 组。

30 ： 30

如果想在有限的时间内进行有相当难度的代谢调节训练，不妨采用 30 ： 30 的训练方法，这种方法可以使身体在短时间内进行大量的练习。顾名思义，30 ： 30 训练法指 30 秒高强度的练习后间歇 30 秒或进行 30 秒主动恢复低强度练习，比如下列的壶铃练习。另一种方式是进行 30 秒有一定难度的练习，然后进行 30 秒相对轻松的活动。与无体力活动的被动恢复相反，在高强度运动恢复后继续进行低强度运动，可以使身体主动恢复。下面举例说明如何交替进行高强度训练和低强度主动恢复练习。

下列练习选自第 4 章中利用壶铃进行的核心力量训练。可以设定 15 分钟的时间，每次练习 30 秒休息 30 秒，然后进行下一组练习。每组练习为 5 分钟，共完成 3 组。

- 高脚杯蹲。
- 右臂过顶推举。
- 左臂过顶推举。
- 俯身右臂划船。
- 俯身左臂划船。

可以将时间设定为 8 ～ 12 分钟或 12 分钟以上，并分别进行 2 ～ 4 项主要的高强度练习和同样数量次要的、用于主动恢复的低强度的练习。

下列练习选自第 5 章中利用双臂阻力带进行的代谢调节训练，以及利用自重进行的灵活性训练与核心力量训练进行主动恢复。

将时间设定为 9 分钟，并在 30 秒内完成尽可能多的重复次数，然后进行 30 秒低强度主动恢复练习。下列 3 项练习为一个循环组，共完成 3 组。

- 30 秒下蹲划船接 30 秒直臂平板支撑。
- 30 秒直臂下拉接侧撑，每侧各 15 秒。
- 30 秒交替冲拳接 30 秒臀桥。

有这么多可以制成美食的健康又营养的食物，为什么将自己局限于花生酱或果冻三明治？同样地，如果长时间坚持完全相同的训练计划，就会限制肌肉的运动方式，如同限制饮食，从而削弱投入时间所取得的训练效果。训练计划不必大幅变动就能给身体施加不同的刺激。正如本章所述，对训练变量做一些小而简单的调整，如重复次数、练习速度或间歇时间，就可以明显改变训练计划。如果日程紧张（如要准备出席年会、制订预算计划、替孩子的返校做准备、备战期末考试、完成季度销售目标、赶在截止日期前完成任务）或是任何需要占用训练时间的事情，都会减少训练时间，影响训练效果。此时，了解快速使用定时器，制订一个快速、有效的训练计划，是一个非常实用的解决方案，这有助于你坚持训练并保持训练效果。

恢复的作用

运动会给身体施加压力，而这只是改善身体健康的一部分过程。诚然，训练有益于健康，并且能够给你带来许多重要的益处，但训练过度可能会适得其反。进行过多的高强度训练而没有足够的休息，或连续长时间地运动而不进行适当的休息和恢复，都可能导致过度训练综合征（Overtraining syndrome，OTS）。如果想通过训练来控制体重、改善肌肉线条或提高整体健康水平，重要的是了解 OTS 可能导致体重增加、肌肉量下降以及免疫系统减弱（Wyatt et al.，2013；Hausswith & Mujika，2013；Bishop et al.，2008）。

训练的重点在于训练后的恢复。世界上许多顶级力量和运动表现教练的秘诀并不是使用了特别的训练内容，而是制订了完整的训练计划并执行，以便在训练间歇有足够的时间让身体获得最有效的恢复。即使大多数人不是职业运动员，也值得效仿这些高水平体能教练的训练方法，既然这些方法对职业运动员有效，就有助于人们达成训练目标。

人们常说“忍受痛苦是为了更加坚强”“一分耕耘，一分收获”。这些理念让很多人误认为，要想达到训练效果，就要忍受身体的极度不适。诚然，要想超越现有能力水平，就要有一定难度的训练才能达到效果，但并非每项练习都必须使身体感到酸痛。如果在运动后的第二天仍感到酸痛，就意味着肌肉组织中堆积了代谢副产物，即乳酸和氢离子。如果在训练之间没有足够的休息时间，就会影响训练效果，甚至增加患延迟性肌肉酸痛（Delayed onset muscle soreness，DOMS）的风险，这会造成运动时肌肉酸痛，从而降低训练的积极性。许多人认为只有感到肌肉酸痛才是达到最佳训练效果的指标，但事实并不一定如此。

在训练后的第二天，如果仍感到肌肉酸痛，大多数人会因为感觉不好而不再进行训练。但此时进行中低强度的训练可以提高心率，并能促进身体完全恢复。极高强度的代谢调节训练后，可以休息 24 ～ 72 小时，但这并不意味着完全不运动。相反，进行低强度的灵活性练习可以减轻酸痛感，并有助于促进身体的恢复与肌肉的生长。因此，可以将这些低强度练习视为重建训练。

恢复期间，你可以认为今天训练的结束就是明天训练的开始。在训练后的恢复过程中，保持良好的水合状态、适当补充能量（营养）以及充足的睡眠对身体的恢复都至关重要。下面列出了一些具体的恢复方法，可以借助这些方法来确保努力训练能带来期望的效果。一个明显的事实是，恢复的程度不同，决定了训练效果的不同。过于密集的高强度训练可能会造成休息时间不足，身体没有足够的时间来替换消耗的能量或重建新的肌肉组织。不要因为休息而烦恼，恢复期是训练不可或缺的一部分，它可以让人恢复精力，有益于生理和心理健康。

采用一些具体的方法安排好运动后的恢复期是尤为重要的。正如训练计划是根据个人需求制订的，恢复期也是为了满足训练的需要而设计的。值得注意的是，恢复期并不意味着完全不训练的休息。下面列出了几种恢复方法，请思考如何将其纳入训练恢复计划。

休息

充足的睡眠是达到训练目的的必备条件。进行高强度的训练时，充足的睡眠有助于促进组织修复以及身体恢复。训练时给肌肉施加的代谢与机械应力，能够暂时促进肌肉生长，而睡眠的快速眼动周期中产生的睾酮与人生长激素能够在力量训练后继续促进肌肉的生长。

如果由于工作、出差或家庭琐事而睡眠不足，可以调整训练计划，进行中低强度的训练，直至恢复正常的睡眠模式。如果喜欢进行高强度的训练，短时期内降低训练强度可能会感觉没有进行训练，但是身体有必要降低物理负荷。如果不能保证充足的休息，训练过度可能会造成受伤或生病，这会导致很长一段时间不能进行训练。

运动后摄入营养

按时摄入营养的科学成果表明，运动前后摄入营养的时间比营养本身更重要。在运动后的一段时间内，身体会利用碳水化合物中的糖原来补充消耗的能量，并利用蛋白质修复组织，从而促进肌肉更快速地恢复。在运动后的 30 ～ 45 分钟内，摄入一些合适的食物或饮料，保证碳水化合物与蛋白质的比例为 3 ∶ 1 或 4 ∶ 1，有助于身体的恢复，并为日常活动或明天的运动做好准备。碳水化合物会促进胰岛素的分泌，胰岛素进一步提高运动后蛋白质的利用率，有利于肌肉的修复。

科学家说：过度训练综合征导致的代谢损伤

对增强肌肉力量而言，训练后的恢复比训练本身更重要。产生代谢超负荷对于刺激肌肉生长至关重要，但如果训练过度又没有进行适当的恢复，可能会导致肌肉、筋膜以及弹性结缔组织的过度代谢损伤。过度训练综合征造成代谢损伤的范例如下。

血乳酸升高

当肌肉通过有氧代谢产生的能量不能满足训练的需求时，身体就会通过无氧代谢途径产生 ATP，即利用三磷酸腺苷磷酸肌酸或糖酵解产生 ATP。无氧代谢的副产物是乳酸，高强度的运动会导致乳酸的迅速堆积。血乳酸浓度又称为乳酸阈值，是血液酸度升高的生理指标。血液酸度达到乳酸阈值会限制肌肉细胞产生 ATP，这时应进行低强度的主动恢复。定期进行高强度间歇训练可以提高身体对血乳酸的耐受力，并能加快身体清除乳酸或其他代谢废物的速度。

酸中毒

除了乳酸，无氧运动也会提高氢离子的水平，这两种物质都会提高血液酸度，降低用于有氧供能的氧气以及可用营养物质的水平，从而减弱有氧能量的输出能力。在极端情况下，酸中毒会严重损伤肌肉组织，导致肌红蛋白分解。如果肌红蛋白分解并进入血液，最终可能会导致横纹肌溶解综合征。横纹肌溶解综合征会抑制肾脏的正常功能，患者必须住院治疗，严重的可能导致死亡。所以感知你的身体对训练的反应是至关重要的，强度不宜超过身体的正常承受范围。

糖异生

蛋白质通常用于修复运动中受损的组织，并促进新肌肉的生长。进行无氧运动时，碳水化合物会转化为糖原，用于 ATP 的合成。而脂肪酸转化成 ATP 的过程需要氧气且时间较长，对高强度运动而言是一种低效的能量来源。长时间进行高强度运动时，身体会通过糖异生过程将蛋白质转化为 ATP，从而减少了用于肌肉生长的蛋白质。氨基酸转化为 ATP 的过程会升高氨的水平，从而进一步增加血液酸度，提高酸中毒的风险。

柔韧性和组织处理

大多数人明白在训练前进行动态拉伸、训练结束后进行静态拉伸的重要性。但是简单的拉伸并不是筋膜与弹性结缔组织的最佳恢复方法，还应进行提高组织伸展性以及缓解组织张力的练习。泡沫滚轮、按摩棒、按摩球、振动仪、静态拉伸或按摩等，都可以对肌肉施加适当的压力或摩擦力，这有助于改善循环并替换缺乏弹性的胶原纤维。这些缺乏弹性的胶原纤维会聚集在受力点处，从而限制组织的伸展性。如果运动后没有时间放松，可以在家里准备一些器材，这样就可以在晚上看电视或睡觉前进行一些组织放松练习。泡沫滚轮、按摩棒或网球都是有效的放松工具，而且不会花费很长时间就能够缓解一天的疲劳，有助于睡眠。

热疗和冷疗

许多健身俱乐部都设有桑拿浴和按摩浴缸，这是因为热疗可以促进运动后组织的恢复，加快血液循环，从而有助于清除代谢废物（如 H^+）并在运动时运输氧气以及其他必要的营养物质，用于修复运动过程中受损的组织。冷疗是另外一种不太舒适却有助于身体恢复的有效方法。冰浴、冰袋、降温背心、带有冰袋的特殊凉椅甚至降温箱都是各种可选的冷疗方法。冷疗的一个益处是可以降低身体核心温度，如果在炎热的天气里进行运动或一天运动 2 次或以上，冷疗就尤为重要。此外，冷疗可以减少炎症并促进受损组织修复。对疼痛的肌肉或关节进行冷敷，有助于聚集此处血液，从而增加能够促进愈合的营养物质与氧气的含量。

加压服

近年来，越来越多的运动员在体育比赛中或比赛结束后会选择穿紧身加压服。有证据表明，无论是在高强度训练还是比赛后，穿上加压服有助于缓解酸痛感并减轻炎症，从而加快身体恢复。至于加压服促进身体恢复的原理，目前还没有定论。目前有一种观点认为，紧身加压服的压力可降低整体肌肉的酸痛感，改善毛细血管与组织之间的液体交换，或促进静脉血回流至心脏，从而有助于清除肌肉中的代谢副产物（如 H^+）并同时促进氧合血流，以加快组织的修复过程（Hausswirth & Mujika，2013；MacRae et al.，2011）。在高强度的训练后，可以尝试穿上加压服，看看是否能加快恢复速度。

了解如何训练才能提高灵活性、核心力量以及代谢调节能力，是成功的长期训练计划的关键要素。另外，也要了解设计训练计划的方法与目的，以及交替进行不同强度的训练与恢复以达到身体最佳适应的方法，这些都是训练计划中非常重要的内容。只有在两次练习之间进行适当的休息，才能更加有效地达到最佳训练效果。下文将介绍如何制订训练计划，以达到最佳恢复状态，并降低因训练过度导致受伤的风险，从而为实现健身和训练目标而不断努力。

周期训练

交替进行核心力量、代谢调节以及灵活性训练，有助于施加适量的刺激，促进肌肉的生长以及提高整体运动表现，并减少因训练过度而造成的伤害。为特定的训练计划选定相同的训练内容，可以帮助身体学习动作模式，使这些动作成为一种反射性的动作，也就是无意识的行为。但值得注意的是，人体的适应能力很强，以相同强度进行同样的训练越多，身体完成这些动作时消耗的热量就越少。虽然训练总比不训练好，但长时间进行相同的训练并不会刺激身体继续发生期望的改变。

身体如何适应运动的生理学机制建立在自然科学的基础之上。然而，制订一份长期训练计划以达到预期结果也是一门艺术。长时间坚持同一个训练计划，与频繁改变训练计划是有区别的。越频繁地完成同样的动作，肌肉接受的刺激就越少，这意味着实际上身体不会再发生变化。如果经常改变训练计划，情况也是如此。虽然频繁改变训练计划能使肌肉与神经系统完成不同的动作，以对这些变化做出反应，但过于频繁的变化缺乏连贯性，并不能使运动技能得到长期发展。

科学家说：身体如何更高效地完成相同的重复性练习

下面将举例说明为什么肌肉完成相同的重复性练习时做的功会减少。在有孩子之前，我一周两次骑自行车上下班，这段路线的路程相同，大约为 14 千米，是安全的自行车道。每天早上，我都会记录到办公室的时间和平均心率，以及大致消耗的热量（可以在骑行时佩戴心率检测器）。在大约 14 周的时间里，我每天骑车消耗的能量从一开始 600 多千卡，降到了不到 500 千卡。而我骑行的路线是一样的，经过的距离、骑行的速度都没有变化。虽然这并不是一项正式的研究，但这至少可以证明持续使肌肉完成同样的运动，肌肉消耗的能量会减少。需要承认的是，我骑车的速度变快了，骑行效率更高了，但这并不会造成很大的差别。可见，如果在一段时间内进行相同的练习，会提高肌肉的工作效率。

周期训练指将整个训练计划划分为高强度和低强度的训练阶段，是专门为参加比赛的运动员制订的，它可以使运动员在比赛期间恢复到最佳状态（Bompa & Buzzichelli，2015）。比如职业橄榄球运动员的周期训练计划，在7月下旬集训开始前，会训练场上的队形，在11月下旬，球员会达到最佳的体能水平，为季后赛做好准备。职业橄榄球队打完整个赛季后，在为下一个赛季做准备开始调节训练之前，运动员将会进行一个低强度、不针对橄榄球的短期训练。

大多数人并不是专业运动员，但周期化的训练方法可以帮助身价百万的运动员在赛场上发挥最佳水平，也有助于运动员保持最佳的体形。周期训练的最大好处在于它将休息作为适应训练的一种手段，使身体适应训练所需承担的压力。

周期训练的科学性在于能够系统地改变训练量和训练强度。持续的基本动作练习可以提高训练效率，但训练计划的其他变量（即训练强度、重复次数、训练组数、间歇时间以及练习速度等）都可以进行调整以增加训练难度，更重要的是能提高训练的积极性。调整训练强度、重复次数和训练组数只是大致改变重量或者使用不同的设备。训练强度的变化不仅可以通过改变负荷大小来实现，也可以通过改变动作的方向、高度和速度实现。动态的、富有挑战性的、有效的、趣味性强的长期计划有助于你实现目标。

线性周期训练

线性周期训练指训练强度在数周或数月内逐渐增加，并在某个时期、赛季或比赛开始前达到最高强度（Bompa & Buzzichelli，2015）。线性周期训练有两种实施方法。一种方法是线性模型，随季节改变训练计划，即随着春、夏、秋、冬的交替，根据不同的训练目标改变训练计划，从力量训练到灵活性训练，再到代谢调节训练，根据自己喜欢的夏季或者冬季户外运动来调整计划，并在此时达到最高强度。

另一种方法是根据比赛时间来制订训练计划。在这种情况下，需要在比赛前2～3周达到最高训练强度。值得注意的是，为了使身体在赛季开始前更好地恢复或修复，需要在比赛前几天进行低强度训练或是休息。比如为长跑比赛进行训练，需要在比赛前逐渐增加跑的距离。这就是线性周期训练计划。

进行线性周期训练时，训练量、训练强度和训练的复杂性之间成反比关系。在训练周期中，随着训练强度或动作难度逐渐增加，训练量和重复的次数应逐渐减少。根据每个训练阶段时间的长短，可以将线性周期计划分为多个部分（包括短期的无负荷阶段和主动恢复阶段），以便身体更好地适应训练刺激。训练的时间模块通常分为以下部分（Bompa & Buzzichelli，2015）。

大周期

大周期是为了达到特定的、可量化的训练目标的整体训练时间框架规划或是包括主动恢复期的长期训练计划。一个大周期可以持续数月甚至数年，而且整个训练计划在特定时间内需要逐渐达到最大强度。比如，一个奥运团队成员训练的大周期可能是4年，以便为下一届奥运会做好准备。

中周期

中周期比大周期持续的时间短，在达到总体训练目标的过程中，训练量、训练强度和复杂性都会发生变化。比如上述范例，可以将一个4年的奥运大周期分为8个中周期，每个中周期的时间模块持续6个月。

小周期

小周期是制订训练计划最小的时间单位，它指进行某一种练习的时间，通常持续数天或数周。在线性周期训练计划中，可以通过渐进式地增加训练量、训练强度或动作模式的复杂度，来增加中周期或小周期训练的难度。小周期也可以用于大强度训练后的恢复或最佳休息期。比如奥运训练计划，可以将6个月的中周期分为12个小周期，每个小周期持续2周。

非线性周期训练

非线性周期训练又称波动周期训练，指在一周内频繁地改变训练强度、训练量以及训练的复杂性，以交替进行高、低强度的运动（Bompa & Buzzichelli，2015）。改变训练强度可以促进肌肉不断生长。在非线性训练计划中，可以在周一进行高强度的核心力量的壶铃练习，在周二进行低强度的自重代谢调节训练，周三进行中等强度的灵活性训练，周四进行高强度的无氧间歇性训练（如使用壶铃进行代谢调节训练），周五休息，周六进行高强度的哑铃力量训练，周日进行长距离步行，然后进行低强度的灵活性训练。进行线性或非线性周期训练时，最好每隔几周休息几天，以便于身体从训练压力中获得充分的休息和恢复。注意在高强度训练之间至少休息48小时，这对蛋白质的再合成、肌糖原的补充以及缓解神经肌肉的疲劳感是非常重要的。

非线性周期训练应用不同水平的训练压力，这可以提高代谢水平以使身体迅速适应训练。非线性周期训练可以更频繁地改变训练强度，如果每天坚持训练，可以每周进行 1 ～ 2 次高强度训练，其他时间进行低强度的训练，这样可以降低过度训练的风险。线性周期训练的目的是使运动员在某一特定时间内达到最佳的竞技状态，而非线性周期训练适用于在一年内有多项赛事或需要全年保持相对较佳竞技状态的运动员。

下文将介绍如何将周期理念应用于系统地、循序渐进地制订训练计划中，并在特定的时间内改变训练量、训练强度以及复杂性，使运动表现达到最佳状态，并使身体的休息和恢复水平达到最佳状态。这意味着将周末慵懒地窝在沙发上看电视的时间利用起来，以便于身体在特定的休息期间得到恢复。

周期化在训练中的应用

无论是线性或非线性周期训练，系统性地改变训练计划中的各个变量，调整训练强度和训练量，都是达到训练目标的有效方法。众所周知，如果以系统性、循序渐进的方式改变各个训练计划的变量，逐渐增加训练的刺激，就能达到特定的效果，比如人体对训练的适应，包括促进肌肉生长或改善肌肉线条（Bompa & Buzzichelli, 2015）。

经过 8 ～ 12 周的时间，身体就会适应特定的刺激。因此，为使身体产生持续变化，需要每 2 ～ 3 个月调整一次训练计划。制订周期性训练计划与改变训练器材相似，如将自重训练改为药球、壶铃、沙袋、哑铃等训练，并保持其他训练变量不变。训练器材的改变足以对身体的变化提供充分的刺激。

如果想在夏天到来前改善身材，可以参考下列周期为一年的训练计划。该训练计划根据季节的变化改变训练强度和训练量，每个季节持续 12 ～ 13 周，这也符合身体适应训练刺激所需的最佳时间。

1 ～ 3 月总体目标：交替进行灵活性训练、代谢调节训练以及核心力量训练，为夏季的到来做准备。

1 月

侧重于灵活性以及代谢调节的药球训练。

每周训练 2 次，共进行 4 周，一周内的其他时间侧重于日常活动。

2 月

保持代谢调节训练，加入核心力量训练。

1 次利用自重的灵活性训练，2 次利用双臂阻力带的代谢调节训练，2 次利用自重的核心力量训练。

3 月

增加代谢调节训练的强度，加入 HIIT，并侧重于使用哑铃进行核心力量训练以便于增肌。

1 次利用瑞士球进行灵活性训练，1 次利用自重进行低强度代谢调节训练，2 次利用双臂阻力带进行 HIIT 代谢调节训练，2 次利用哑铃进行核心力量训练。

4 ～ 6 月总体目标：通过 HIIT 代谢调节训练以及核心力量训练，为改善肌肉线条做特殊的准备。

4 月

侧重于负荷较小的灵活性训练以提高关节活动度，以及通过哑铃的循环组进行代谢调节训练。

2 次利用哑铃进行灵活性训练，2 次利用哑铃进行代谢调节训练，2 次利用自重进行核心力量训练。

5 月

侧重于利用 HIIT 进行代谢调节训练，以及利用哑铃进行核心力量训练，以促进肌肉生长。

1 次利用壶铃进行灵活性训练，2 次 HIIT 的代谢调节训练，1 次利用自重进行核心力量训练，2 次利用哑铃进行核心力量训练。

6 月

交替进行大、中强度的代谢调节训练，以燃烧热量，侧重于达到疲劳阈值的核心力量训练，以改善肌肉线条。

2 次 HIIT 的代谢调节训练，1 次利用自重的中等强度代谢调节训练，2 次利用壶铃进行达到疲劳阈值的核心力量训练，1 次利用自重的核心力量训练。

7 ～ 9 月总体目标：通过代谢调节训练以及核心力量训练，保持肌肉线条，参加 9 月的 10 千米障碍赛。

7 月

通过 HIIT 和核心力量训练保持肌肉线条。

2 次利用自重的 HIIT 代谢调节训练，1 次利用壶铃进行中等强度的代谢调节训练，2 次利用哑铃进行核心力量训练，1 次利用药球进行核心力量训练。

8 月

保持肌肉线条，为 10 千米障碍赛做准备。

1 次利用壶铃进行 HIIT 代谢调节训练，1 次利用哑铃进行 HIIT 代谢调节训练，1 次利用自重的中等强度代谢调节训练，2 次利用自重的核心力量训练，1 次利用哑铃进行核心力量训练。

9 月

准备月底的 10 千米障碍赛。

2 次利用药球进行灵活性训练，2 次利用自重的 HIIT 代谢调节训练，1 次利用哑铃进行 HIIT 代谢调节训练，1 次利用瑞士球进行中等强度代谢调节训练。

10 ～ 12 月总体目标：侧重于灵活性训练，提高肌肉力量，为秋冬两季的日常体力劳动做准备，比如伐木或铲雪。

10 月

针对障碍赛的高强度训练结束后，让身体主动恢复。

2 次利用自重的灵活性训练，1 次利用药球进行中等强度的代谢调节训练，1 次利用瑞士球进行核心力量训练。

11 月

利用自重进行无外部阻力的力量训练。

2 次利用自重的灵活性训练，2 次利用自重的代谢调节训练，1 次利用药球进行核心力量训练，1 次利用自重的核心力量训练。

12 月

在一年的末尾，在繁忙的工作以及频繁的聚会中保持健康。

2 次利用瑞士球进行灵活性训练，2 次利用壶铃甩摆进行代谢调节训练，2 次使用哑铃进行 10 ～ 20 分钟的 EMOM 核心力量训练。

制订年度训练计划的方法有许多种，上述训练计划为如何安排全年的训练内容和训练强度提供参考。合理安排训练计划有助于提高训练的积极性，对自己的目标保持热情，并不断尝试新的训练动作和练习以保持新鲜感，还有助于养成长期坚持运动和训练的习惯，并能够享受运动过程。第 7 章将介绍如何在中年时仍坚持运动，保持精力充沛，这会产生许多意想不到的益处。

第 7 章

终身训练计划

至此，本书已经介绍了身体如何适应运动，以及如何使用单一器材进行各种练习以达到改善灵活性、增强核心力量或提高代谢调节能力的目的。本章将介绍如何养成终身运动的习惯，以实现并保持长期健康的生活方式。许多典型的健身目的可以通过短期训练实现，如减肥或改善肌张力。正如前几章提到的，注重训练的过程（以过程为导向的目标），比如学习享受运动，才是养成长期运动习惯、取得成功的秘诀。

短期的训练计划可以使身体发生一些变化，但为了达到最佳效果，运动应成为日常生活的一部分，就像早晨出门前要刷牙穿衣一样，让运动成为一种生活习惯。如果你总是重复性地开始或中止训练计划，无法长期坚持，一定会带来严重的后果。你是否考虑尝试改变关注的重点？与其为了迎合大众审美，将运动作为减肥的一种手段，不如将运动看作改善健康、提高生活质量的一种方式。坚持定期运动的重要益处之一是有助于选择自己喜欢的生活方式。不必太在意外表，训练计划的真正目标在于提高身体力量和体能，以便更好地从事喜爱的运动。健康水平的提高可以让你具备一定的体能，完成自己想做的事情。换言之，健康赋予你完成喜欢的活动的自由以及学习新运动的能力，从而让你的生活尽可能丰富多彩。

找到青春的源泉

随着人体的衰老，控制肌肉运动的力学机制、代谢、激素和神经系统的功能会大大减弱。而定期的运动或体力活动，尤其是中、高强度的运动，有助于在人体衰老的过程中使这些系统的功能保持在最佳水平（Taylor & Johnson，2008）。

人们每年会花费大量金钱来保持青春，如去整形外科注射肉毒杆菌霉素或到诊所注射合成代谢类固醇以延缓衰老。而事实是，衰老是不可避免的，除非时光旅行机真的存在。值得庆幸的是，进行高强度代谢调节和力量训练，以及保持健康的生活方式，有助于减缓衰老过程。这才是真正的青春之源。与其接受昂贵的介入手术或注射昂贵的化学物质，不如进行适当强度的训练，这能够减少衰老产生的影响。高强度的力量训练和代谢调节训练可以产生促肌肉生长的激素（Candow et al.，2011；Godfrey & Blazevich，2004）。参照本书中的训练方法，并适当增加训练的难度和强度，可以显著提高生活质量，并有助于保持年轻的外表和充沛的精力。

人体的年龄

从出生的那一刻起，人们用年来衡量经过的时间，这称为实际年龄。而生物年龄指组织和生理系统的状况。健康的生活习惯可以降低生物年龄，这意味着即使个体的实际年龄是 65 岁，其生物年龄可能只有 45 岁（表 7.1）。机能年龄指机体工作能力和身体能力的综合年龄，通常会比实际年龄小几年（Taylor & Johnson，2008）。有些人的精力足、体能强、对生活充满热情，身体年龄比实际年龄要小，心态也更年轻。这些人可能非常活跃，而保持活跃才是年轻的真正源泉。健康意味着身体有完成特定运动的能力，这与特定的外表或体形无关。健康的真正益处在于一生中都有足够的精力和能力去享受喜爱的运动。

表 7.1 **运动对生物衰老过程的影响**

系统	运动延缓衰老的益处
肌肉 筋膜 弹性结缔组织 骨骼 中枢神经 认知	增加瘦体重，尤其是负责力量产生和肌肉线条的Ⅱ型肌纤维 改善筋膜和弹性结缔组织的弹性和韧性，有助于避免肌肉拉伤 改善动态平衡以及反应的灵活性 增强关节活动度，改善灵活性 增加骨密度，降低骨折的风险 增强进行日常活动所需的功能性力量和能力 促进脑源性神经营养因子（BDNF）的产生，BDNF是一种神经递质，负责产生新脑细胞改善认知功能
心肺 代谢	增强有氧能力和最大摄氧量 提高线粒体密度，增强有氧运动能力，提高整体肌肉耐力 增加肌肉细胞中的线粒体数量，以改善细胞健康状态 改善葡萄糖耐量和代谢，降低2型糖尿病发病的风险
内分泌（激素）	促进皮质醇、肾上腺素和去甲肾上腺素的产生，以提高机体对各种高水平外界刺激因素的耐受性 运动至肌肉瞬间疲劳点或进行能产生显著代谢超负荷的运动时，可以增加运动后恢复期睾酮和人生长激素的分泌

坚持运动

按照训练计划进行循序渐进的核心力量以及爆发力（代谢调节）训练，可以最大限度地延缓生物衰老过程对生理的影响，并提高生活质量。

表 7.2 简要列出了 20 岁以上的成年人坚持定期运动会给身体带来的益处，这会为你提供开始并坚持运动的额外动力。

表 7.2 中省略了癌症和其他慢性疾病，因为这些疾病可能发生在生命的任何阶段。虽然目前癌症治愈率较低，但养成健康的生活习惯，避免或限制某些不健康的习惯（如吸烟、过量饮酒或久坐）有助于降低患病的风险。不必过于担心癌症，尽可能积极健康地生活，可以降低患病的风险。

特定训练计划确实可以延缓生物衰老过程

有些人认为老年人应该避免进行高强度的运动，但事实并非如此。在身体健康允许的前提下，老年人应适当参加循序渐进的、较高强度的运动。只要达到一定的强度，力量训练就可以提高肌肉的力量输出，这与年龄、性别无关（Hakkinen，2011）。

较高强度的运动（如代谢调节或核心力量训练）可以促进合成代谢激素的产生，这有助于延缓衰老。第 1 章介绍了运动能够促进某些激素的产生，在衰老过程中，高强度运动是一种重要的刺激，可以提高负责促进肌肉生长的激素水平（Serra et al.，2011；Godfrey & Blazevich，2004）。

科学家说：汽车与人体

要想修复或重新组装一辆旧车并使其焕然一新，往往需要更换许多磨损的部件并重新喷漆。尽管假肢领域的医疗技术已取得了重要进展，但由于费用高昂而且恢复过程痛苦，想要更换人体的老化部位并不现实。逐渐增加训练强度，进行短时力量训练达到疲劳点或产生代谢超负荷，有助于增加新的肌肉，从而显著改善体形，就好比重新给旧车喷漆。伊斯基耶多与同事（Izquierdo et al.，2001）进行了一项关于老年男性对抗阻训练反应的研究。研究表明，当训练量、训练强度和持续时间足够时，老年人的骨骼肌仍然可以增长。

正如正确地保养发动机、给车漆上蜡并避免阳光直射可以大大延长汽车的寿命，坚持运动以促进睾酮、人生长激素和胰岛素样生长因子 -1 的产生，可以改善体形，并延长机体寿命。

表 7.2 **20 岁以上的成年人定期运动的益处**

年龄	益处
20～29岁	人在20多岁时可以尽情享受青春，但要意识到，越早养成健康的生活方式，在以后的生活中得到的益处越多 • 尝试不同的运动项目，找出你喜欢的项目，并定期进行这些运动。在这个年龄段，没有必须要进行的运动类型，但无论选择哪种运动项目，都要使其成为一种重要的生活方式。坚持有规律的运动可以提高整体健康水平 • 尝试加入健康俱乐部、参加健身课程、订阅在线健身视频或购买家用运动器材。适当的花费是必不可少的。如果不在年轻的时候投资健康，以后可能会面临久坐导致的慢性疾病或健康问题 许多人会在20多岁的时候每周进行大量的高强度训练，但这个时候同样需要进行灵活性训练。如果现在将灵活性训练列入健身计划，并养成有规律地进行灵活性训练的习惯，就能降低因训练过度导致受伤的风险。要知道，由于运动过度造成的受伤会影响衰老后的身体状况
30～39岁	如果不坚持定期运动，肌肉力量和心肺功能会开始下降，从而加速衰老。在这十年中，许多人面临最大的挑战是收获事业或是建立家庭。如果能在20多岁的时候找到喜爱的运动项目，并养成定期运动的习惯，即使以后需要在事业或家庭上花费更多的时间，也不会影响训练计划。对这一年龄段而言，运动显得尤为重要。如果没有适合自己的定期训练计划，可以雇佣私人健身教练或去有教练指导的健身房运动 如果日程安排很紧凑，那么即便是每次15～20分钟的运动，也能够达到一定效果，并对健康产生大为不同的影响，以及带来许多明显的益处 • 30多岁时，需要养成合理膳食，以及早睡早起的习惯。正确的饮食和适量的睡眠对身体健康至关重要 • 如果不进行定期训练，心肺效率会开始下降，也就是将氧气运输至全身的效率会降低，这会增加患心脏病的风险 • 如果不进行定期体力活动，30多岁时肌肉量会开始减少 • 对男性而言，接近40岁时，不仅睾酮水平会下降，而且腹部脂肪过多，会导致睾酮转化为雌二醇。雌二醇是一种性激素，可以促进乳腺组织的生长。在这个年龄阶段，无论是可以增肌的力量训练，还是能够减肥的代谢调节训练都是极其重要的。男性和女性都应进行力量训练，因为力量训练可以提高人HGH的水平，HGH可以代谢脂肪，促进肌肉生长，并有助于延缓衰老 如果每周进行2～3次的核心力量训练，并能够使肌肉运动达到疲劳点，可以对身体产生明显的好处 每周至少进行2～3次的代谢调节训练，并达到呼吸急促的程度，有助于维持心肺系统的最佳状态。每天步行2～3次，每次10～15分钟，最理想的是早晨1次和工作间歇1次，这有益于整体健康

续表

年龄	益处
40～49岁	在40多岁时，许多人会觉得自己老了。在这10年中，进行高强度的训练后，所需的恢复时间会逐渐增加。如果加班工作或忙碌的日程安排让人睡眠不足，很可能会影响接下来一周的精神状况；而在20多岁时，偶尔通宵不睡可能并没有什么影响。你会发现最大的变化是如果几个星期不运动，身体的健康水平会立即下降。在这个年龄，坚持有规律的运动是极其重要的，这样可以减慢衰老的进程 • 这十年中，事业和家庭生活都相对稳定，虽然可能会有不可预测的事情发生，但大多数情况下，都能坚持定期运动 • 如果很难抽出时间经常运动，尽可能在日常生活中多运动，比如骑自行车上下班、爬楼梯、使用站立式办公桌工作，或在工作休息时步行。这些活动可以每天多消耗几百千卡的热量，这对于健康体重管理至关重要 • 如果能够定期运动，可以花些时间认真思考一下训练计划。如果长时间保持同样的训练计划，身体就会适应这些运动，从而不会再产生同样的效果 • 如果想改变训练计划，可以增加瑜伽练习。瑜伽可以降低压力水平，并改善灵活性，这些都可以降低患病或运动训练受伤的风险 • 训练计划中应至少包括一项高强度的运动，比如团体自行车、体育运动或是壶铃运动。高强度的运动可以增加促进肌肉生长的激素水平，同时增加热量消耗，对于这个年龄而言，这两点都很重要。在衰老过程中，肌肉组织的弹性会降低，爆发力练习有助于改善肌肉弹性。有规律的力量训练能够强健骨骼肌组织，但这不能改善周围弹性结缔组织的弹性。增加诸如壶铃双臂摆和增强式跳跃练习，有助于改善组织弹性 • 虽然高强度的运动有许多好处，但进行这些运动后，所需的恢复时间会更长，所以每周最多进行3次高强度运动，并确保充足的睡眠，有助于促进恢复过程 40多岁时，有必要定期改变运动习惯，因为这可以给身体带来新的刺激和挑战。一些小的改变（如将器材从哑铃换成药球，或者在一段时间内连续做几组练习，并非注重特定的重复次数）都可以给身体施加必要的刺激。在这个年龄段，应继续进行核心力量和代谢调节训练
50～59岁	运动在人生的各个阶段都很重要，在50～59岁时，定期运动有助于保持身体健康，并降低患高胆固醇、心脏病或关节炎等疾病的风险。如果有慢性疾病，需要与医生确定合适的运动类型。只要身体允许（无严重的身体不适），就可以继续做喜爱的运动 • 在这十年里，改变运动方式不仅能够改变肌肉的工作方式，还能激发大脑活动。每周至少进行1～2次高强度的代谢调节训练，能够提高人生长激素水平，从而促进BDNF的释放 • 可以通过学习新的运动来开发大脑。肌肉的不同运动方式可以在大脑中创建新的神经通路，这有助于改善整体认知功能。如果有较多的空闲时间，可以学习一项新的运动或培养一种新的爱好，如跳舞或武术，这有助于身心发展 • 相对而言，50多岁时会有更多的空闲时间和可支配的收入，许多人会选择利用这段时间外出进行全球旅行。要享受旅行，经济是一方面，充沛的精力和良好的身体状况也是必要因素，如徒步马丘比丘（Machu Picchu）、骑自行车横穿法国、在新西兰划皮划艇，或在瑞士滑雪。即使负担不起出国旅行，只要身体健康，也可以在公园或山间骑行或徒步 在平时的基础上选择并参加适合身体条件的体力活动，每周至少进行一次高强度的核心力量训练和代谢调节训练，以刺激神经内分泌水平达到最佳状态

续表

<table>
<tr><th>年龄</th><th>益处</th></tr>
<tr><td>60～69岁</td><td>年轻的时候可能感觉60岁算是步入老年了，但到了40多岁，就会很快意识到事实并非如此，很多人声称“60岁是新的40岁”。在此阶段，大部分人已经退休，可以做出明智的财务决策，做自己真正想做的事情
• 在这十年间，确保每周的大部分时间都要进行运动。你能够继续进行高强度的运动，但是每周最多进行2天高强度的运动是明智的行为，这可以让身体达到最佳恢复效果。如果喜欢抗阻训练，开始运动时更多地借助健身器材要优于利用自重的练习。力量训练至短暂的疲劳点，能够产生更多的益处，并最大限度地降低受伤的风险
• 如果已经退休，会有更多的时间进行运动。可以尝试新的练习或运动，给肌肉和大脑提供新的学习机会
• 和20多岁的年轻人一样，参加集体健身课程不仅能够锻炼身体，还可以结交新的朋友。水上健身课程适合不同年龄的人士，有助于减少关节压力，同时运动大量的肌肉，特别适合患有关节炎的人士
• 如果喜欢运动，并希望鼓励其他人也多参加运动，可以在退休后将健身作为第二职业。任何年龄都可以获得健身资格证，而且同龄人也更倾向于选择能够了解他们具体需求的人
定期改变训练计划，用不同的方式锻炼肌肉。灵活性训练能加强身体的协调性并发展新的运动技能。请立刻开始！多向性灵活性训练与核心力量训练有助于加强筋膜和弹性结缔组织，从而减少受伤的风险，如肌肉拉伤。此外，灵活性训练可以提高筋膜的延展性，以降低粘连形成的风险，有助于维持关节的基本功能</td></tr>
<tr><td>70～79岁</td><td>如果60岁是新的40岁，那么70岁就是新的50岁。如果能够长期坚持定期的运动，会比同龄人看起来要年轻得多
• 不必过于在意年龄，继续参加喜欢的运动，但不要超过身体的极限，不要强迫自己参加令人感到极度不适的运动
• 如果只是断断续续地运动，现在保持身体健康强壮，可以提高生活的自理能力，即保持功能独立性
• 抗阻训练可以增加去脂肌肉量，提高进行日常活动的力量
• 如果患有关节炎，无须停止运动，可以进行心肺运动以及其他一些适合的运动，尽量减少对关节的影响
• 多向性的运动（如太极拳、舞蹈或瑜伽）对这一年龄段而言尤为重要，这些运动有助于保持身体的平衡性，并降低骨折的风险
本书中的运动活动是特别为便于在家中实施而设计的。70多岁时，去健身房运动可以满足社交需求，还可以进行力量器械训练，以增强整体肌肉力量，并降低受伤风险。和60多岁时相似，灵活性训练的重点是多平面运动，可以改善肌筋膜系统的完整性，提高肌肉和结缔组织的弹性，从而降低受伤的风险。达到疲劳点的抗阻训练可以促进肌肉生长（肌肉在这个年龄仍然可以生长），并有助于维持最佳体能，从而保证生活上的功能独立性</td></tr>
</table>

续表

年龄	益处
80～89岁	目前美国人的平均寿命是78岁，80多岁已经是长寿人士。不管身体的运动水平和健康习惯如何，现在的确需要认识到年龄的重要性，重视身体的健康 • 对这个年龄而言，进行达到疲劳点的力量训练极其重要。这些训练有助于保持肌肉力量，并能够在生活上保持功能独立性。器械练习是达到这一目的最安全、最有效的方式 • 如果想在退休社区居住，最好选择一个健身设施齐全、有大量休闲健身活动的社区，这样就可以选择不同的运动 • 活到老，学到老，不断学习新事物。可以去老年大学上课，社会交往和学习可以降低患认知疾病的风险，如阿尔茨海默病（Alzheimer’s disease） • 在保证健康的前提下，可以继续参加喜爱的活动，但运动要适度，尽量不要进行超过身体极限的运动
90岁以上	做你一直在做的事，因为它一定有所作用。无论进行什么体育运动，尽量多做。任何年龄都可以增加肌肉量，如果没有进行力量训练，询问医生是否有专门针对这个年龄的力量训练。如果想在90多岁时享受高质量的积极生活，那么无论如何都不要停止运动。即使一次只能运动几分钟，有规律的体育运动和体力活动仍能给健康带来许多益处

运动不仅能强健肌肉，还能使大脑在整个衰老过程中保持最佳状态（Chaddock et al.，2012）。研究表明，抗阻训练对老年人的认知、信息处理、注意力、记忆形成和执行功能均有积极作用（Chang et al.，2012）。因此，随着年龄的增长，可以将高强度的运动和力量训练作为运动计划的一部分。

多运动

如果人们在运动结束后，其余的大部分时间都是坐着或是躺着，那么运动所能达到的效果也是有限的。实际上，久坐会削弱运动的效果。无计划的体力活动会对整体健康和身材产生显著的影响。

现代化是一把双刃剑。从现代工厂到家庭，自动化几乎无处不在，便于使用的机器或用具不断升级。一方面，现代科技的发展提高了生活质量，让生活更加便利；但另一方面，高科技也减少了人们的体力活动。这会导致体重增加，甚至增加患慢性疾病的风险，从而降低生活质量。下列建议有助于增加日常生活中的运动量，让体力活动成为日常生活的一部分。

在通勤时运动 许多城市都有非机动车专用道，政府大力提倡以自行车或步行作为可行的交通方式，以代替开车出行。步行或骑车上班需要更多的时间和计划性，不但能够增加热量的消耗量，还能缓解交通拥堵，节省油费。

在生活中运动 定期购物时，有多少人会去离家较近（3.2 ～ 4.8 千米）的超市采购？如果去，可以骑自行车或带一个手推车，尽量避免开车。如今越来越多的人开始使用自行车或推车办事，如接送孩子，携带杂物。如果可以的话，跑步去超市。如果骑自行车去超市，可以把所有的东西放进背包里，这样还能避免买许多不需要的东西。

尽量站立 随着越来越多的公司意识到久坐对健康的负面影响，站立式办公桌也越来越常见。站着工作会比坐着更加高效，而且还能运动更多的肌肉，从而消耗更多的热量。如果没有站立式办公桌，做事时尽量多站立，比如在打电话、输入文本或在移动设备上查看电子邮件时。

尽量步行 工作休息时，不要只是到楼下的咖啡店，尽量邀请同事一起去一两条街之外的餐厅或咖啡店。

走楼梯 越来越多的机构鼓励员工多走楼梯，这样做不只是应对突发事件，还是为了提倡在工作间隙进行体力活动，节约健康护理的成本，有助于身体健康。与其浪费时间等电梯，不如邀请同事或上司一起爬楼梯。在商场或机场时，用楼梯代替扶梯。当你发现在楼梯上行走的速度，与旁边电梯里站立的人的速度是一样的，会觉得很有意思。

将车停远 在繁忙的商店或购物中心停车时，车位通常很紧张，因为人们都想寻找最近的停车位，提着所购物品出来时可以更省力，所以停车往往需要等待很长时间。将车停在远离这些地方的停车场有两个好处，一是可以从停车场步行到目的地，这样能够得到更多的运动；二是在这些地方更容易停车。

多做家务 家务的确令人厌烦，但打扫厨房、倒垃圾、割草、洗衣服等家务都能使身体有机会得到锻炼。

科学家说：步行的好处

步行是最简单易行的运动方式之一。每天进行短时间的步行对健康十分有益。每步行1.6千米，身体消耗约100千卡的能量。步行速度越快，在相同时间内走得越远，消耗的能量就越多。例如，如果每小时步行约4.8千米，那么步行1小时可以消耗约300千卡的能量；如果每小时步行约5.6千米，则会增加15%的能量消耗量，步行1小时消耗约350千卡的能量。

有规律的步行有助于改善全身的氧气流量。步行可以增加线粒体的数量，肌肉细胞中的线粒体负责将氧气转化为能量。线粒体数量增多，可以提高身体将氧气转化为能量的效率。

工作间隙的步行有助于保持精力充沛，含咖啡因的功能饮料会让人更加紧张，并增加热量的摄入量。感到疲劳时，步行可以增加体内的氧气流量，并提高皮质醇、肾上腺素和去甲肾上腺素及其他激素的水平，从而提高能量水平。而功能饮料旨在通过咖啡因或其他兴奋剂来提升这些激素水平，还会导致摄入不必要的热量。

多步行可有效减少静坐时间。久坐会降低脂蛋白脂肪酶（Lipoprotein lipase，LPL）的水平，LPL是脂肪代谢的关键酶成分。步行有助于维持LPL水平，从而促进脂肪代谢产生能量。

记住以下数字：每消耗1升氧气，身体大约燃烧5千卡的热量。走楼梯或将车停远似乎不会对身体产生多大影响，但每天增加少量的体力活动，可以增加氧气的消耗量，从而燃烧更多的热量，这有助于改善健康。另外，久坐会对健康产生一系列负面影响。虽然有规律、有计划的运动有益于身体健康，但人们有时没有足够的时间进行运动。如果不方便去体育馆的跑道上跑步，只要每天运动一会儿，即便是步行，也会对健康产生许多益处。

付诸行动

身体的变化并不是自然而然产生的。人体是一个非常复杂且适应性强的有机体，它能够自我调节以适应几乎所有外界的物理刺激。本书介绍的训练方法能够给身体施加适当的刺激，有助于提高生活质量。为达到最佳效果，每周应进行2～3次高强度的运动。但高强度并非要求运动至感到身体不适，这意味着运动不会令人痛苦，只需要比平常的运动强度稍高一点。健康的身体是做一切事情的前提。健康就是自由生活。现在就行动起来吧！

参考文献

简介

Candow, D., P. Chilibeck, S. Abeysekara, and G. Zello. 2011. "Short-Term Heavy Resistance Training Eliminates Age-Related Deficits in Muscle Mass and Strength in Older Males." *Journal of Strength and Conditioning Research* 25, no. 2: 326-333.

Taylor, A., and M. Johnson. 2008. *Physiology of Exercise and Healthy Aging*. Champaign, IL: Human Kinetics.

United States Department of Health and Human Services. 2008. *2008 Physical Activity Guidelines for Americans*.

第 1 章

Bubbico, A., and L. Kravitz. 2011. "Muscle Hypertrophy: New Insights and Training Recommendations." *IDEA Fitness Journal* 8, no. 11: 2326-2331.

Candow, D., P. Chilibeck, S. Abeysekara, and G. Zello. 2011. "Short-Term Heavy Resistance Training Eliminates Age-Related Deficits in Muscle Mass and Strength in Older Males." *Journal of Strength and Conditioning Research* 25, no. 2: 326-333.

Haff, T., and T. Triplett. 2016. *Essentials of Strength and Conditioning*. 3rd edition. Champaign, IL: Human Kinetics.

Ingber, D. E. 2003. "Tensegrity II: How Structural Networks Influence Cellular Information Processing Networks." *Journal of Cell Science* 116: 1397-1408.

———. 2004. "The Mechanochemical Basis of Cell and Tissue Regulation." *Mechanics and Chemistry of Biosystems* 1, no. 1: 53-68.

Kenney, W., J. Wilmore, and D. Costill. 2015. *Physiology of Sport and Exercise*. 6th edition. Champaign, IL: Human Kinetics.

Kraemer, W., and N. Ratamess. 2005. "Hormonal Responses and Adaptations to Resistance Exercise and Training." *Sports Med* 35, no. 4: 339-361.

Langevin, H. 2006. "Connective Tissue: A Body-Wide Signaling Network?" *Medical Hypotheses* 66, no. 6: 1074-1077.

Myers, T. 2014. *Anatomy Trains*. 3rd edition. London, UK: Elsevier.

Neumann, D. 2010. *Kinesiology of the Musculoskeletal System*. 2nd edition. St. Louis: Mosby.

Scarr, G. 2014. *Biotensegrity: The Structural Basis for Life*. East Lothian, Scotland: Handspring.

Schleip, R., T. W. Findley, L. Chaitow, and P. A. Huijing. 2012. *Fascia: The Tensional Network of the Human Body*. London: Churchill Livingstone Elsevier.

Schoenfeld, B. 2010. "The Mechanisms of Muscle Hypertrophy and Their Application to Resistance Training." *Journal of Strength and Conditioning Research* 24, no. 10: 2857-2872.

———. 2013. "Potential Mechanisms for a Role of Metabolic Stress in Hypertrophic Adaptations to Resistance Training." *Sports Medicine* 43, no. 3: 179-194.

———. 2016. *Science and Development of Muscle Hypertrophy*. Champaign, IL: Human Kinetics.

Schultz, R. L., and R. Feitis. 1996. *The Endless Web: Fascial Anatomy and Physical Reality*. Berkeley, CA: North Atlantic Books.

Skinner, J., C. Bryant, S. Merrill, and D. Green. 2015. *Medical Exercise Specialist Manual*. San Diego, CA: American Council on Exercise.

Spangenburg, E. 2009. "Changes in Muscle Mass with Mechanical Load: Possible Cellular Mechanisms." *Applied Physiology, Nutrition and Metabolism* 34, no. 3: 328-335.

Taylor, A., and M. Johnson. 2008. *Physiology of Exercise and Healthy Aging*. Champaign, IL: Human Kinetics.

United States Department of Health and Human Services. 2008. *2008 Physical Activity Guidelines for Americans*.

Verkoshansky, Y., and M. Siff. 2009. *Supertraining*. 6th edition. Rome, Italy: Supertraining Institute.

Vogel, V., and M. Sheetz. 2006. "Local Force and Geometry Sensing Regulate Cell Functions." *Nature Reviews: Molecular Cell Biology* 7, no. 4: 265-275.

Zatsiorsky, V., and W. Kraemer. 2006. *Science and Practice of Strength Training*. 2nd edition. Champaign, IL: Human Kinetics.

第 2 章

Bishop, P., E. Jones, and K. Woods. 2008. "Recovery from Training: A Brief Review." *Journal of Strength and Conditioning Research* 22, no. 3: 1015-1024.

Contreras, B., and B. Schoenfeld. 2011. "To Crunch or Not to Crunch: An Evidence-Based Examination of Spinal Flexion Exercises, Their Potential Risks and Their Applicability to Program Design." *Strength and Conditioning Journal* 33, no. 4: 8-18.

Haff, G., and N. Triplett, N. 2016. *Essentials of Strength and Conditioning*. 4th edition. Champaign, IL: Human Kinetics.

Hausswirth, C., and I. Mujika. 2013. *Recovery for Performance in Sport*. Champaign, IL: Human Kinetics.

Ingber, D. E. 2003. "Tensegrity II: How Structural Networks Influence Cellular Information Processing Networks." *Journal of Cell Science* 116: 1397-1408.

———. 2004. "The Mechanochemical Basis of Cell and Tissue Regulation." *Mechanics and Chemistry of Biosystems* 1, no. 1: 53-68.

McGill, S. 2010. "Core Training: Evidence Translating to Better Performance and Injury Prevention." *Strength and Conditioning Journal* 32, no. 3: 33-46.

Schleip, R., et al. 2012. *Fascia: The Tensional Network of the Human Body*. London, UK: Elsevier.

Schleip, R., and J. Bayer. 2017. *Fascial Fitness: How to Be Vital, Elastic and Dynamic in Everyday Life and Sport*. Chichester, West Sussex: Lotus.

Schoenfeld, B. 2010. "The Mechanisms of Muscle Hypertrophy and Their Application to Resistance Training." *The Journal of Strength and Conditioning Research* 24, no. 10: 2857-2872.

———. 2013. "Potential Mechanisms for a Role of Metabolic Stress in Hypertrophic Adaptations to Resistance Training." *Sports Medicine* 43, no. 3: 179-194.

Vogel, V., and M. Sheetz. 2006. "Local Force and Geometry Sensing Regulate Cell Functions." *Nature Reviews: Molecular Cell Biology* 7, no. 4: 265-275.

Zatsiorsky and Kraemer. 2006. *Science and Practice of Strength Training*. 2nd edition. Champaign, IL: Human Kinetics.

第 3 章

Cook, G. 2010. *Movement*. Aptos, CA: On Target Publications.

Gambetta, V. 1998. *The Gambetta Method: Common Sense Training for Athletic Performance*. Sarasota, FL: Gambetta Sports Training Systems.

Ingber, D. E. 2003. "Tensegrity II: How Structural Networks Influence Cellular Information Processing Networks." *Journal of Cell Science* 116: 1397-1408.

Myers, T. 2011. "Fascial Fitness: Training in the Neuro-Myofascial Web." *IDEA Fitness Journal*: 38-45.

———. 2014. *Anatomy Trains*. 3rd edition. London, UK: Elsevier.

Scarr, G. 2014. *Biotensegrity: The Structural Basis of Life*. East Lothian, Scotland: Handspring Publishing.

Schultz, R. L., and R. Feitis. 1996. *The Endless Web: Fascial Anatomy and Physical Reality*. Berkeley, CA: North Atlantic Books.

Verkoshansky, Y., and M. Siff. 2009. *Supertraining*. 6th edition. Rome, Italy: Supertraining Institute.

第 4 章

Abernathy, B., et al. 2005. *The Biophysical Foundations of Human Movement*. 2nd edition. Champaign, IL: Human Kinetics.

Brown, S., C. Fenwick, A. Karpowicz, and S. McGill. 2009. "Exercises for the Torso Performed in a Standing Posture: Spine and Hip Motion and Motor Patterns and Spine Load." *The Journal of Strength and Conditioning Research* 23, no. 2: 1-10.

Brown, S., C. Fenwick, and S. McGill. 2009. "Comparison of Different Rowing Exercises: Trunk Muscle Activation and Lumbar Spine Motion, Load and Stiffness." *The Journal of Strength and Conditioning Research* 23, no. 2: 350-358.

Contreras, B., and B. Schoenfeld. 2011. "To Crunch or Not to Crunch: An Evidence-Based Examination of Spinal Flexion Exercises, Their Potential Risks and Their Applicability to Program Design." *Strength and Conditioning Journal* 33, no. 4: 8-18.

Cook, Gray. 2010. *Movement: Functional Movement Systems - Screening, Assessment, Corrective Strategies*. Aptas, CA: On Target Publications.

Earls, J. 2014. *Born to Walk: Myofascial Efficiency and the Body in Movement*. Berkeley, CA. North Atlantic Books.

Enoka, R. 2002. *Neuromechanics of Human Movement*. 3rd edition. Champaign, IL: Human Kinetics.

Haff, G., and N. Triplett. 2016. *Essentials of Strength and Conditioning*. 4th edition. Champaign, IL: Human Kinetics.

Hibbs, A., K. Thompson, D. French, A. Wrigley, and I. Spears. 2008. "Optimizing Performance by Improving Core Stability and Core Strength." *Sports Med* 38, no. 12: 996-1008.

Martuscello, J., et. al. 2013. "Sytematic Review of Core Muscle Activity During Physical Fitness Exercises." *The Journal of Strength and Conditioning Research* 27, no. 6: 1684-1698.

McGill, S. 2007. *Low Back Disorders*. 2nd edition. Champaign, IL: Human Kinetics.

———. 2010. "Core Training: Evidence Translating to Better Performance and Injury Prevention." *Strength and Conditioning Journal* 32, no. 3: 33-46.

McGill, S., A. Karpowicz, and C. Fenwick. 2009a. "Ballistic Abdominal Exercises: Muscle Activation Patterns During Three Activities Along the Stability/ Mobility Continuum." *The Journal of Strength and Conditioning Research* 23, no. 3: 898-905.

McGill, S., A. Karpowicz, and C. Fenwick. 2009b. "Comparison of Different Strongman Events: Trunk Muscle Activation and Lumbar Spine Motion, Load and Stiffness." *The Journal of Strength and Conditioning Research* 23, no. 4: 1148-1161.

McGill, S., and L. Marshall. 2012. "Kettlebell Swing, Snatch and Bottoms-Up Carry: Back and Hip Muscle Activation, Motion and Low-Back Loads." *The Journal of Strength and Conditioning Research* 26, no. 11: 16-27.

Myers, T. 2014. *Anatomy Trains*. 3rd edition. London: Elsevier.

Neumann, D. 2016. *Kinesiology of the Musculoskeletal System: Foundations for Rehabilitation*. 3rd edition. St. Louis, MO: Elsevier.

Schleip, R., et al. 2012. *Fascia: The Tensional Network of the Human Body*. London, UK: Elsevier.

Taylor, A., and M. Johnson. 2008. *Physiology of Exercise and Healthy Aging*. Champaign, IL: Human Kinetics.

第5章

U.S. Army Physical Readiness Training Information. n.d. Accessed January 1, 2018.

TC 3-22.20 Army Physical Readiness Training

Alcaraz, P., J. Perez-Gomez, M. Chavarrias, and A. Blazevich. 2010. "Similarity in Adaptations to High-Resistance Circuit vs. Traditional Strength Training in Resistance-Trained Men." *Journal of Strength and Conditioning Research* 25, no. 9: 2519-2527.

Borsheim, E., and R. Bahr. 2003. "Effect of Exercise Intensity, Duration and Mode on Post-Exercise Oxygen Consumption." *Sports Medicine* 33, no. 14: 1037-1060.

Boutcher, S. 2011. "High-Intensity Intermittent Exercise and Fat Loss." *Journal of Obesity*. 2011, no. 1: 1-11.

Gibala, M. 2017. *The One-Minute Workout*. New York, NY: Avery.

Gibala, M., and S. McGee. 2008. "Metabolic Adaptations to Short-Term High-Intensity Interval Training: A Little Pain for a Lot of Gain?" *Exercise and Sport Sciences Reviews* 36 (2): 58-63.

Haff, T., and T. Triplett. 2016. *Essentials of Strength and Conditioning*. 3rd edition. Champaign, IL: Human Kinetics.

Heinrich, K., V. Spencer, N. Fehl, and W. S. Poston. 2012. "Mission Essential Fitness: Comparison of Functional Training to Traditional Army Physical Training." *Military Medicine* 177, no. 10: 1125-1130.

Roy, T., B. Springer, V. McNulty, and N. Butler. 2010. "Physical Fitness." *Military Medicine* 175, no. 85: 14-20.

Schoenfeld, B. 2010. "The Mechanisms of Muscle Hypertrophy and Their Application to Resistance Training." *The Journal of Strength and Conditioning Research* 24, no. 10: 2857-2872.

Schoenfeld, B. 2013. "Potential Mechanisms for a Role of Metabolic Stress in Hypertrophic Adaptations to Resistance Training." *Sports Med* 43 no. 3: 179-194.

Taylor, A. and M. Johnson. 2008. *Physiology of Exercise and Healthy Aging*. Champaign, IL: Human Kinetics.

第6章

Bishop, P., E. Jones, and K. Woods. 2008. "Recovery from Training: A Brief Review."

Journal of Strength and Conditioning Research 22，no. 3：1015-1024.

Bompa，T.，and C. Buzzichelli. 2015. *Periodization Training for Sports.* 3rd edition. Champaign，IL：Human Kinetics.

Hausswirth，C.，and I. Mujika. 2013. *Recovery for Performance in Sport.* Champaign，IL：Human Kinetics.

MacRae，B.，J. Cotter，and R. Laing. 2011. "Compression Garments and Exercise：Garment Considerations，Physiology and Performance." *Sports Medicine* 41，no. 10：1-29.

Tabata，I.，F. Ogita，and M. Miyachi. 1996. "Effects of Moderate-Intensity Endurance and High-Intensity Intermittent Training on Anaerobic Capacity and VO2 Max." *Medicine and Science in Sports and Exercise* 28，no. 10：1327-1330.

Wyatt，F.，A. Donaldson，and E. Brown. 2013. "The Overtraining Syndrome：A Meta-Analytic Review." *Journal of Exercise Physiology* 16，no. 2：12-23.

第 7 章

Bompa，T.，and C. Buzzichelli. 2015. *Periodization Training for Sports*. 3rd edition. Champaign，IL：Human Kinetics.

Candow，D.，P. Chilibeck，S. Abeysekara，and G. Zello. 2011. "Short-Term Heavy Resistance Training Eliminates Age-Related Deficits in Muscle Mass and Strength in Older Males." *Journal of Strength and Conditioning Research* 25，no. 2：326-333.

Chaddock，L.，M. Voss，and A. Kramer. 2012. "Physical Activity and Fitness Effects on Cognition and Brain Health in Children and Older Adults." *Kinesiology Review* 12，no. 1：37-45.

Chang，Y.，C. Pan，F. Chen，C. Tsai，and C. Huang. 2012. "Effect of Resistance-Exercise Training on Cognitive Function in Healthy Older Adults：A Review." *Journal of Aging and Physical Activity* 20，no. 4：497-517.

Godfrey，R.，and A. Blazevich. 2004. "Exercise and Growth Hormone in the Aging Individual，with Special Reference to the Exercise-Induced Growth Hormone Response." *International SportMed Journal* 5，no. 4：246-260.

Hakkinen，K. 2011. "The Aging Neuromuscular System in Men and Women Still Responds to Strength Training." Lecture given at the NSCA National Conference，July 8-11，2011.

Izquierdo，M.，K. Hakkinen，J. Ibanez，M. Garrues，A. Anton，A. Zuniga，and J.L. Larrion. 2001. "Effects of Strength Training on Muscle Power and Serum Hormones in Middle-Aged and Older Men." *Journal of Applied Physiology* 90，no. 4：1497-1507.

Serra，C.，S. Bhasin，F. Tangherlini，E. Barton，M. Ganno，A. Zhang，J. Shansky，H. Vandenburgh，T. Travison，R. Jasuja，and C. Morris. 2011. "The Role of GH and IGF-1 in Mediating Anabolic Effects of Testosterone on Androgen-Responsive Muscle." *Endocrinology* 152，no. 1：193-206.

Taylor，A.，and M. Johnson. 2008. *Physiology of Exercise and Healthy Aging*. Champaign，IL：Human Kinetics.

关于作者和译者

关于作者

皮特·麦考尔（Pete McCall），PMc Fitness Solutions 创始人、总裁，美国运动协会认证私人教练（ACE-CPT），美国国家运动医学学会认证私人教练（NASM-CPT），美国国家体能协会认证体能训练师（CSCS）。

皮特·麦考尔一直致力于健身专业人士资格认证的继续教育，从事相关教学与写作工作。他曾出席世界各地的专业会议，也是少数几位帮助美国国家运动医学学会（NASM）和美国运动协会（ACE）编写培训教材的专业人士之一，并曾参与美国运动协会综合健身训练模型（ACE IFT）的设计工作。

皮特·麦考尔一直与健身行业的主要品牌及公司保持密切合作，包括 Reebok、24 Hour Fitness 和 Core Health & Fitness（Nautilus、StairMaster、Star Trac 及 Schwinn Indoor Cycling 的母公司）。他是 24 Hour Fitness 的撰稿人和 Core Health & Fitness 的主教练和教学内容设计者。作为 ACE 的发言人，他曾被《华尔街日报》《纽约时报》《华盛顿邮报》《洛杉矶时报》《男士健康》等刊物评为健身专家。

皮特·麦考尔毕业于宾夕法尼亚州的加利福尼亚大学，拥有运动科学与健康学硕士学位。

关于译者

张雨熙，中国政法大学法学硕士；水球国家健将级运动员、水球国家一级裁判员、国家体育总局职业技能鉴定指导中心认证社会体育指导员、北京市水上救生协会认证救生员；鸣时健身俱乐部（国内首批基于 VR 科技的健身俱乐部）创始人及北京晟通朗达科技体育有限公司创始人，长期从事体育教育和智慧体育（特别是运动黑科技、体育穿戴设备和 VR 技术在体育行业的应用方面）领域的工作，致力于研发基于科技健身和智能算法的训练解决方案，以及不受时间与空间限制的娱乐健身、家庭健身教学产品。